昭和の街角を紹介

近鉄

懐かしい沿線写真で訪ねる

大阪線
南大阪線

街と駅の物語

アルファベータブックス

contents

大和八木駅（昭和52年）提供：橿原市

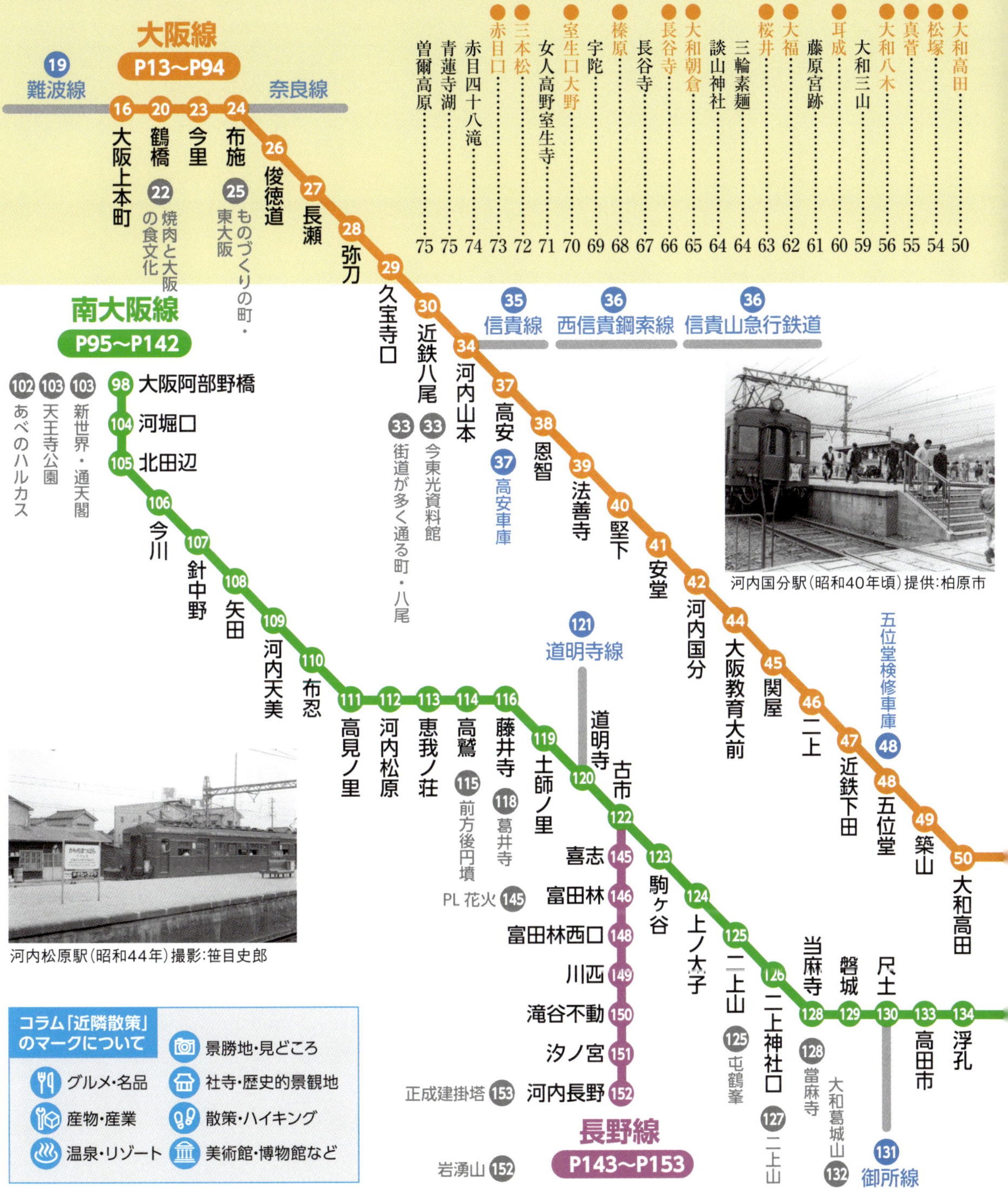

河内国分駅（昭和40年頃）提供：柏原市

河内松原駅（昭和44年）撮影：笹目史郎

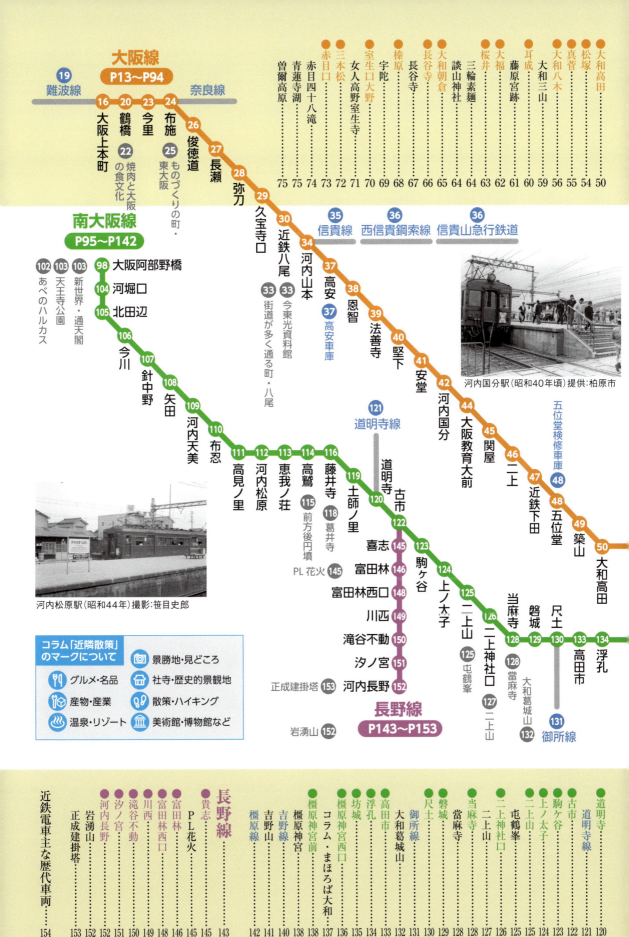

総営業キロ数５０１・１キロメートルを誇る
日本最大の私鉄「近畿日本鉄道」
歴史ある沿線は、各駅停車でのんびり巡りたい…

奈良県桜井市「談山神社」

大阪府河内長野市「高野街道」

大阪府・奈良県・京都府・三重県・愛知県の2府3県にまたがり、私鉄としては日本一長い総営業キロ数５０１・１キロメートルを誇る近畿日本鉄道。そのルーツは、１９１０（明治43）年9月16日、大阪と奈良を結ぶ目的で設立された「奈良軌道株式会社」までさかのぼる。

この会社は設立後まもなく「大阪電気軌道」（大軌）に商号を改め、さらに参宮急行電鉄との合併に伴い「関西急行鉄道」へ商号変更する。その後、１９４４（昭和19）年6月1日に南海鉄道と合併して、「近畿日本鉄道」と改称した。発足時の営業キロは６３９・３キロメートルで、日本の私鉄では最大の規模となった。しかし、この合併はあくまでも戦時下の交通統制によるもので、戦後には旧南海鉄道を分離し、新生「近畿日本鉄道」が誕生した。

戦後の復興に一段落をつけ、大阪電気軌道（大軌）を母体に、関西および三重県の私鉄を合併して拡大を図った近畿日本鉄道は、やがて名実ともに日本最大の私鉄に成長して行く。しかし、数多くの鉄道会社との合併や統合の繰り返しで発展した歴史的経緯から、路線によって軌間や電圧が異なっており、これらを統一して新たな鉄道網を構築することが積年の課題となった。

近畿日本鉄道は、将来的な輸送力増強の必要性から、抜本的な大規模改良工事を断行する。まず行ったのが、１９５６（昭和31）年12月に竣工した上本町・布施間の複々線化工事だ。同区間の運転系統を大阪線と奈良線とに分離したことで、戦前からの懸案を解消し、大幅な輸送力増強を実現した。次いで着手したのが、名古屋線軌間拡幅工事であった。大阪線と名古屋線との軌間統一は、輸送力の増強だけでなく、所要時間短縮や車両の運用面などで大きな利点をもたらした。

昭和30年代後半から40年代初めにかけては、奈良線に大型車を運行させるため新たな生駒トンネル建設を含む奈良線改良工事を施行。さらに奈良電気鉄道、信貴生駒電鉄、三重電気鉄道の各社をそれぞれ合併し、近畿・東海地方における鉄道網を充実させている。

複線化については、１９７５（昭和50）年11月に新青山トンネルの建設を含む大阪線単線区間複線化工事を、12月には鳥羽線複線化工事を完了し、主要路線の複線化が実現した。

日本最大の路線長を誇るだけに、車輌についても話題は尽きない。今も近鉄を象徴する存在であるビスタカーなど特急列車から普通列車までさまざまな電車が運転されている。近年は、名阪特急「ひのとり」、観光特急「しまかぜ」などの特急列車が話題を集めた。

１９６４（昭和39）年10月の東海道新幹線開業に合わせ、それまで名阪特急が中心であった特急網を見直し、京都・宇治山田間、京都・近鉄奈良間、大阪阿部野橋・吉野間などで順次、特急列車の運行を開始する。鉄道事業だけでなく、不動産・流通・レジャーなどを営む近鉄グループを作り上げ、地域の発展に大きく寄与している。

沿線には京都・奈良・吉野・伊勢志摩などのメジャーな観光地も数多く控え、これらを背景に疾走する特急列車の姿は華やかだ。しかし、古代のロマンを訪ね、各駅停車で巡る旅も捨てがたい。

奈良県橿原市「橿原神宮」

背景／近鉄大阪線の起点「大阪上本町駅」出発まもなくの地点

近鉄コレクション

所蔵：藤田孝久

近畿日本鉄道（近鉄）の前身、大阪電気軌道（大軌）は、大正から昭和戦前期の関西系私鉄の会社。路線網拡大のために合併を繰り返し、集客のために観光地路線に力を入れた。ここに集められているのはその足跡の一部。年代が表記されてないものも多いが、すべて大軌、そして子会社の参宮急行電鉄（参急）、関西急行電鉄（関急）が活躍した短い時代の沿線案内コレクションだ。

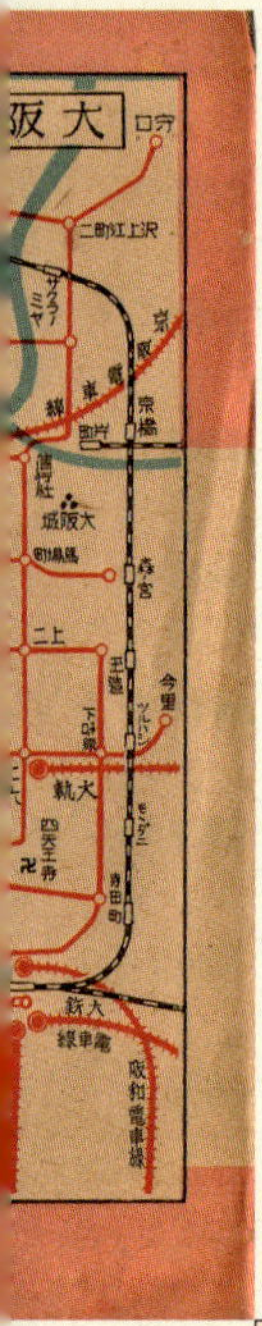

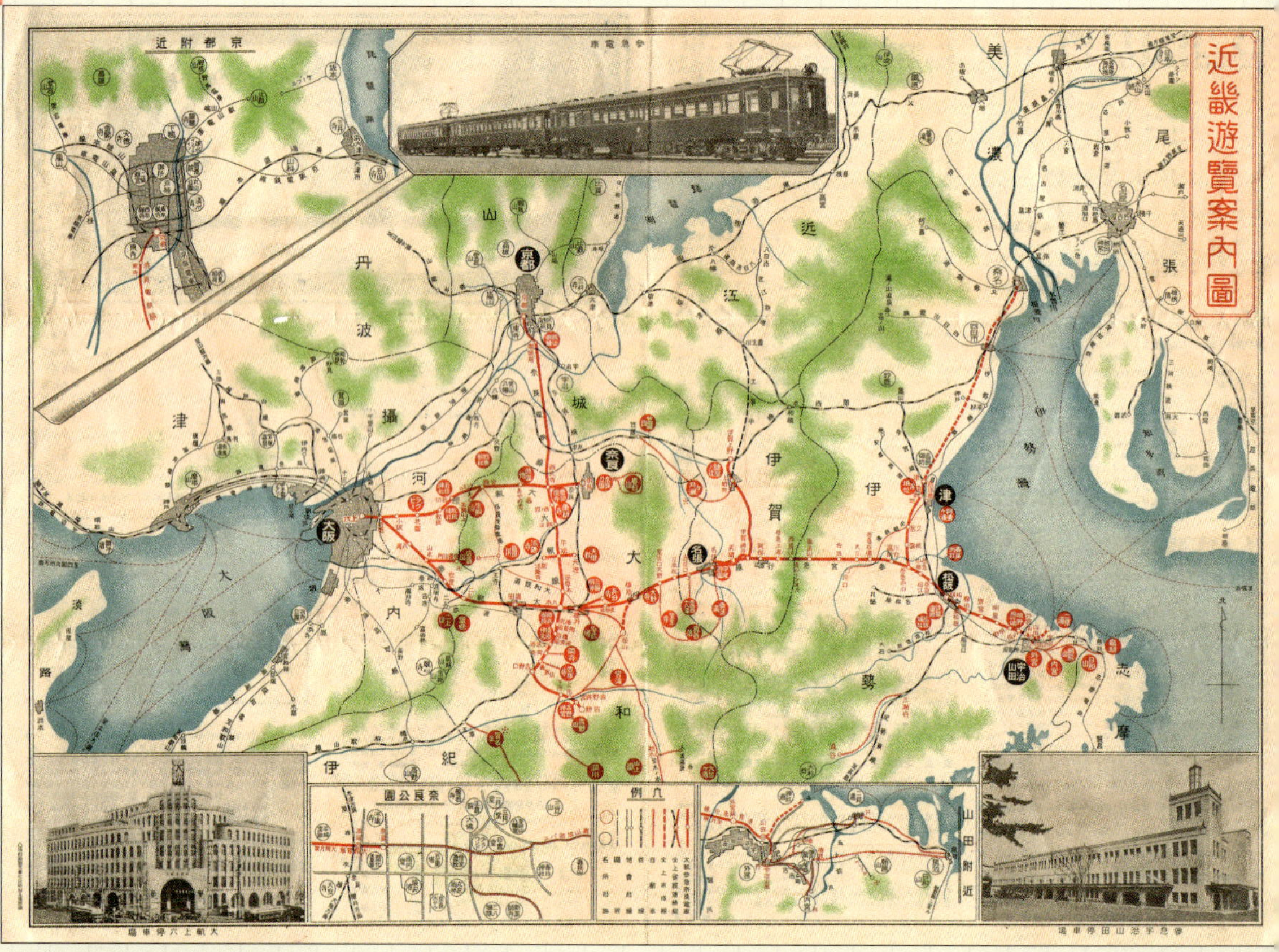

昭和時代　**近畿遊覧案内図**

大阪・奈良・京都・名張・津・松阪・宇治山田（伊賀地方、伊勢湾）附近の地図に、参急電車・大軌上六停車場・参急宇治山田停車場の写真、そして、京都付近・山田付近・奈良公園の地図が拡大されている。

昭和15年 **橿原神宮参拝の栞**
～紀元二千六百年奉祝紀元節大祭～

1940（昭和15）年が神武天皇が即位して2600年に当たることから、日本政府は「紀元二千六百年祝典」や陵墓の整備などを計画。橿原神宮での記念行事や記念事業への参加を国民に広く呼びかけた。この栞もそれを目的に武田長兵衛商店（現・武田薬品工業）が発行したもの。自社の宣伝も兼ねながら、裏面にも奈良付近、奈良公園、和歌山、京都市、吉野山、名古屋市、神戸市、鳥羽付近、宇治山田などの地図を掲載している。

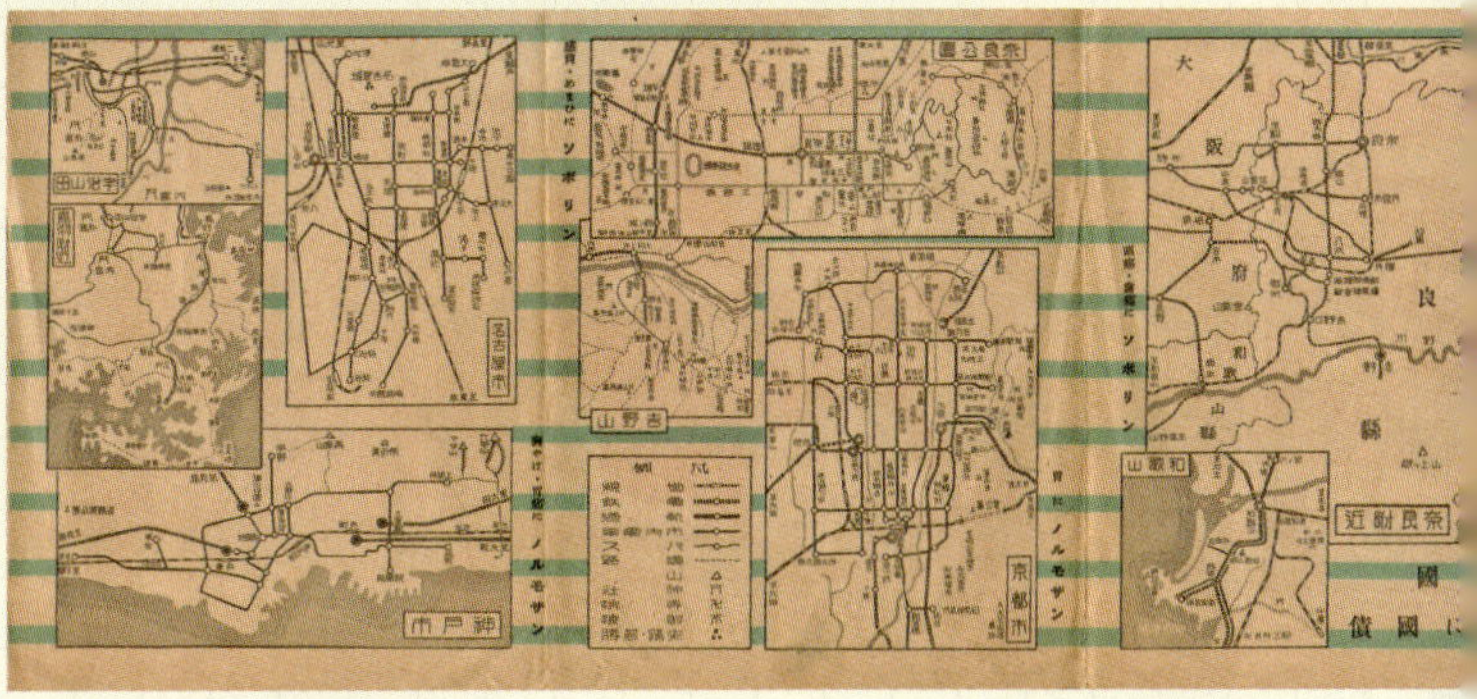

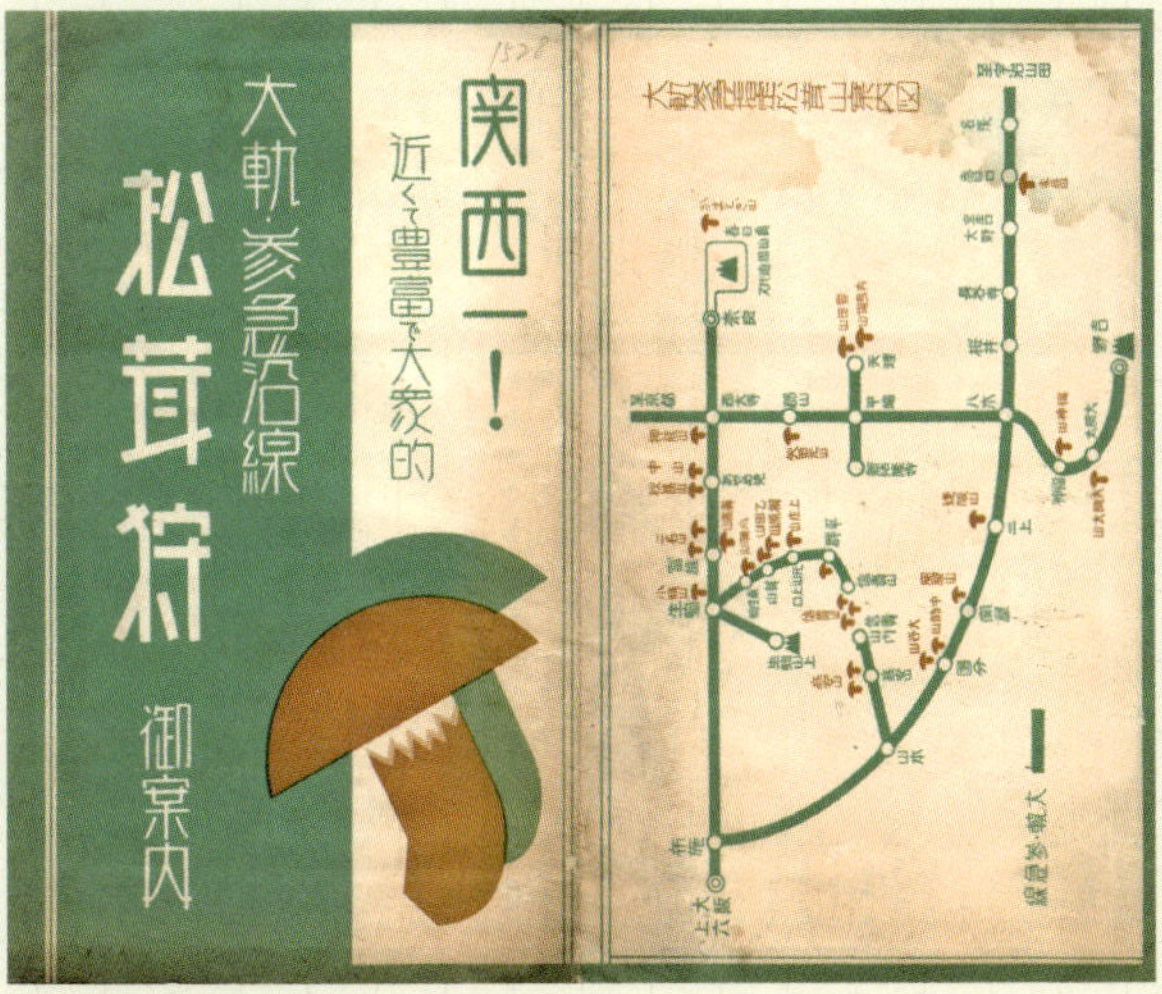

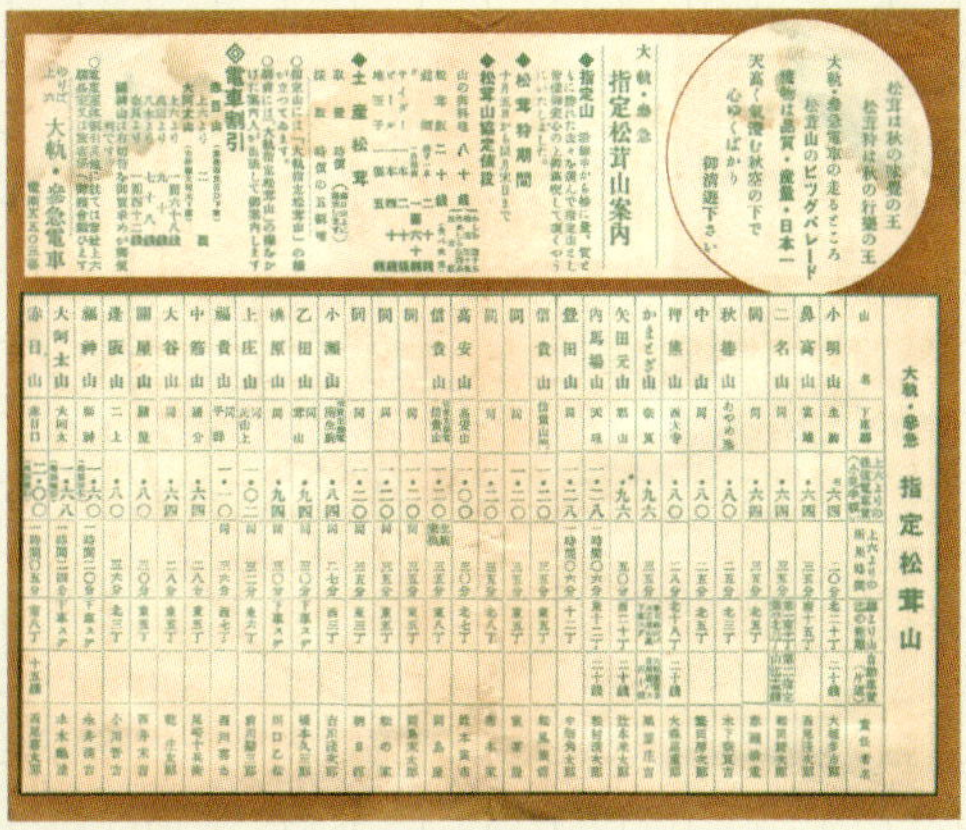

昭和時代 **大軌・参急沿線 松茸狩 御案内**

表紙に「大軌参急沿線 松茸狩 御案内」とある。サブタイトルは「関西一！近くて豊富で大衆的」。そして表紙裏には「大軌指定松茸山案内図」が記され、沿線の松茸山の地図を紹介。裏面は大軌・参急「指定松茸山」の一覧表など。

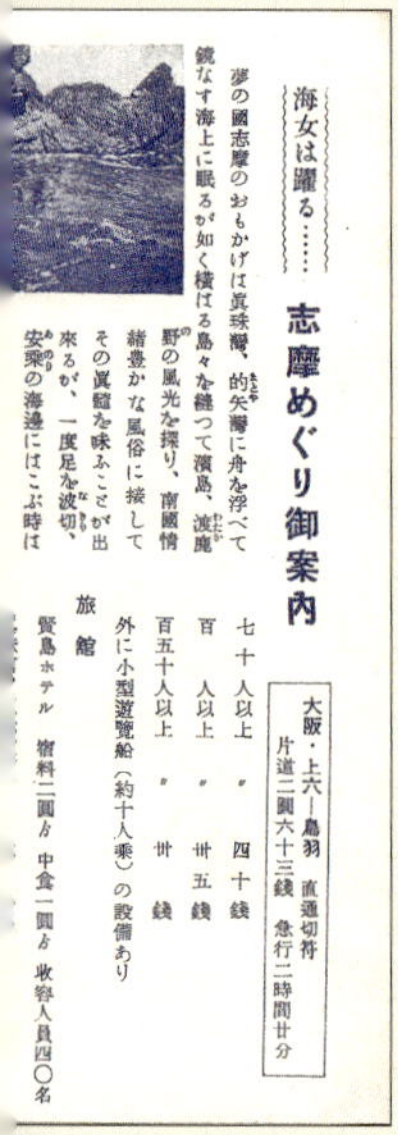

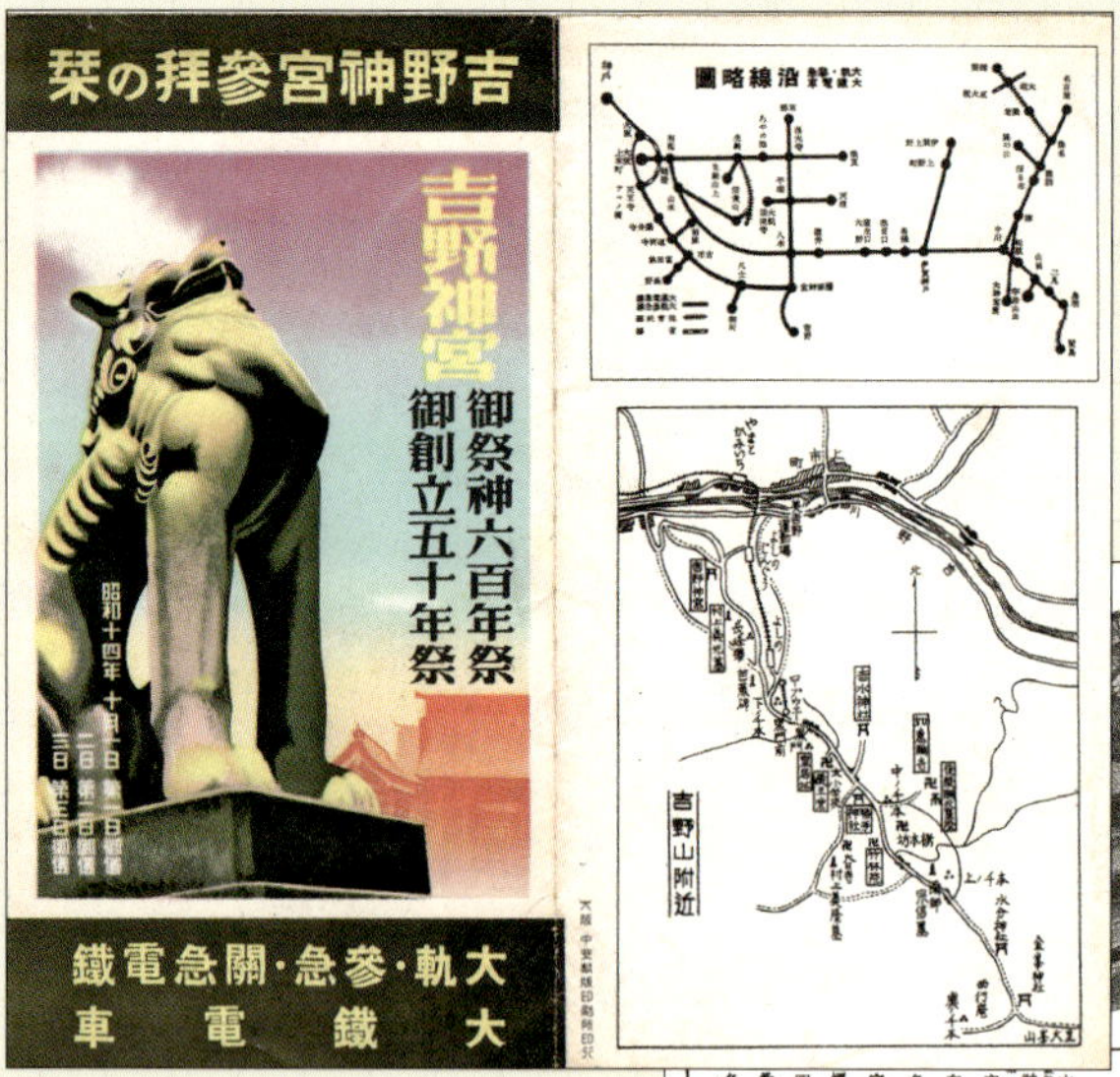

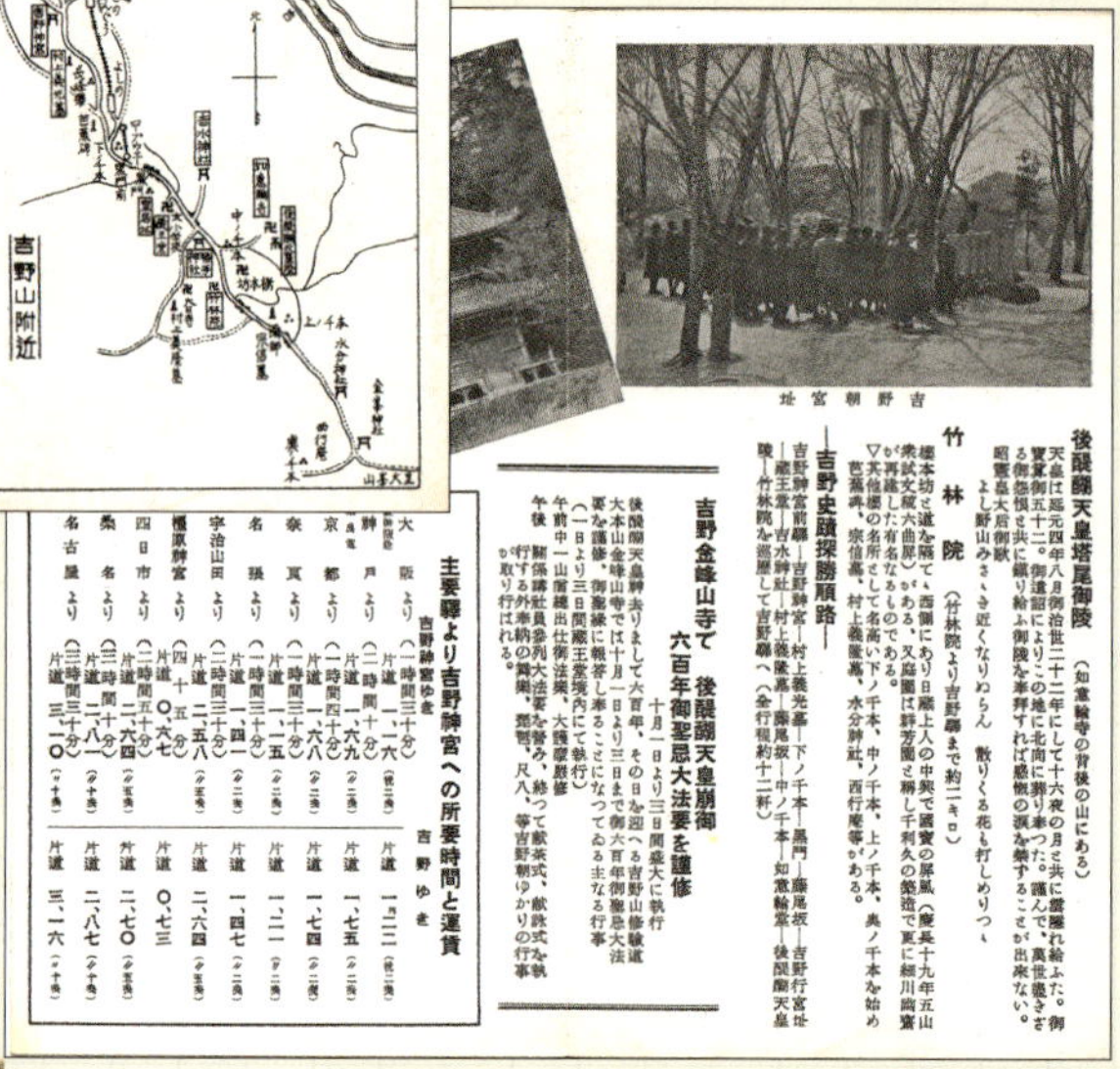

	吉野神宮ゆき		吉野ゆき
大阪より	（一時間三十分）	片道一、一六	片道一、二二
神戸より	（二時間十分）	片道一、六九	片道一、七五
京都より	（一時間四十分）	片道一、六八	片道一、七四
奈良より	（一時間三十分）	片道一、一五	片道一、二一
名張より	（一時間三十分）	片道一、四一	片道一、四七
宇治山田より	（二時間三十分）	片道二、五八	片道二、六四
橿原神宮より	（四十五分）	片道〇、六七	片道〇、七三
四日市より	（二時間五十分）	片道二、六四	片道二、七〇
桑名より	（三時間十分）	片道二、八一	片道二、八七
名古屋より	（三時間三十分）	片道三、一〇	片道三、一六

昭和14年 吉野神宮参拝の栞

大軌・参急・關急電鐵、大鐵電車による「吉野神宮参拝」を勧める沿線案内。戦前のものと思われる。表紙の"天を仰ぐ狛犬"は大鳥居前にある。長崎平和祈念像をつくった彫刻家北村西望の作品。裏面は、後醍醐天皇塔尾御陵や竹林院、吉野史跡など、吉野にゆかりの観光スポットが紹介されている。大阪から吉野まで往復1圓85銭（税共）の時代だ。

昭和12年頃 大軌 参急沿線案内

大軌参急本線沿線を描いた名所図絵。奈良公園・生駒山・信貴山・橿原神宮、吉野山・多武峰・長谷寺・室生寺・赤目四十八滝、そして伊勢海の周辺まで、山間を縫って走る沿線が網羅されている。裏面には、各見どころのスポットや運賃表などが掲載されている。

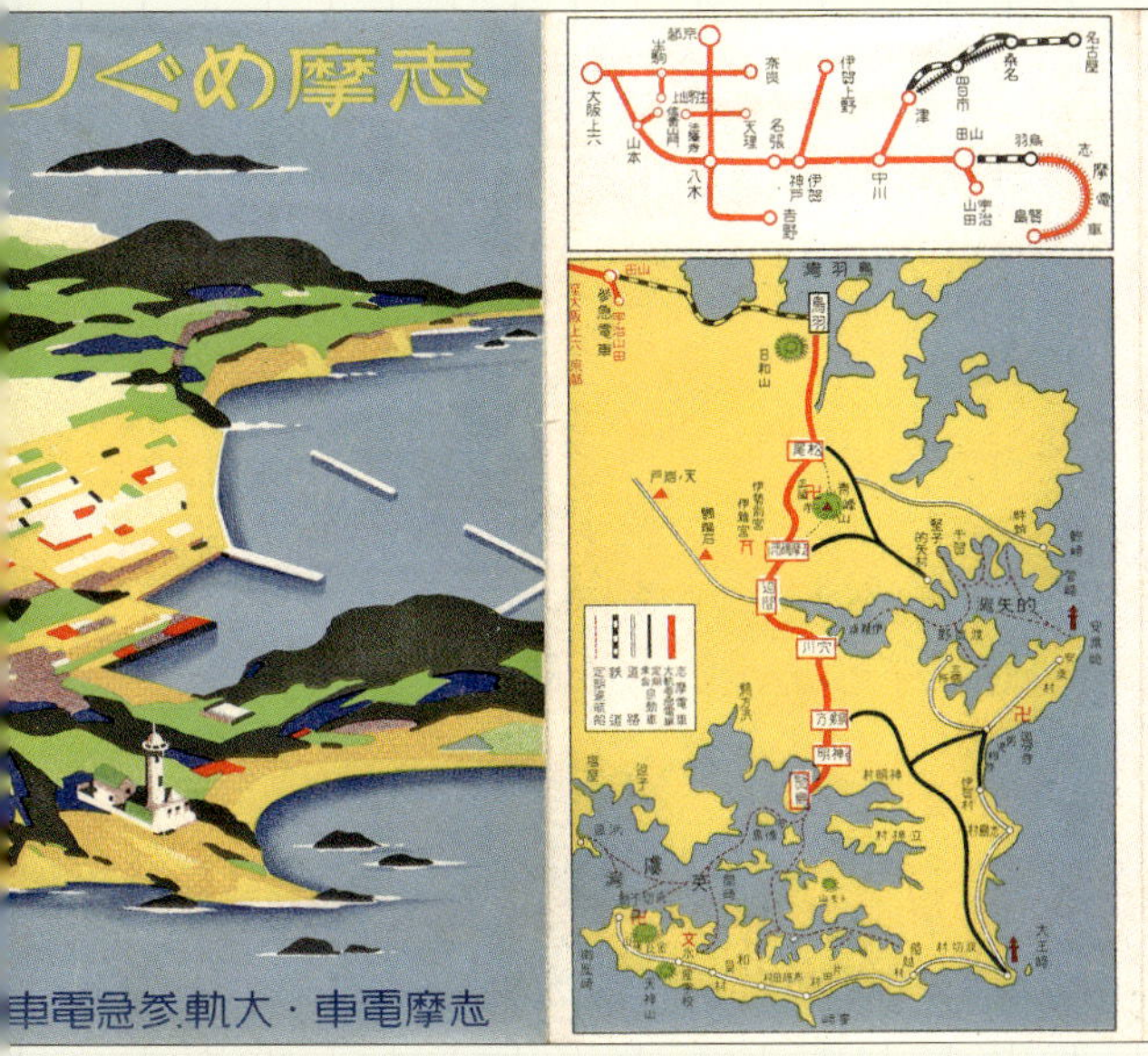

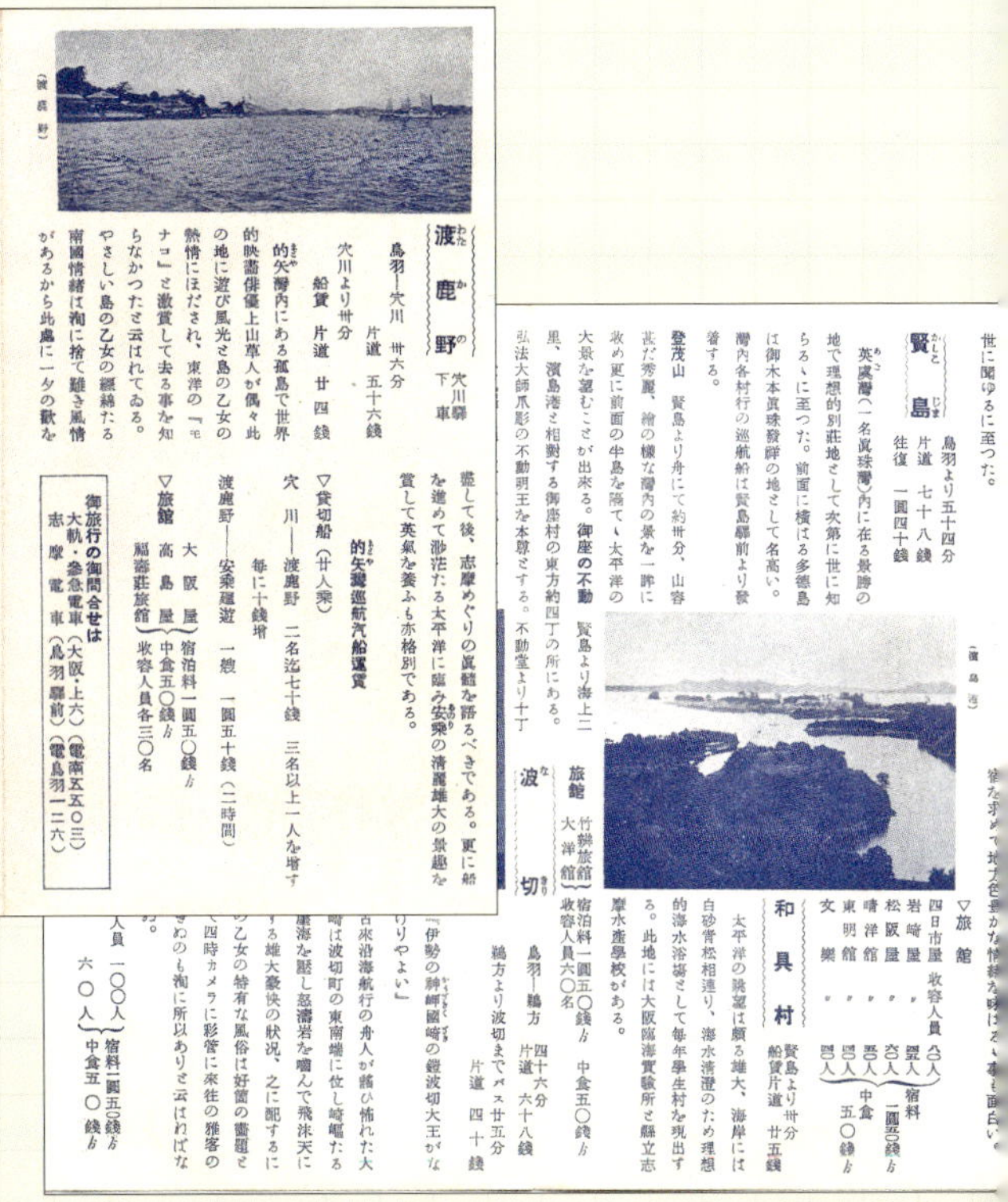

昭和時代 **志摩めぐり**

志摩電車・大軌参急電車による志摩観光の沿線地図。見どころに穴川驛下車の渡鹿野を推薦。裏面は「志摩めぐり御案内」。賢島、濱島（賢島より30分）、和具村、波切などが紹介されている。

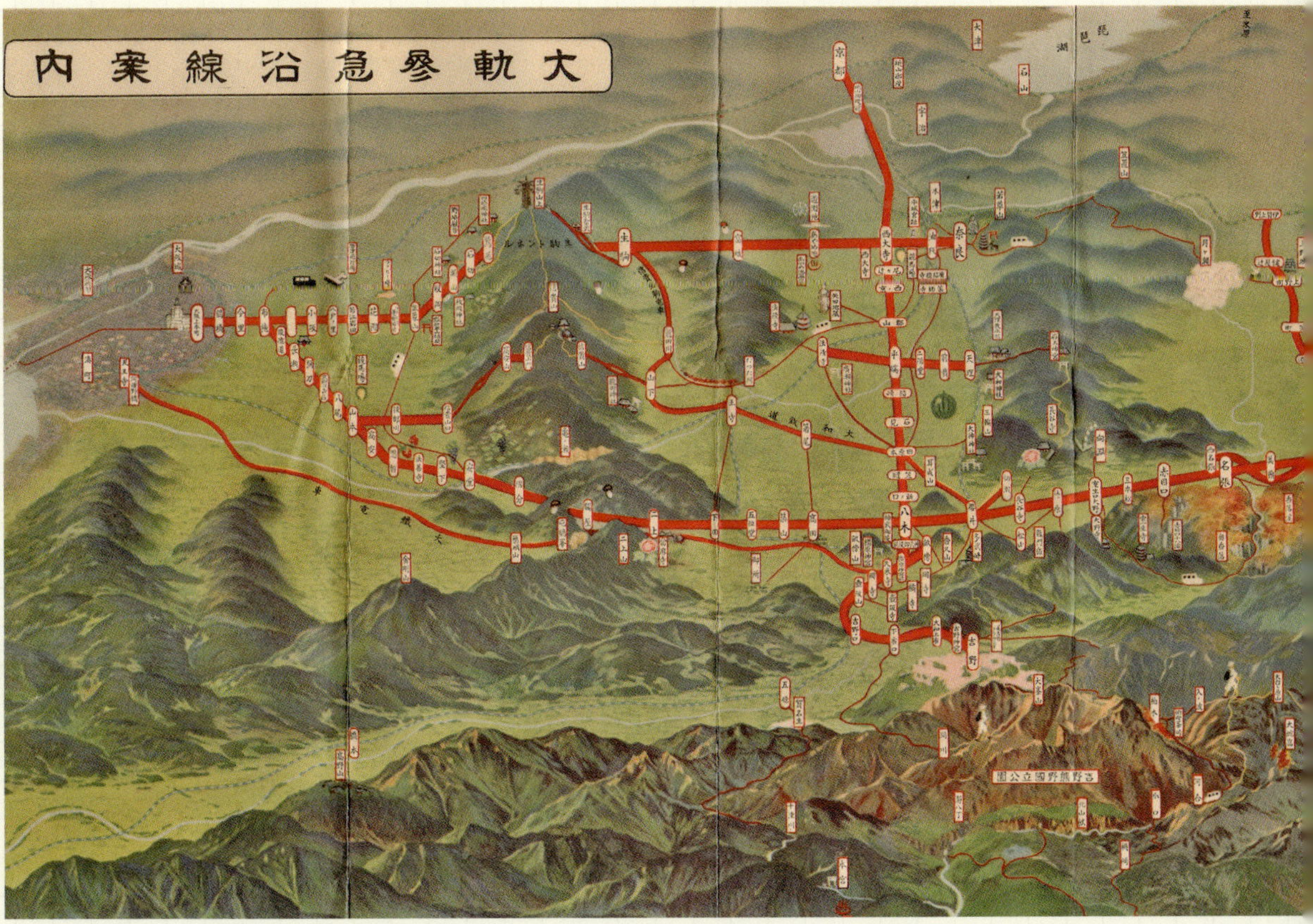

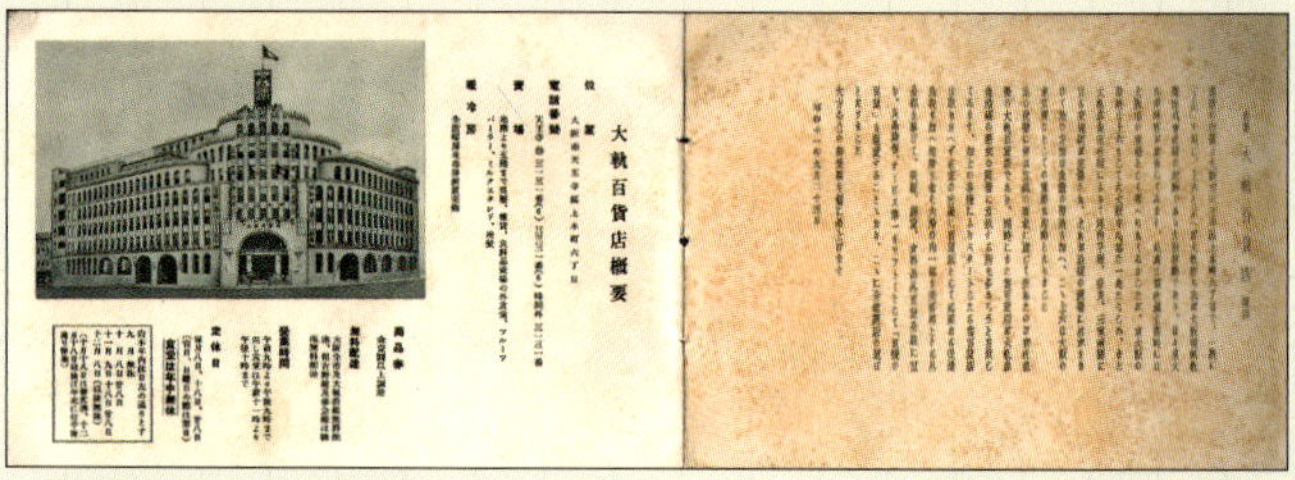

昭和11年 大軌百貨店 店内お知らせ

直営大軌百貨店開店の挨拶状。昭和11年に刊行された。売場や営業時間、定休日（食堂は年中無休）や電話番号など大軌百貨店の概要が書かれている。また、当時の外観、エレベーター前、入口附近、1階売場の写真も掲載されている。

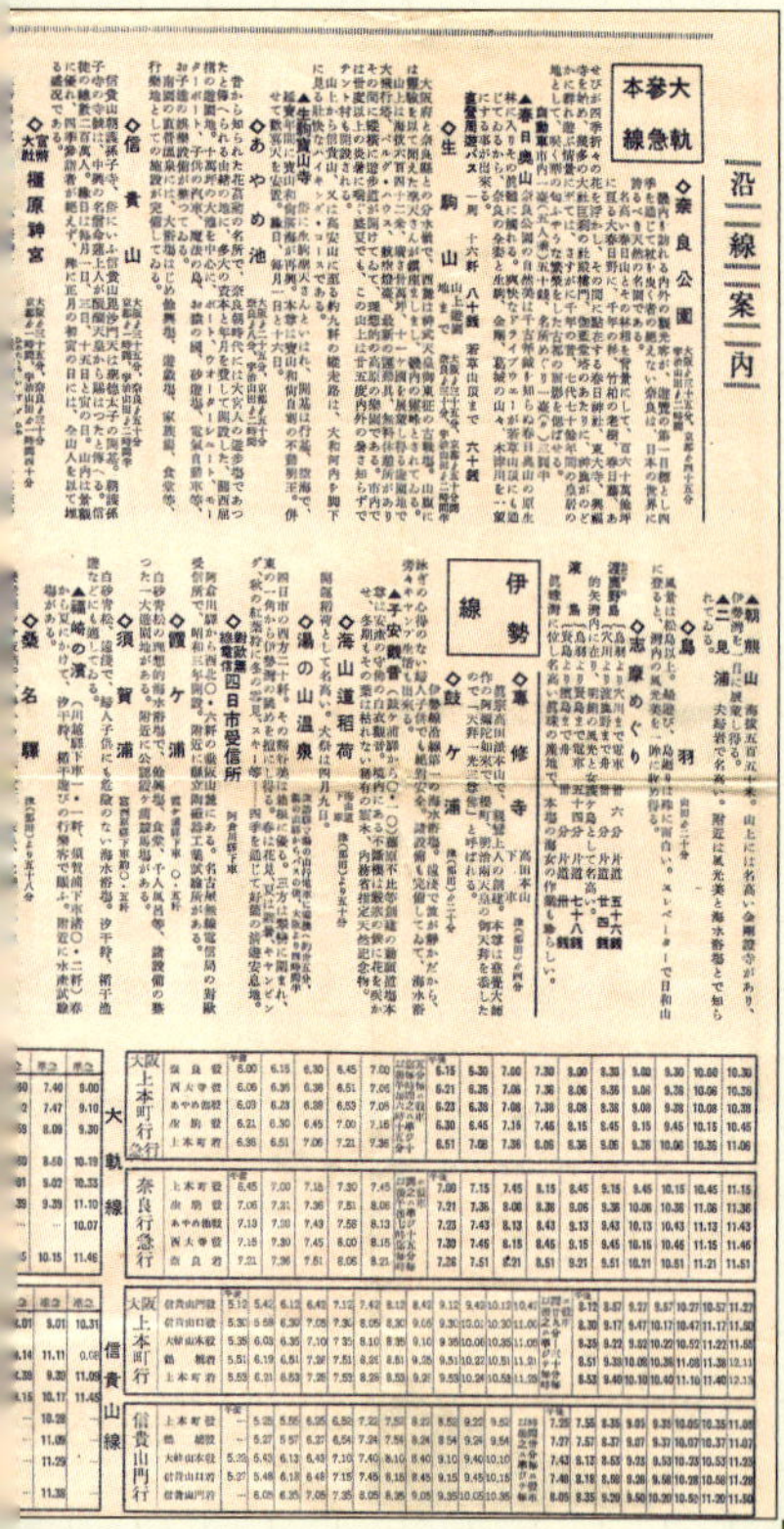

沿線案内

大軌参急本線

◇奈良公園　大阪より五十五分 京都より四十五分 宇治山田より二時間

畿内を訪れる内外の観光客が、遊覧の第一目標とし四季を通じて杖を曳く者の絶えない奈良は、日本の世界に誇るべき天然の名園である。

名高い春日山とその林相を背景にして、百六十萬余坪に亘る大春日野に、千年の杉、竹柏の老樹、春日鹿、あせびが四季折々の花を浮かし、その間に点在する春日神社、東大寺、興福寺を始め、幾多の大社巨刹の社殿楼門、仏塔堂塔のあたりに、神鹿がのどかに群れ遊ぶ情景に至っては、さすがに千年の昔、七代七十余年間の皇居の地として、咲く花の匂ふがごとき繁栄をした古都の面影を偲ばせる。

自動車市内一巡（五人乗）五十銭。名所めぐり一巡三円半

▲春日奥山　奈良公園の自然美は千古斧鉞を知らぬ春日奥山の原生林に入りその真髄に触れる。爽快なドライブウエーが若草山頂にも通じてゐるから、奈良の全景と生駒、金剛、葛城の山々、木津川を一望にする事が出来る。

遊覧周遊バス　一周 十六粁 八十銭　若草山頂まで 六十銭

◇生駒山　山上遊園地まで

大阪府と奈良県との分水嶺で、西麓は神武天皇御東征の古戦場。山腹には霊験を以て聞えた聖天さんが鎮座ましまし、畿内の霊峰とされてゐる。山上は海抜六百四十二米、広さ廿萬坪、十一ヶ國を展望し得る遊園地で大飛行塔、ベルグ・ハウス、航空燈台、最新の遊戯具、無料休憩所があり、その間に縦横に遊歩道が開けてゐて、理想的の高原の楽園である。市内では三十度以上の炎暑に喘ぐ盛夏でも、この山上は廿五度内外の涼しさでテント村も開設される。

山上から信貴山、又は高安山に至る約九粁の縦走路は、大和河内を脚下に見る壮快なハイキング・コースである。

▲生駒宝山寺　俗に生駒聖天さんといはれ、開基は役行者、後に宝山和尚湛海が再興。本尊には宝山和尚自刻の不動明王。併せて歓喜天を安置。縁日、毎月一日と十六日。

◇あやめ池

昔から知られた花菖蒲の名所で、奈良朝時代には大宮人の逍遥地であったと伝へられる由緒の地に、多大の資本と年月を費して開設した、関西屈指の遊園地。十萬坪の大池を中心に、ボート、ウオーターシュート、モーターボート、子供の汽車、魔法の島、お伽の國、砂遊場、電気自動車等、お子達の娯楽設備が整ってゐる。

南園の直営温泉は、大劇場はじめ余興場、遊戯場、家族風呂、食堂等、行楽地としての施設が完備してゐる。

◇信貴山

信貴山朝護孫子寺、俗にいふ信貴山毘沙門天は聖徳太子の開基。朝護孫子寺の寺号は、中興の名僧命蓮上人が醍醐天皇から賜はったと伝へる。信徒の総数二百萬人。縁日は毎月一日、三日、十五日と寅の日。山内は景観に優れ、四季参詣者が絶えず、殊に正月の初寅の日には、全山人を以て埋める盛況である。

◇官幣大社 橿原神宮

伊勢線

▲朝熊山　海抜五百五十米。山上には名高い金剛證寺があり、伊勢湾を一目に展望し得る。附近は風光美と海水浴場とで知られてゐる。

▲二見浦　夫婦岩で名高い。

◇鳥羽　山田より二十分

風景は松島以上。船遊び、島廻りは殊に面白い。エレベーターで日和山に登ると、湾内の風光美を一眸に収め得る。

◇志摩めぐり

◇専修寺　高田本山下車

◇鼓ヶ浦

伊勢線沿線第一の海水浴場。遠浅で波が静かだから、泳ぎの心得のない婦人子供でも絶対安全。諸設備も完備してゐて、海水浴客のキャンプ生活も出来る。

▲子安観音

◇海山道稲荷

開運稲荷として名高い。大祭は四月九日。

◇湯の山温泉

◇参急無線電信四日市受信所

◇霞ヶ浦

◇須賀浦

▲福崎の濱

◇桑名駅

大軌線

大阪上本町行急行	奈良発	6.00	6.15	6.30	6.45	7.00	[illegible]	6.15	6.30	7.00	7.30	8.00	8.30	9.00	9.30	10.00	10.30
	西大寺発	6.06	6.36	6.36	6.51	7.06		6.21	6.35	7.06	7.36	8.06	8.36	9.06	9.36	10.06	10.36
	あやめ池発	6.03	6.23	6.39	6.53	7.08		6.23	6.38	7.08	7.38	8.08	8.38	9.08	9.38	10.08	10.38
	生駒発	6.21	6.30	6.45	7.00	7.15		6.30	6.45	7.15	7.45	8.15	8.45	9.15	9.45	10.15	10.45
	上本町着	6.36	6.51	7.06	7.21	7.36		6.51	7.06	7.36	8.06	8.36	9.06	9.36	10.06	10.36	11.06
奈良行急行	上本町発	6.45	7.00	7.15	7.30	7.45	[illegible]	7.00	7.15	7.45	8.15	8.45	9.15	9.45	10.15	10.45	11.15
	生駒発	7.06	7.21	7.36	7.51	8.06		7.21	7.36	8.06	8.36	9.06	9.36	10.06	10.36	11.06	11.36
	あやめ池発	7.13	7.28	7.43	7.58	8.13		7.23	7.43	8.13	8.43	9.13	9.43	10.13	10.43	11.13	11.43
	西大寺発	7.15	7.30	7.45	8.00	8.15		7.30	7.45	8.15	8.45	9.15	9.45	10.15	10.45	11.15	11.45
	奈良着	7.21	7.36	7.51	8.06	8.21		7.26	7.51	8.21	8.51	9.21	9.51	10.21	10.51	11.21	11.51

信貴山線

大阪上本町行	信貴山門発	5.12	5.42	6.12	6.42	7.12	7.42	8.12	8.42	9.12	9.42	10.12	10.42	[illegible]	8.12	8.47	9.27	9.57	10.27	10.57	11.27
	信貴山口発	5.30	5.59	6.30	7.05	7.30	8.05	8.30	9.05	9.30	10.02	10.30	11.00		8.30	9.17	9.47	10.17	10.47	11.17	11.50
	大軌山本発	5.35	6.03	6.35	7.10	7.35	8.10	8.35	9.10	9.35	10.06	10.35	11.05		8.35	9.22	9.52	10.22	10.52	11.22	11.55
	鶴橋着	5.51	6.19	6.51	7.26	7.51	8.26	8.51	9.26	9.51	10.22	10.51	11.20		8.51	9.38	10.08	10.38	11.08	11.38	12.11
	上本町着	5.53	6.21	6.53	7.28	7.53	8.28	8.53	9.28	9.53	10.24	10.53	11.25		8.53	9.40	10.10	10.40	11.10	11.40	12.13
信貴山門行	上本町発	—	5.25	5.55	6.25	6.52	7.22	7.52	8.22	8.52	9.22	9.52	[illegible]	7.25	7.55	8.35	9.05	9.35	10.05	10.35	11.05
	鶴橋発	—	5.27	5.57	6.27	6.54	7.24	7.54	8.24	8.54	9.24	9.54		7.27	7.57	8.37	9.07	9.37	10.07	10.37	11.07
	大軌山本発	5.22	5.43	6.13	6.43	7.10	7.40	8.10	8.40	9.10	9.40	10.10		7.43	8.13	8.53	9.23	9.53	10.23	10.53	11.23
	信貴山口着	5.27	5.48	6.18	6.48	7.15	7.45	8.15	8.45	9.15	9.45	10.15		7.48	8.18	8.58	9.28	9.58	10.28	10.58	11.28
	信貴山門着	—	6.05	6.35	7.05	7.35	8.05	8.35	9.05	9.35	10.05	10.35		8.05	8.35	9.20	9.50	10.20	10.50	11.20	11.50

昭和13年頃 大軌・参急・關急電鐵沿線案内図

国内最大の私鉄である近鉄は、前身の大軌から始まり、近畿地方の中小私鉄を合併し、名古屋にも乗り入れ、2府4県を結ぶ営業距離 582.3km の路線網を確立した。この地図が作成された昭和13年頃には、すでに現在の路線網をほぼ完成させている。

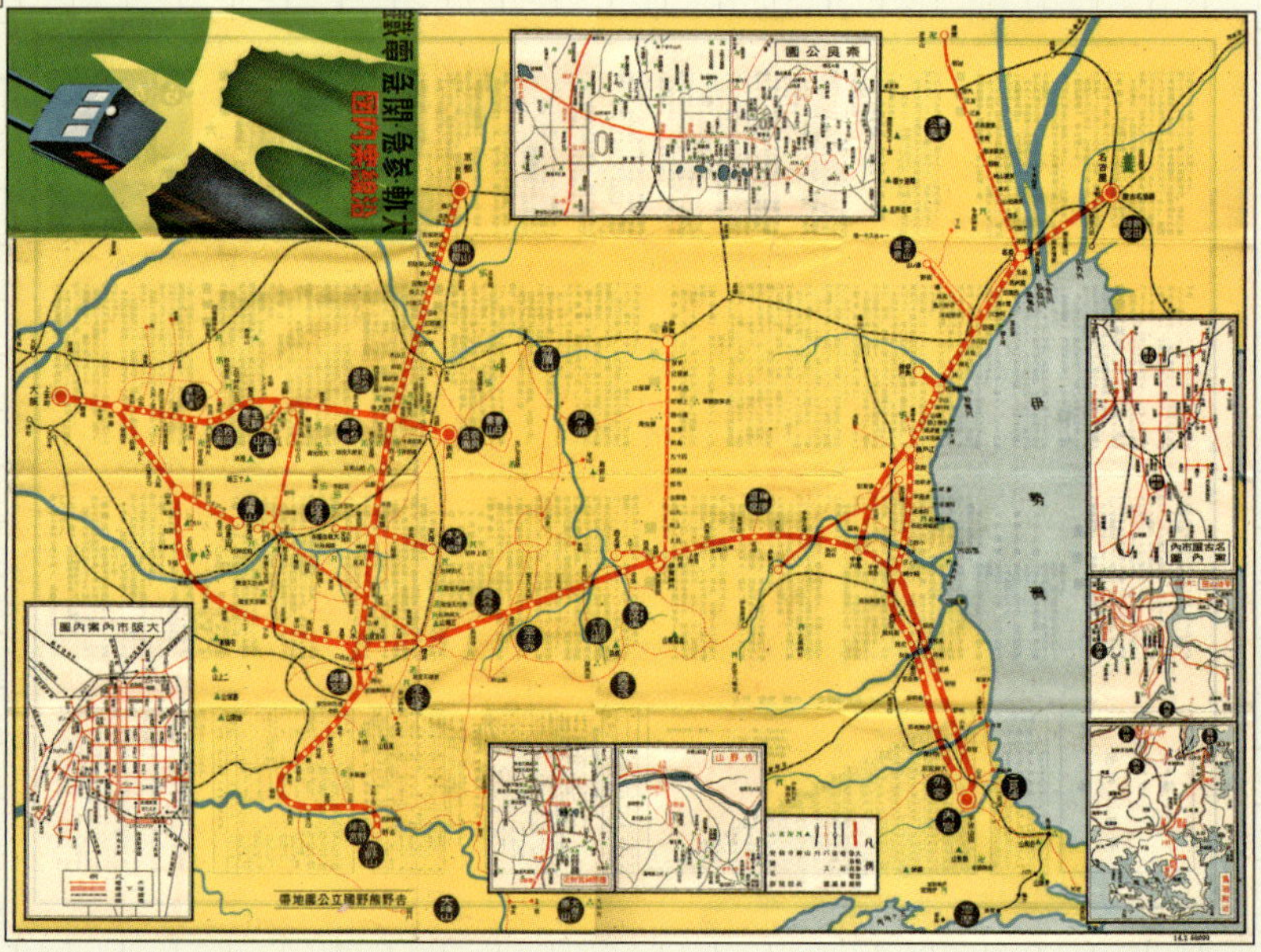

昭和時代 歴代皇陵巡拝之栞

大鐵電車（阿部野橋）が戦前に出した歴代皇陵巡りの栞。皇陵とは天皇の墓のことで、表紙にはそれをシンボライズした埴輪の絵が描かれている。栞には、御所・橿原・飛鳥附近、藤井寺・道明寺附近、長野附近、二上山附近の皇陵が載っている。

昭和８年 **大軌・参急電車沿線案内図**

まだ名古屋進出を果たしていない、昭和８年頃の大軌・参急電車案内図。大阪市、京都市、宇治山田及志摩付近、宇治山田市交通略図、奈良公園、吉野山、吉野及熊野国立公園がクローズアップされている。裏面も沿線案内で、大軌参急本線、伊勢線、養老線の沿線の見どころと、運賃表が紹介されている。

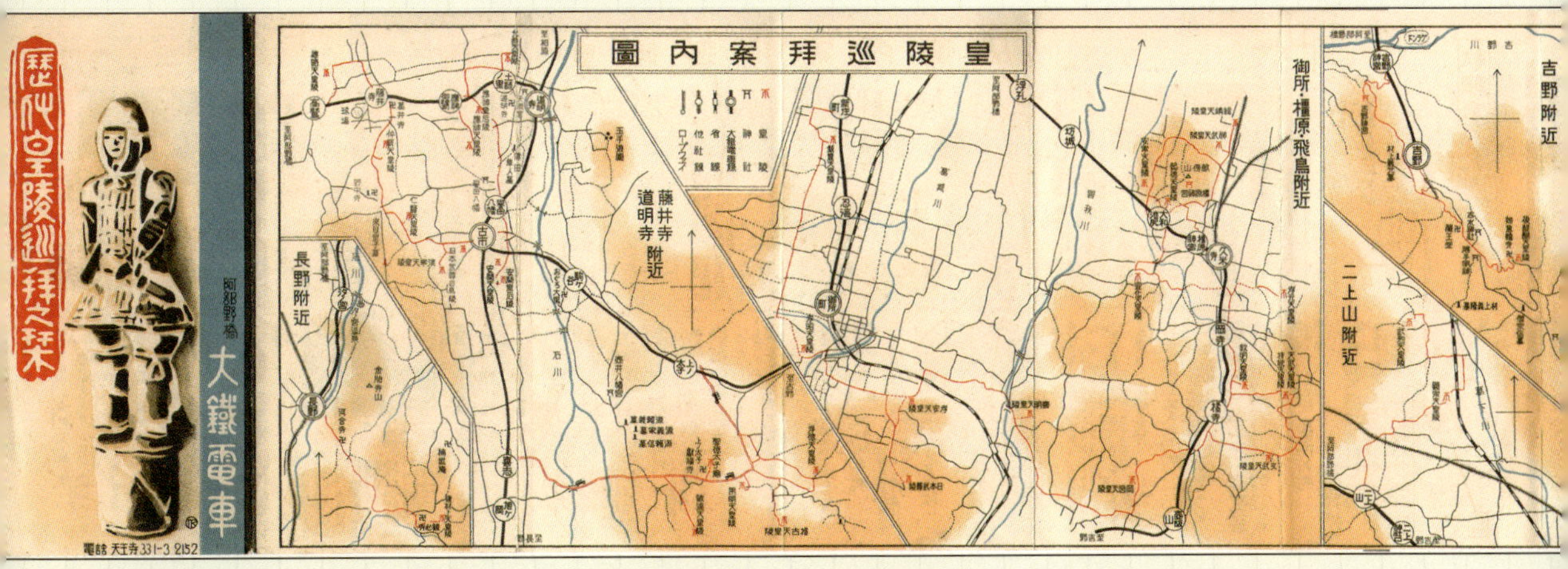

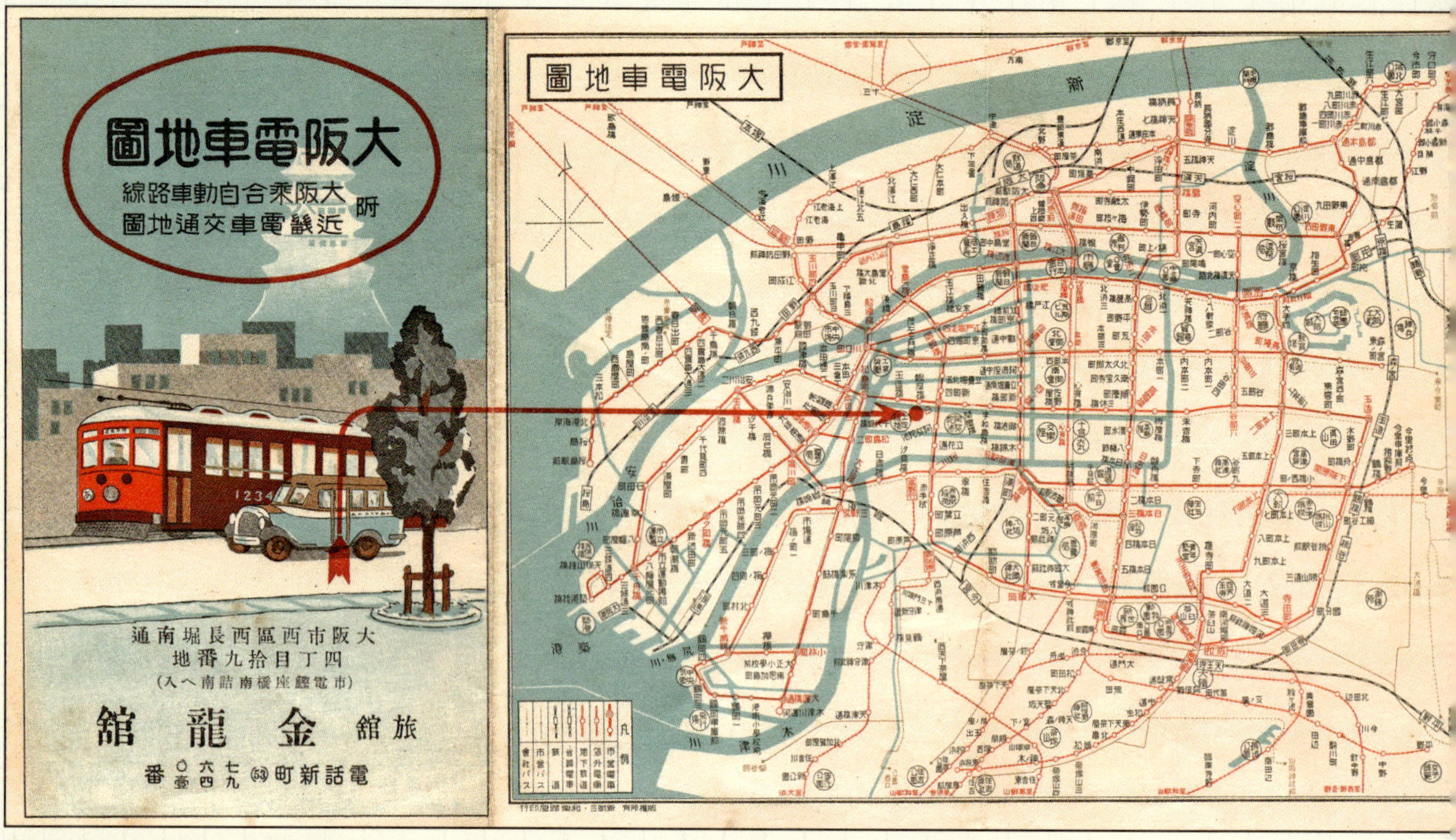

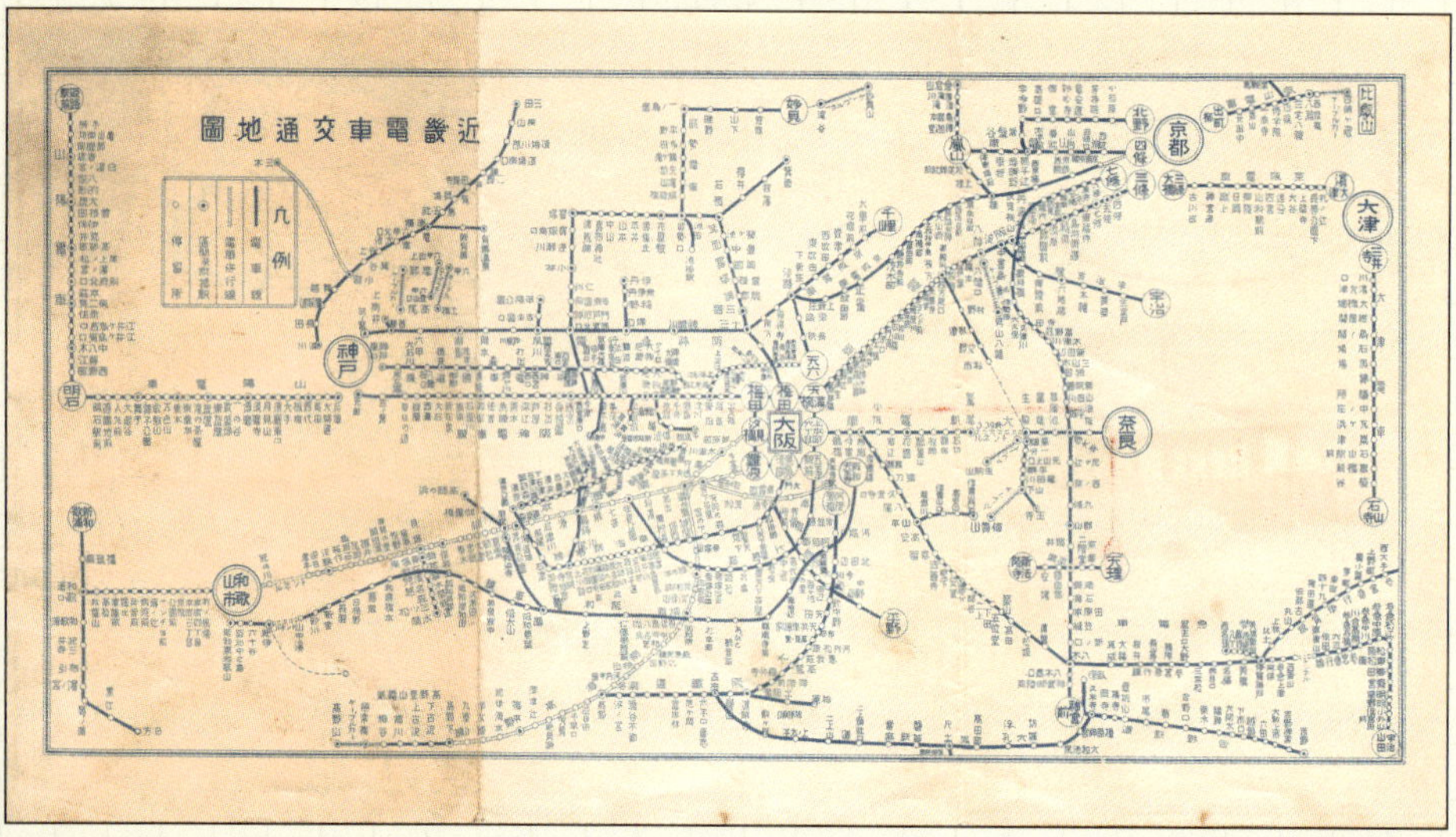

昭和時代 大阪電車地圖

大阪乗合自動車路線と近畿電車交通地図付。発行者の旅館金龍館の最寄り駅「市電鰹座橋」に赤い矢印で誘導しているのが商魂逞しい。市営・郊外電車、地下鉄・省線・市バスまで網羅され、裏面は、近畿地方を走るすべての電車路線が載っている。

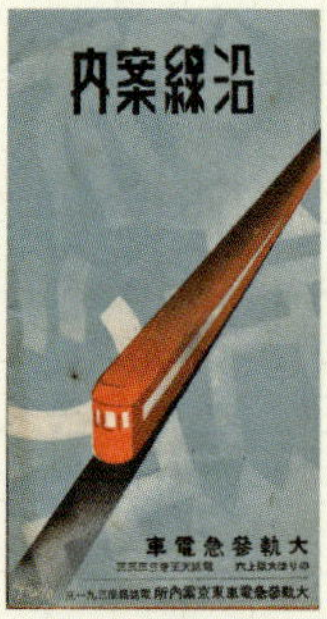

昭和10年代 大軌参急電車の「沿線案内」

表紙に電車が走るのは、伊勢電合併前の沿線案内。表紙に信号が描かれているのは、昭和10年12月に発行された沿線案内。また、親子連れの表紙は、伊勢電合併後のもの。中身には現在の近鉄路線網に近い沿線が紹介されている。

第一部 大阪線《おおさかせん》

osaka line

大阪上本町駅(昭和44年)撮影:笹目史郎

鶴橋駅前環状線高架下

大和高田駅(昭和35年)
提供:大和高田市

背景/青山町車庫

東青山駅付近

大阪線《おおさかせん》

osaka line

【起点】大阪上本町駅
【終点】伊勢中川駅
【駅数】48駅
【距離】108・9km
【開業】1914年4月30日
【全通】1930年12月20日

大阪線は関西と伊勢を結ぶ近畿日本鉄道（近鉄）の主要路線だ。起点は大阪市天王寺区の大阪上本町駅で、終点は三重県松坂市の伊勢中川駅。営業距離は108・9キロメートルあり、近鉄の中では最も長い。日本の私鉄の中でも東武伊勢崎線に次ぐ2番目の長さを持つ路線だ。

その歴史は複雑で、上本町―桜井間は、近鉄の前身・大阪電気軌道（大軌）の桜井線、桜井以東は大軌の姉妹会社・参宮急行電鉄（参急）の手で建設された。

工事は大阪側の布施からと橿原線八木から進み、1924（大正13）年10月に布施―八尾間、翌年の9月に八尾―恩智間が開通した。そして1927（昭和2）年7月の恩智―高田を最後に布施―八木間が全通。上本町―桜井間が全通したのは1929（昭和4）年1月のことだった。

参宮急行電鉄も当時の私鉄では最長の青山トンネルを含む桜井―山田（現・伊勢市）間を1930（昭和5）年12月20日までに全通させた。これにより大軌と参急の相互乗入れという形で大阪～伊勢間が全通。現在では上本町―伊勢中川間が大阪線となり、通勤・通学路線、また名阪特急のルートとして、重要な地位を占めている。

赤目口駅付近の菜の花畑の中を走る「ひのとり」

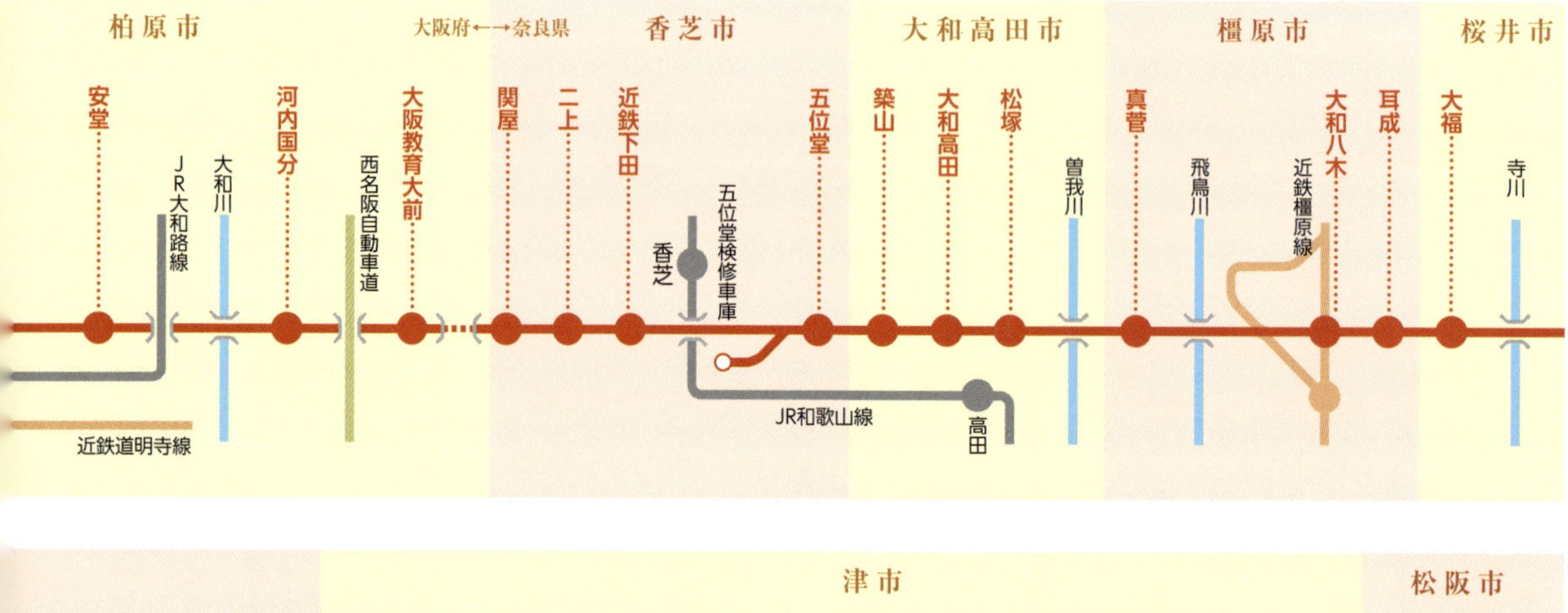

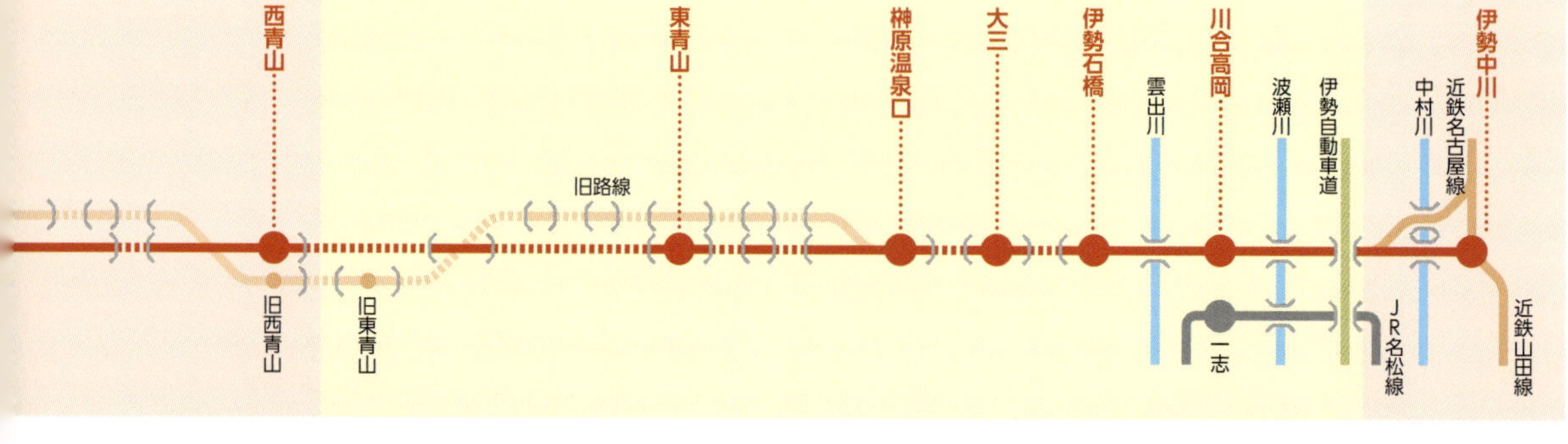

大正

3年（1914年）4月30日
上本町駅～布施駅間が開業

13年（1924年）10月31日
布施駅～八尾駅間が開業

14年（1925年）3月21日
高田駅～八木駅間が開業

14年（1925年）9月30日
八尾駅～恩智駅間が開業

昭和

2年（1927年）7月1日
恩智駅～高田駅間が開通し、布施駅～八木駅間が全通
高安駅～恩智駅間、高田駅～八木駅間が複線化

4年（1929年）1月5日
上本町駅～桜井駅間が全通
※上本町駅～桜井駅間は、近鉄の前身・大阪電気軌道（大軌）の桜井線の手で建設

4年（1929年）10月27日
桜井駅～長谷寺駅間が開業

5年（1930年）2月21日
長谷寺駅～榛原駅間が開業

5年（1930年）10月10日
榛原駅～伊賀神戸駅間が開業

5年（1930年）11月19日
伊賀神戸駅～青山町駅間
榊原温泉口駅～伊勢中川駅間が開業

5年（1930年）12月20日
青山町駅～榊原温泉口駅が開業し
大軌と参急の相互乗入れという形で大阪線全通
※桜井駅～参急中川駅間は大阪電気軌道（大軌）の姉妹会社参宮急行電鉄（参急）の手で建設

16年（1941年）3月15日
大阪電気軌道が参宮急行電鉄を合併
関西急行鉄道となる

19年（1944年）6月1日
関西急行鉄道と南海鉄道が合併し
近畿日本鉄道となる

31年（1956年）12月8日
上本町駅～布施駅間複々線化
奈良線と分離

45年（1970年）3月21日
特急列車が3月15日に開業した難波線の
大阪難波駅へ乗り入れ開始

50年（1975年）11月23日
新青山トンネル開通
これにより全線複線化

平成

令和

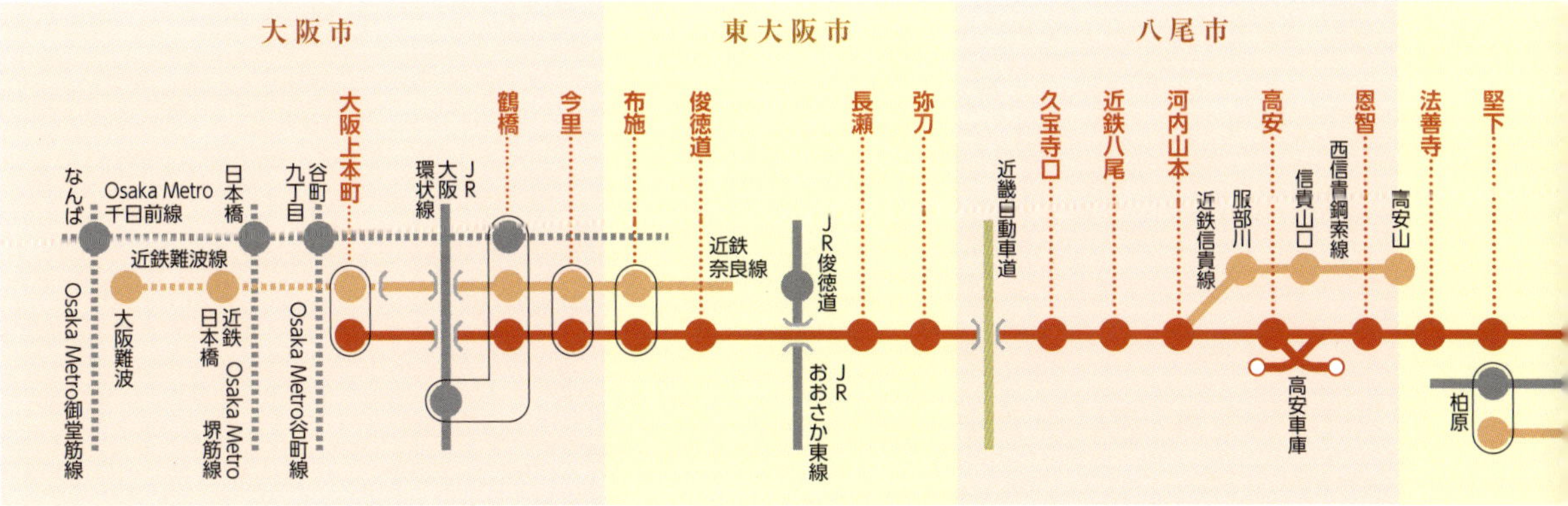

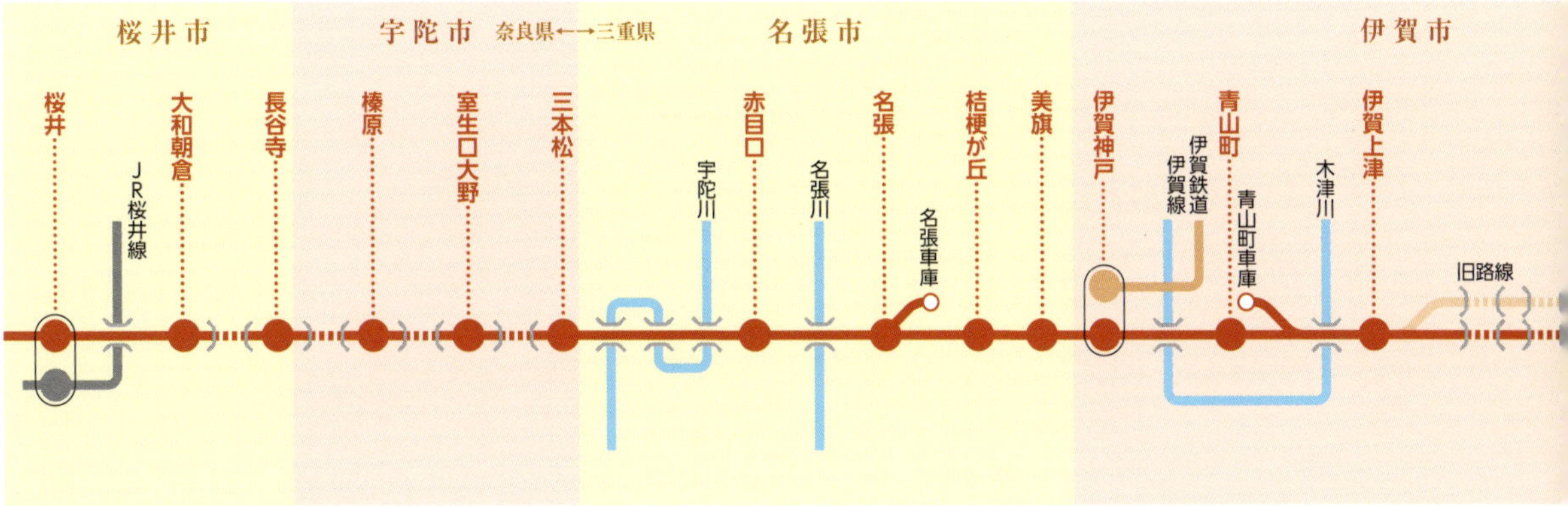

D03

大阪上本町

おおさかうえほんまち

Osaka-Uehommachi

開業年 1914(大正3)年4月30日

所在地 大阪市天王寺区上本町6・1・55

キロ程 大阪上本町から0・0km

駅構造 地上駅・地下駅9面8線(うち地上7面6線)

乗降客 65、644人(2023年)※以下同じ

大阪電気軌道(大軌)の駅として開業 開業時から、大阪線・奈良線の始発駅 日本で初めて駅ビルが建設された

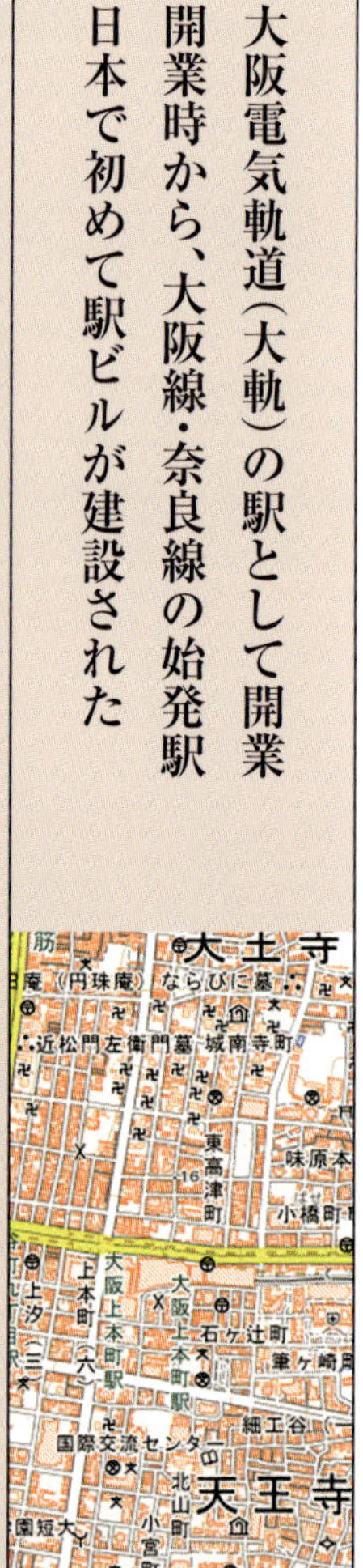

大阪上本町駅は、1914(大正3)年4月、大阪電気軌道(大軌)の駅として開業。当初は現在より北にあったが、1926(大正15)年の道路拡張時に南側に移転した。この時に日本初の駅ビルが建設され、1936(昭和11)年の増改築時に近鉄百貨店上本町店の前身・大軌百貨店がオープンした。

開業以来、大阪線、奈良線の始発駅で、当初は3面2線の構造で、移転後は出発線と到着線が立体交差し、乗車・降車ホームが分かれていたが、その後大阪線と奈良線のホームを分離。それぞれ櫛形ホーム9面8線の4面ずつを使用する方式となった。

1970(昭和45)年に、近鉄難波(現・大阪難波)駅まで延伸。奈良線の列車や大阪線特急の始発は難波駅となった。この時地下ホームが出来、奈良線の列車が使用するようになった。現在は6面7線の地上ホームからは大阪線が発着。地下ホーム(地下3階)からは、奈良線や阪神なんば線直通列車及び一部の大阪線の特急が発着している。

駅名の「上本町」は、もともと所在地が大阪平野を南北に伸びる台地の上に位置し、上町の中心地であるという意味から名付けられた。

駅近くの千日前通りと谷町筋の交差点下に地下鉄「谷町九丁目駅」があり、地下連絡通路で結ばれている。

大阪上本町駅 大阪上本町駅と近鉄百貨店上本町店

上本町駅 2200系の宇治山田行の臨時急行と、10000系初代ビスタカーが並んでいる。

撮影:佐野正武

大阪上本町駅

上本町六丁目に所在するので「ウエロク」の通称で親しまれた大阪上本町駅。市電停留場も「上本町六丁目」だった。

昭和41年

昭和30年頃

上本町六丁目

大阪市電が行き交う上本町六丁目一帯の風景。写真の右に少しだけ見えているのが、近鉄上本町のターミナルビル。 所蔵:フォト・パブリッシング

上六の元大軌本社ビル

上本町6丁目の角に城郭のように建つ大軌ビルディング。南側は大軌本社、北側は大軌百貨店が入っていた。

昭和10年代前半

所蔵:藤田孝久

昭和4年

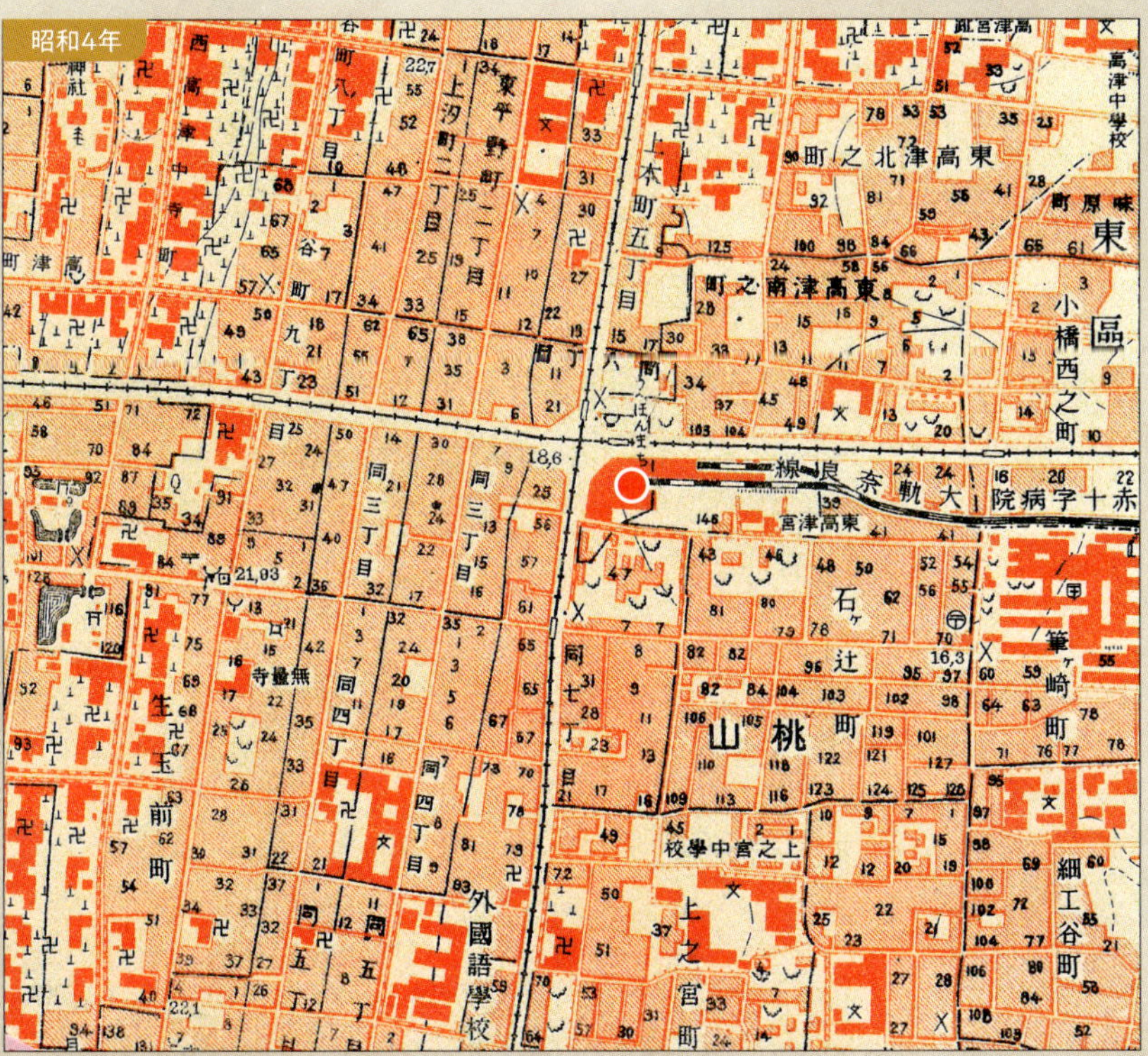

古地図探訪

この地図で見ると、「大阪上本町駅」は、東西に走る千日前通り、南北を通る上町筋との交差点の南東に位置している。この駅は、阪急・阪神の梅田、南海の難波などと並んで戦前からの近鉄の一大ターミナル駅。駅の鶴橋寄りにある赤十字病院は、現在も大阪赤十字病院として健在。地図左下の外国語学校は大阪外国語大学の前身で、後に箕面市に移転。現在跡地は大阪国際交流センターに替わっている。

昭和44年

大阪上本町駅ホームの特急

ホームに停車中は名阪特急でスナックカーの改良型12200系。2両編成の名古屋行き。　撮影:笹目史郎

昭和42年

地下5号線立ち退き

この頃桜川～谷町九丁目間で五号線（千日前線）の建設工事が着手された。　所蔵:西村豪

昭和41年

近鉄上六駅

昭和41年9月に撮影された近鉄上六駅。アーチ型の入口が特徴。　所蔵:西村豪

昭和40年

近鉄上六駅構内

伊勢神宮などへの初詣客を迎えるため、新年の準備を整えた近鉄上六駅の構内。　所蔵:西村豪

現　在

大阪上本町駅地上ホーム

近鉄大阪線ののりばは、地上1階にあり、ホームの形は櫛形で7面6線を備えていた。

昭和43年

近鉄上六駅ホーム

昭和43年に撮影された近鉄上六駅ホーム。左は充実した店構えの売店。　所蔵:西村豪

現在

大阪上本町駅夜景

白を基調にしたシンプルなデザインで第3回近畿の駅百選に選ばれた大阪上本町駅。夜景も美しい。

現在

大阪上本町駅

ランドマークの近鉄百貨店壁面に掲げられている「大阪上本町駅」の駅名標。

namba line

難波線《なんばせん》

大阪上本町
大阪難波

路線の起点は上本町駅
運行上の起点は難波駅

難波線は、大阪上本町駅から大阪難波駅までを結ぶ近畿日本鉄道(近鉄)の路線。同駅に発着する列車は、奈良線直通の全列車と、奈良・名古屋・賢島へ向かう特急である。面白いのは、路線の起点は大阪上本町駅だが、列車運行上の起点は近鉄難波駅で、大阪上本町へ向かう列車が下り、逆が上りとなっている。

近鉄難波駅を出るとすぐに近鉄日本橋駅に到着。この間は地下街の「なんばウォーク」の下を走り、同駅から上本町までは32‰(1000m走って32mの高低差)の急勾配を上る。これは地下鉄堺筋線の下をくぐり、かつ上本町駅が台地にあるためだ。

現在

大阪難波駅

大阪難波駅は近鉄難波ビル地下にあり、阪神なんば線が乗り入れている。

昭和41年

近鉄難波線乗り入れ工事

難波乗り入れ工事は昭和40年の9月、上本町駅の地下から工事に着手した。

所蔵:西村豪

昭和49年

なんばウォーク

大阪中央区の千日前通地下に設けられた地下街「なんばウォーク」。

所蔵:西村豪

昭和45年

所蔵:西村豪

近鉄難波線開通

上本町(現・大阪上本町)駅と大阪難波駅を結ぶ難波線は、昭和45年3月に開通。

現在

大阪難波駅に到着した特急ひのとり

奈良方面に直通する列車は特急を含めて全ての種別が難波駅で発着する。

現在

大阪難波駅 駅番号

大阪市中央区難波4丁目に所在する大阪難波駅の駅番号は「A01」。

D04

鶴橋《つるはし》

Tsuruhashi

開業年 1914(大正3)年4月30日
所在地 大阪市生野区鶴橋2・1・20
キロ程 大阪上本町から1.1km
駅構造 高架駅2面4線
乗降客 137,399人

近鉄・JR・地下鉄と3路線の接点
とくに大阪環状線との乗り換えが便利
駅前界隈には焼肉店が軒を連ねる

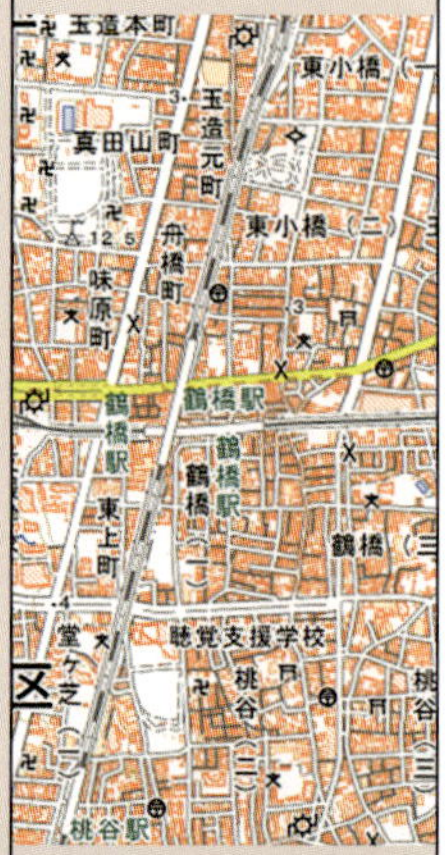

鶴橋駅は、近鉄大阪線のほか、JR大阪環状線、大阪市営地下鉄千日前線の駅でもある。3路線のうち、近鉄大阪線の駅が最も歴史が古い。1914(大正3)年4月、大阪電気軌道の開業時に、現在の駅の東側に設置されている。

その後、1932(昭和7)年9月、省線の城東線(現・大阪環状線)の新駅(現・JR鶴橋駅)誕生に備えて、その1ヶ月前の8月に、現在の場所に移転した。

駅の構造は島式2面4線の高架駅で、大阪線と奈良線は同一ホームで乗り換えもスムーズに出来る。近鉄大阪線ホームからひとつ上の3階に、同じく高架駅のJR鶴橋駅のホームがあり、相互乗り換えが便利なように連絡改札口が設けられている。

駅が近鉄・JR・地下鉄と3線の接点なら、地域も天王寺区・東成区・生野区と3区の接点である。

駅前には、戦後に在日朝鮮人によってつくられたコリア・タウンがあり、界隈には焼肉店が軒を連ねる。国際色豊かな商店街も賑やかだ。

現在

鶴橋卸売市場へは東口から 写真は、鶴橋駅東口。鶴橋卸売市場には、こちらからのほうが近い。

現在

鶴橋駅で阪神電車と並ぶ 宇治山田行きの近鉄特急と阪神電車が並ぶ光景は鶴橋駅ならでは。

昭和15年

鶴橋駅 当時も国鉄(現・JR)との連絡駅だった鶴橋駅。昭和15年8月、南側に上り線1線とホームが増設されたが、写真はその着工前のもの。 提供:近鉄グループホールディングス株式会社

庶民の味方！鶴橋国際マーケット

戦後の"闇市"から始まった「鶴橋国際マーケット」は安くて豊富で庶民の味方。　所蔵:フォト・パブリッシング

鶴橋駅前環状線高架下

高架下は配管がむき出しで、小さな店が並ぶ。昭和の風情が漂っている。

鶴橋商店街のお地蔵様

鶴橋商店街にある小さなお地蔵様。商店街の発展をずっと見守っている。

近鉄車両 9820 系

鶴橋付近を走る通勤車の9820系。2001年に登場した「シリーズ21」。

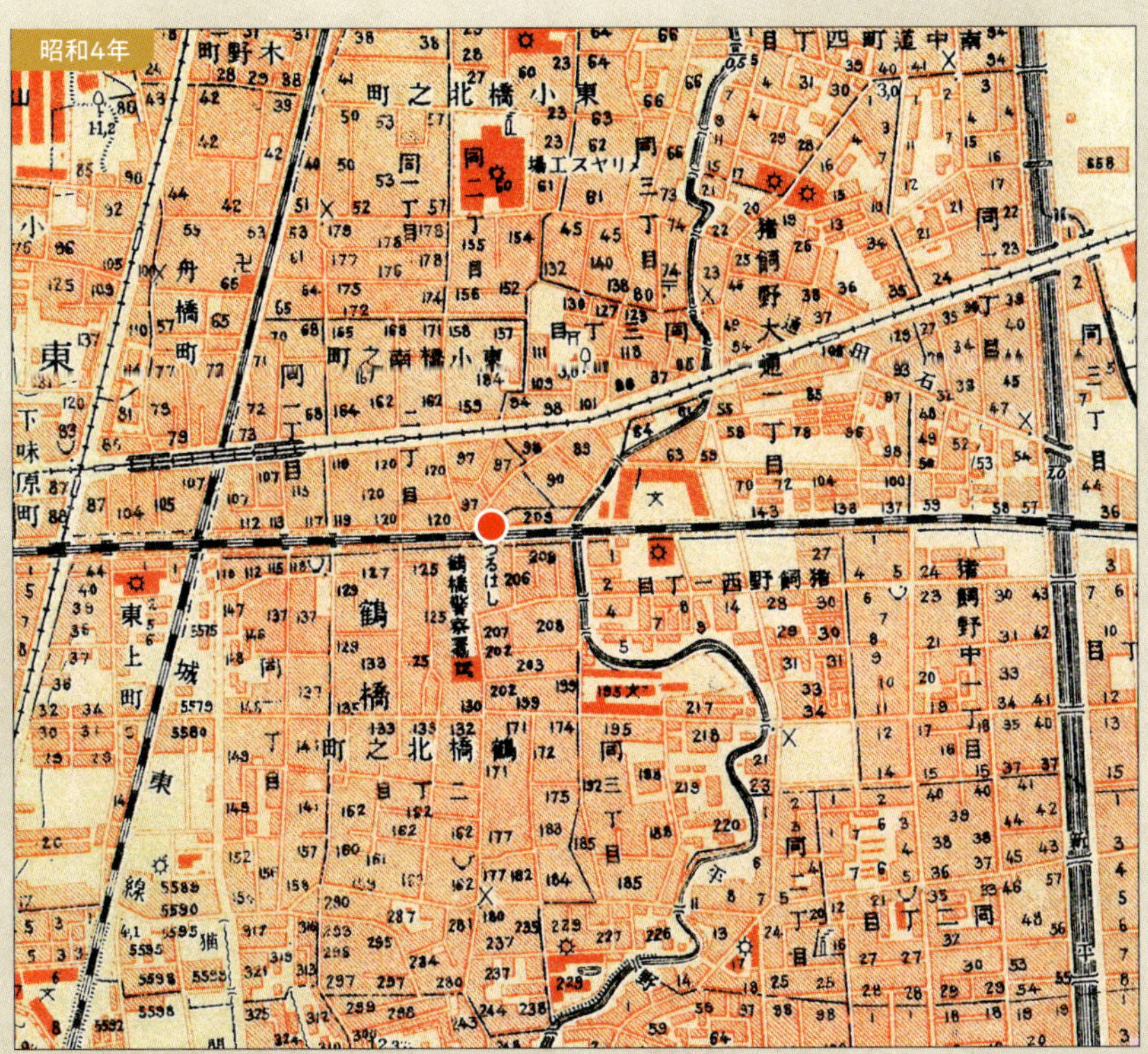

古地図探訪

この地図の作成時（昭和4年）の鶴橋駅は、まだ移転前で、隣駅の今里駅付近には田畑が広がっていた。しかし、地図で分かるように、鶴橋駅周辺はすでに大阪の市街地として形成されている。並行して走る線路は大阪市電。線路の先に今里車庫の一部が見える。鶴橋駅が現在の位置（西側）に移動するのは、城東線の高架が完成し、省線（現・JR）の駅が設置される昭和7年だ。

近隣散策

焼肉と大阪の食文化

大阪は昔から「食い倒れ」と呼ばれるが、実は庶民の味こそが王道…

戦後に始まった焼肉の歴史

駅周辺に焼肉店や韓国料理店が連なる鶴橋。夜にかけては駅のホームまで焼肉のいいにおいが漂ってくる。そばに仲間がいると、思わず、「食べようか？」と予定外に駅から降りてしまうこともある。

「鶴橋の焼肉」はすっかり地元に根付いて名物になっているが、その歴史は戦後に始まったという。まず在日朝鮮人によるホルモン焼き屋が広まり、１９４６(昭和21)年に、焼肉の元祖と言われる「明月館」や「食道園」が誕生した。これに続けと多くの焼肉店が追従。アッという間に鶴橋は焼肉の街として有名になって行った。

美味しいのだから仕方ない！

そして、大阪のご当地グルメの串カツ、たこ焼き、お好み焼きにもスポットが当たる。「まず外れがない」と言われるきつねうどんも大阪の味として人気が高い。

いずれも食事代わり、酒の肴、夜食にもなる。庶民の食べ物の代表選手だ。焼肉は別格として、大阪の味のトップ３は「たこ焼き」「お好み焼き」「きつねうどん」だろう。「もっと高級な食べ物もありまっせ！」と異論を唱える人もいるが、とにかく、美味しいのだから仕方ない。飽きないし。最近は５５１の豚まんなんかもトップ３の座を脅かす存在になった。

韓国市場のようなディープな雰囲気で食事や買物が楽しめる街。

鶴橋は焼肉の激戦区。やはり厳選された国産和牛の人気が高い！

出来たてのたこ焼きは飽きない！アツアツでとろける味は最高だ！

お好み焼きはキャベツがメインなのでヘルシー！

昆布と鰹節のだしを利かせたつゆ、主役は甘辛く煮た油揚げ。

大阪線

D05

今里《いまざと》

Imazato

開業年　1914（大正3）年4月30日
所在地　大阪市生野区新今里4・1・17
キロ程　大阪上本町から2・8km
駅構造　高架駅3面4線
乗降客　10、201人

開業当初の駅名「片江」から、「今里片江」、現在の「今里」と変遷
駅周辺は鉄工・木工の中小企業が多い

今里駅は、鶴橋駅と同じ1914（大正3）年4月の開業である。開業した当初の駅名は「片江駅」で、1922（大正11）年に「今里片江駅」に改称。1929（昭和4）年に現在の駅名になっている。

その後、大阪市営地下鉄のほうにも今里駅が開業したが、距離が離れているため、乗り換えには適さない。

高架駅の今里駅の北は東成区、南は生野区だが、生野区には戦前から有名な今里新地がある。駅の周辺には鉄工・木工などの中小企業が多い。

今里は大阪市の東端、上町台地の東のふもとに当たる低地。もとは平野川や大和川が運ぶ土砂の堆積地であったのを新しく開発、「今里」の名が付いたという。

今里駅から東へ向かう国道308号線は、暗（くらがり）峠越えの奈良街道であるが、これとほぼ並行し、短い距離だが旧奈良街道が残っている。街道に沿って「熊野大神宮」が鎮座し、隣接して妙法寺がある。今里から鶴橋の方へ戻ったところに「比売許曽（ひめこそ）神社」もある。

今里駅　改札口は1階にあり、ホームは2階に設けられている高架駅の今里駅。

熊野大神宮
大今里公園に隣接。旧大今里村の氏神で、用明天皇2年の創建と伝わる。

今里駅構内　複々線区間にある今里駅の構内には4本の線路がまっすぐに走っている。

今里駅ホーム　高架駅で島式ホームが相対式ホームに挟まれた構造を持つ駅全体を望む。

古地図探訪

地図左下に〝今里新〟の字が見えるが、これは町名の由来ともなる「今里新地」。今里とは「新たに開拓された所」の意味で、この頃、区画整理が行われていた。今里新地はこの地図が作成された昭和4年に開業、遊興街として発展した。住宅地は駅北側に広がっている。

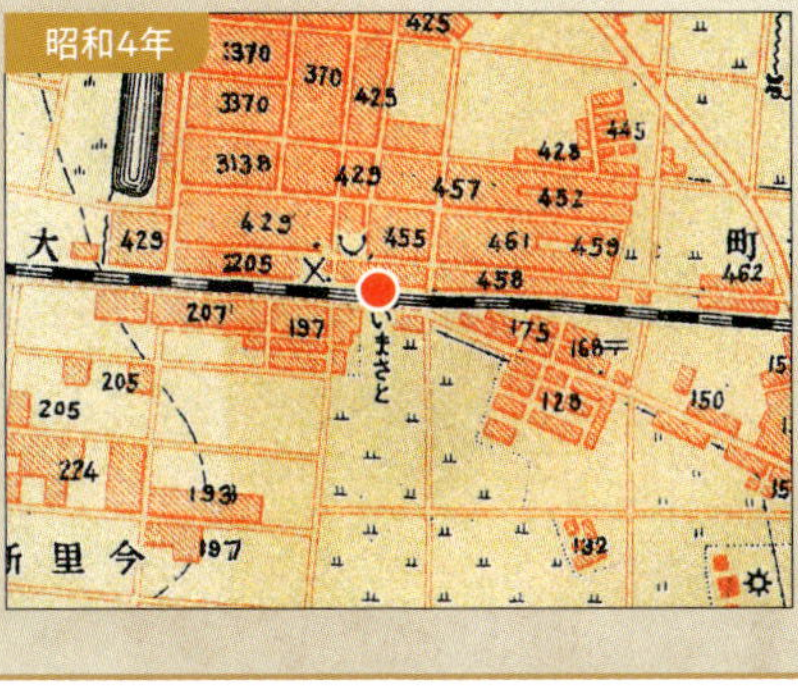

大阪上本町　鶴橋　今里　布施　俊徳道　長瀬　弥刀　久宝寺口　近鉄八尾　河内山本　高安　恩智　法善寺　堅下　安堂　河内国分　大阪教育大前　関屋　二上　近鉄下田　五位堂　築山　大和高田　松塚

D06

布施《ふせ》

Fuse

開業年 1914(大正3)年4月30日

所在地 大阪府東大阪市長堂1・1・18

キロ程 大阪上本町から4・1km

駅構造 高架駅計2面8線

乗降客 34、790人

3市が合併して東大阪市となる
その中心の役割を果たす主要駅
大阪線と奈良線がこの駅で分岐する

東大阪市は、1967(昭和42)年に布施市・河内市・枚岡市が合併して生まれた。そして大阪市に隣接する布施地区には、都心から集団移転した企業団地が多い。府下の東部工業地帯の一角を成している。

その東大阪市の主要駅となる布施駅は、近鉄大阪線と近鉄奈良線との分岐点だ。高架駅で、大阪線が3階、奈良線が4階。それぞれ島式1面2線のホーム、通過線を持つ。高架下には近鉄百貨店東大阪店が存在する。

布施駅も、隣駅の今里同様、駅名の改称を繰り返してきた。開業当初は「深江駅」で、その後「足代駅」に。開業から10年後に八木線の開業で駅は200メートル東に移転。翌年の1925(大正14)年9月に現在の「布施駅」となる。

駅名は、その昔、行基上人が飢えに苦しむ人々のために布施屋をつくったことに由来するという。仏教活動が盛んな土地であったようだ。

布施駅南口から徒歩5分の「布施戎神社」は、西宮神社から分祀され、〝布施の戎さん〟と親しまれている。

昭和30年頃

布施駅前

布施は交通至便な地で、戦後から高度経済成長期にかけて人口が流入。駅前には商店などが密集して建った。

昭和47年

布施駅前高架工事前

布施駅付近の線路高架工事着手は昭和47年からスタートした。 所蔵:西村豪

現 在

昭和41年

布施駅南口

写真は昭和41年、まだ地上駅だった頃の布施駅南口付近。

提供:東大阪市

高架になった現在の布施駅

現在の布施駅は高架駅で、大阪線が3階に、奈良線が4階にある。

昭和4年

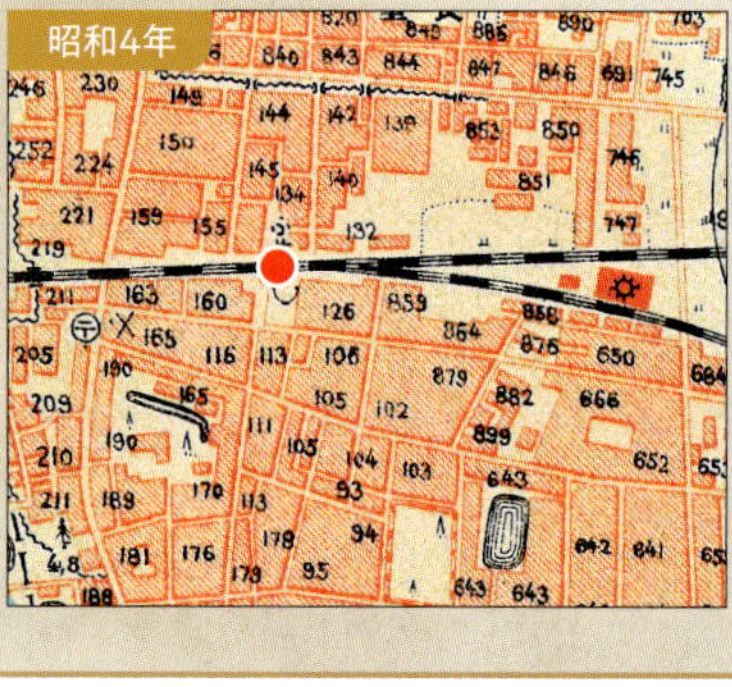

古地図探訪

奈良線と桜井線(現・近鉄大阪線)の分岐点として、大軌の布施駅があり、その南北に布施町(現・東大阪市)の市街が広がっている。明治の布施村が大正時代に布施町になり、大軌の布施駅が出来た頃から駅周辺はものづくりの拠点となり、商業地として開発されて行く。

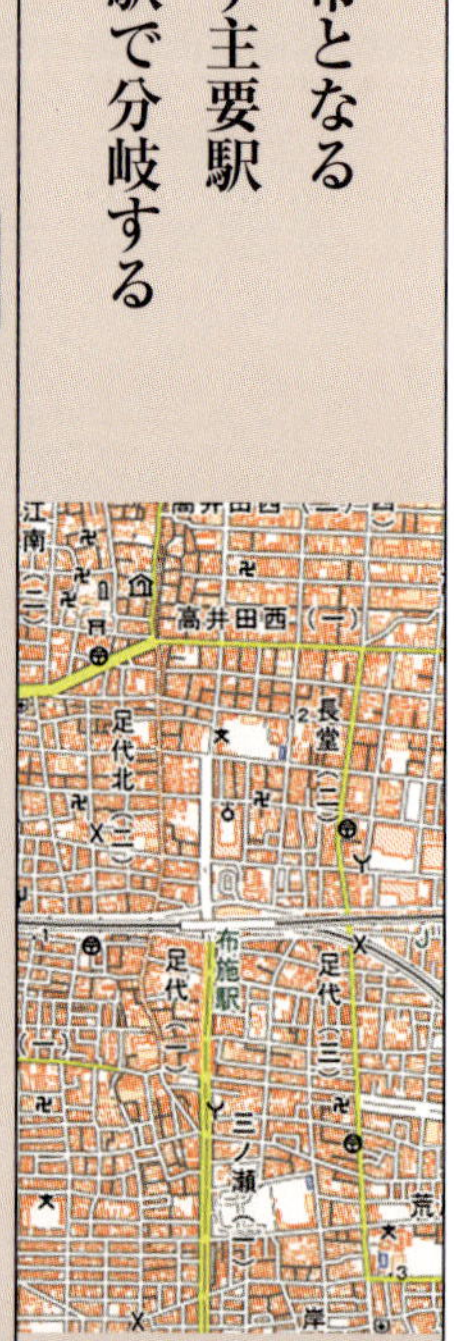

昭和40年頃

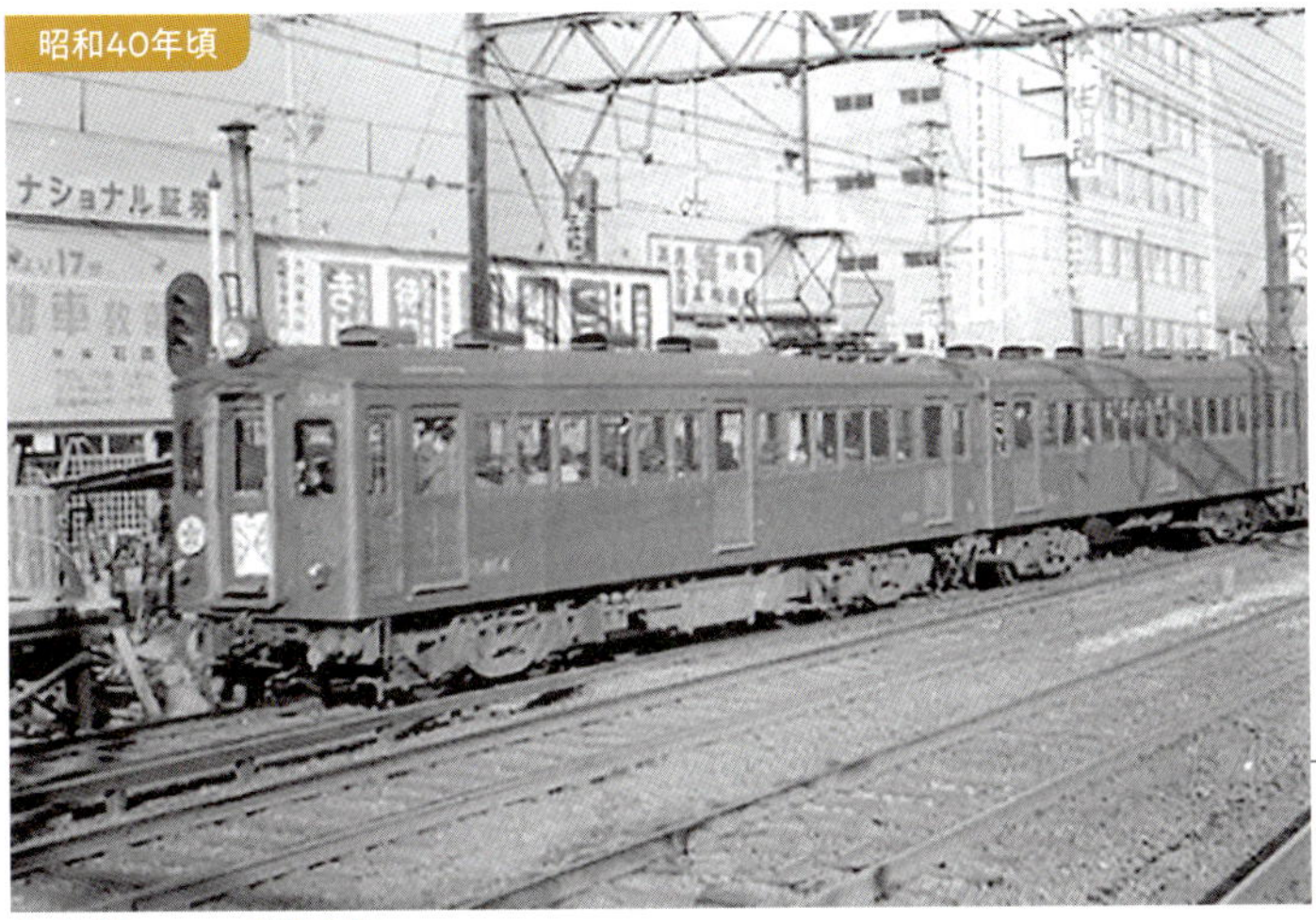

奈良線 400 型電車

奈良線400型電車424号車。地上駅だった頃の布施駅にて…

撮影：広瀬和彦

昭和47年頃

布施駅空撮

写真は昭和47年の高架工事が始まる前の布施駅中心に空撮したもの。

提供：東大阪市

現在

布施駅改札

高架後の布施駅は鉄骨造り３層構造で改札は２階に設けられている。

現在

布施戎神社

1954(昭和29)年、西宮神社から分祀され、毎年1月9日から３日間、"十日えびす"が行われる。

近隣散策

ものづくりの町 東大阪 ひがしおおさか

人工衛星の開発を進めるなど、高い技術を誇る工場が集積

東大阪市は、日本有数の中小ものづくり企業の密集地。それぞれ高い技術を誇る零細工場が集まり、「ものづくりの町・東大阪」として知られている。

東大阪宇宙開発協同組合（現・宇宙開発協同組合ＳＯＨＬＡ）を設立して、人工衛星の開発を進めるなど、世界シェアを占める企業も多い。面積に対する工場の割合では全国1位で、工場の数も政令指定都市を除くと1位。

しかし、近年は減少傾向であり、工場跡地に住宅が建てられるケースも目立つ。２００７年には製造品出荷額で隣の八尾市に抜かれたが、２０１１年に東大阪市が上位に返り咲いた。

昭和30年頃

鋳物製品

布施市（現・東大阪市）は、鋳物のストーブづくりでも名を知られた。

昭和30年頃

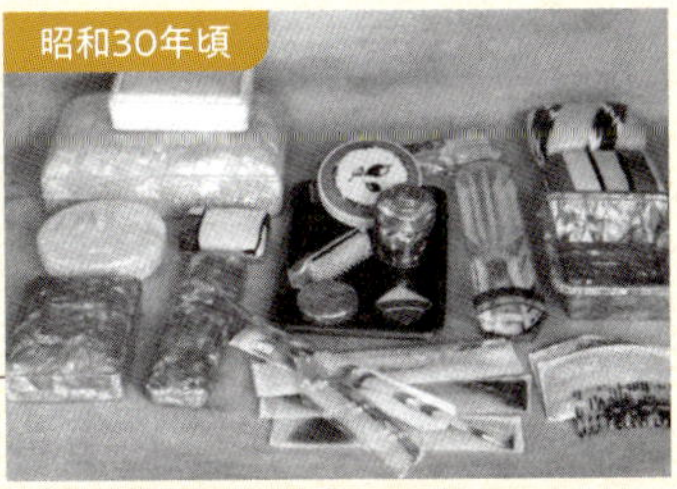

セルロイド製品も

零細な町工場が密集、日用品も多岐にわたって生産していた。

昭和30年頃

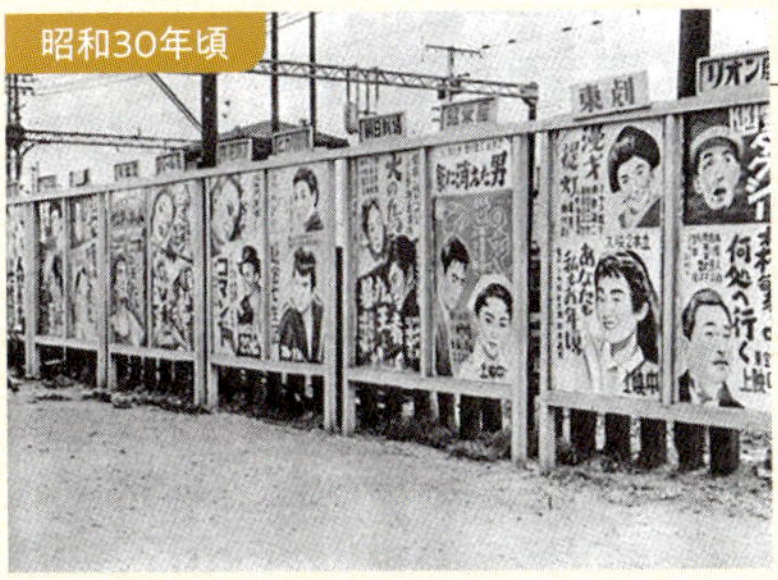

映画の人気が No 1

商工業の発展で町が活気づき、娯楽の映画が人気 No1 に。当時、布施の映画看板数は府下有数だったという

D07

俊徳道《しゅんとくみち》

Shuntokumichi

開業年 1926（昭和元）年12月30日

所在地 大阪府東大阪市荒川2・70

キロ程 大阪上本町から5.1km

駅構造 高架駅2面2線

乗降客 7、325人

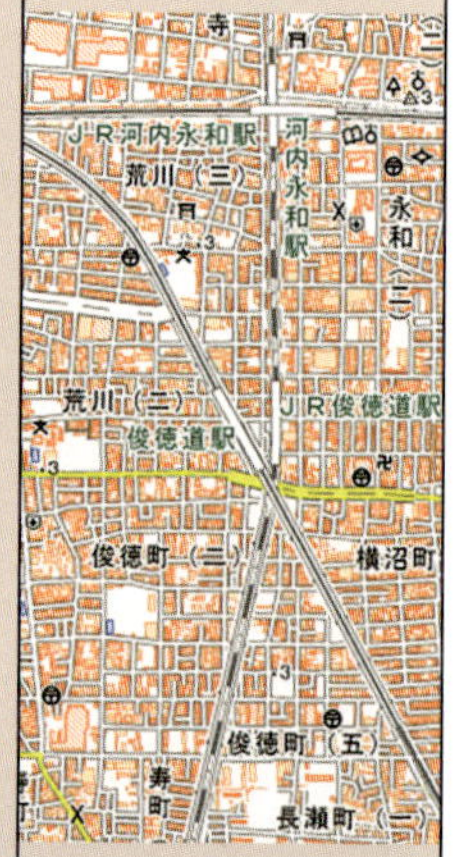

駅名は古道「俊徳街道」に由来 俊徳は、俊徳丸という伝承上の人物 昭和初、大軌時代の新設駅だった

変わった駅名だが、これは駅の南側を通る、大阪と奈良を結んでいた旧街道「俊徳道（俊徳街道）」に由来する。「俊徳」とは、謡曲「弱法師（よろぼし）」・浄瑠璃「摂州合邦辻」の主人公・俊徳丸のこと。河内国（大坂府）の高安に住んでいた俊徳丸が稚児舞楽を演じるために四天王寺へ通った道筋だと言われる。沿道の周辺には「俊徳」と名の付く施設や旧跡などが点在する。

俊徳道駅は1926（昭和元）年12月30日、布施―長瀬間に開業した大軌時代の新設駅で、昭和初の新駅でもある。1941（昭和16）年3月に参宮急行電鉄との合併で関西急行鉄道の駅となり、3年後の会社合併により、近鉄の駅となる。現在は相対式2面2線のホームを持つ高架駅となっている。

この駅付近で、JRおおさか東線と交差しており、JR線にも俊徳道駅がある。こちらは2007（平成19）年12月に城東貨物線の信号場として開設され、翌年3月におおさか東線（旅客線）の駅となった。

俊徳道駅 地上駅だった昭和41年頃の俊徳道駅。反対側にも駅舎が見えている。

提供：東大阪市

俊徳道駅名標 旧街道"俊徳道"に由来する地名は、難解な駅名としても知られる。

俊徳道駅 布施駅付近の線路高架工事の一環で、俊徳道駅は昭和51年に高架化

提供：東大阪市

俊徳道駅前 現在は、相対式2面2線のホームを持つ高架駅となった俊徳道駅の駅前。

古地図探訪

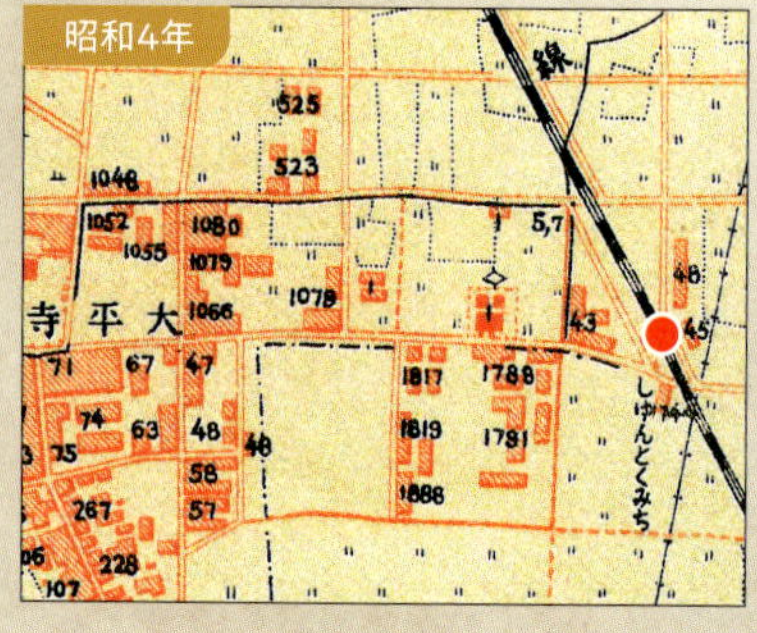

地図に見る〝太平寺〟は、当時の渋川郡に属する太平寺村。西には岸田堂村が存在した。その集落の一部が広がっている。地名の太平寺は、太平寺という古寺があったのに由来する。俊徳道駅は昭和元年に開業。駅名となる俊徳街道は、駅下辺りから東西に走っている。

D08

長瀬《ながせ》

Nagase

開業年 1924（大正13）年10月31日
所在地 大阪府東大阪市菱屋西1・24・26
キロ程 大阪上本町から6・2km
駅構造 地上駅2面2線
乗降客 27、079人

駅の近くには近畿大学があり、副駅名「近畿大学前」が付いている
駅北側の長瀬川はかつての大和川

高架軌道を走る電車はまもなく長瀬駅に着く。この駅は副駅名が「近畿大学前」となっており、通学時の構内は学生であふれている。

駅の東側にはマンモス大学である近畿大学・近畿大学短大部のキャンパスがある。駅前から大学に行く道は「学園通り（大学通り）」の名が付き、通りには学生相手の店が並び、関西有数の学生街を形成している。

現在

長瀬駅改札口

副駅名「近畿大学前」が付く長瀬駅の改札口は広い。周辺は関西有数の学生の街だ。

昭和51年

提供：東大阪市

近畿自動車道開通

近畿道は吹田市から松原市へ至る高速道路。昭和51年に東大阪市まで開通した。

長瀬駅は、1924（大正13）年10月、大阪電気軌道八木線（現・近鉄大阪線）の大軌八尾（現・近鉄八尾）までの延伸時に開業した。

駅の構造は相対式ホーム2面2線の地上駅。普通のみが停車している。約500メートル西側にはJRおおさか東線のJR長瀬駅がある。

駅の北側に長瀬川が流れている。この川は、1704（宝永元）年に幕府が大和川付替工事を行うまでは、大和川の主流だった。当時は荷物を運ぶ剣先船が往来していたという。

1889（明治22）年に長瀬村が誕生し、布施市（現・東大阪市）の一部となるまで存在していた。

現在

近畿大学東大阪キャンパス

略称は"近大（きんだい）"。文理合わせて15学部49学科を擁する総合大学。「日本で最も入試志願者が多い大学」と言われている。

長瀬駅名標

駅番号「D08」の長瀬駅名標。利用客は学生が主体となる。

現在

古地図探訪

駅横に南北に流れるのは長瀬川。"久宝寺川"とも言われ、かつては大和川の主流だった。そばに「帝キネマ撮影所」の文字が見える。これは大映の前身の一つで、昭和3年に長瀬川河畔に約3万平方メートルを確保して建設した長瀬撮影所。"東洋のハリウッド"と呼ばれた。

昭和6年

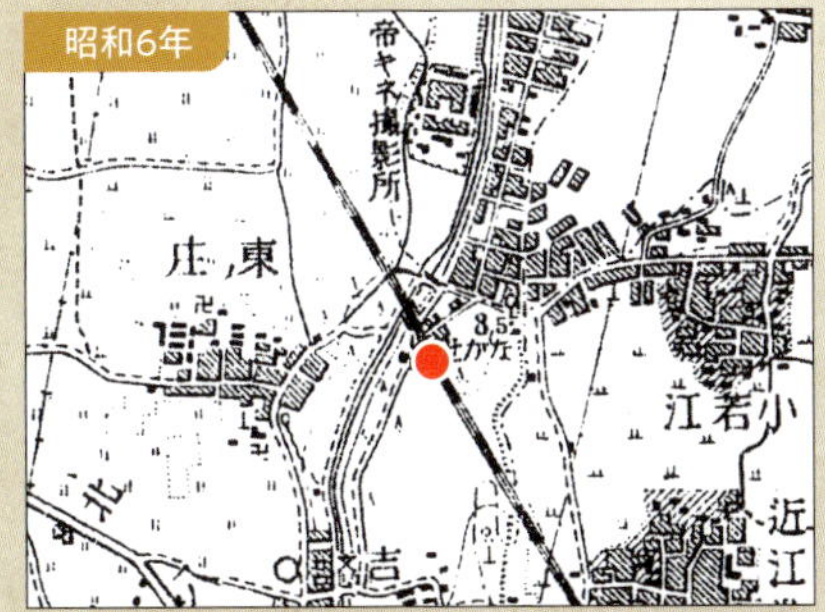

D09

弥刀《みと》

Mito

開業年　1925（大正14）年12月10日

所在地　大阪府東大阪市友井3・1・22

キロ程　大阪上本町から7・4km

駅構造　地上駅2面4線

乗降客　9、292人

島式2面4線で待避線のある地上駅
普通車のみが停車する
駅名は付近の「彌刀神社」に由来

弥刀駅下り線側

写真は下り線側の改札口と駅舎。上り側にも同じように改札口と駅舎がある。

高架軌道を走って来た電車は、長瀬―弥刀間で地上に下りる。沿線は大阪市内から続く住宅密集地。弥刀駅は待避線がある地上駅だ。駅は、大軌八木線開業の翌年12月に新設されたもの。島式ホーム2面4線で普通電車のみが停車する。

河内国分・大和八木寄りにある駅舎や改札口は上下線で独立しており、改札内には、上下線のホームを結ぶ経路は設けられていない。駅舎とホームは構内踏切にて連絡している。

かつては近畿大学の学生輸送の各駅停車が折り返していたため（現在は高安駅発着に統合されている）、下り方（大和八木方面）に7両対応の引上線がある。この引上線を利用して、夜間に信貴線の車両交換を行っている。

「弥刀」の駅名は、付近にある水戸（港）や河口の神を祭神とする、彌刀（みと）神社に由来している。

古くは近江堂村と称していた駅周辺は、大和川の付替工事が終わるまでは、西の長瀬村との境を長瀬川が流れていた。

弥刀駅の構造　上りと下りが別々に存在する弥刀駅。上下ホームを結ぶ連絡通路や跨線橋は設けていない。

宇治山田行き急行2223号車　弥刀ー久宝寺口間を疾走する、近鉄大阪線・宇治山田行の急行2223号　撮影：広瀬和彦

古地図探訪

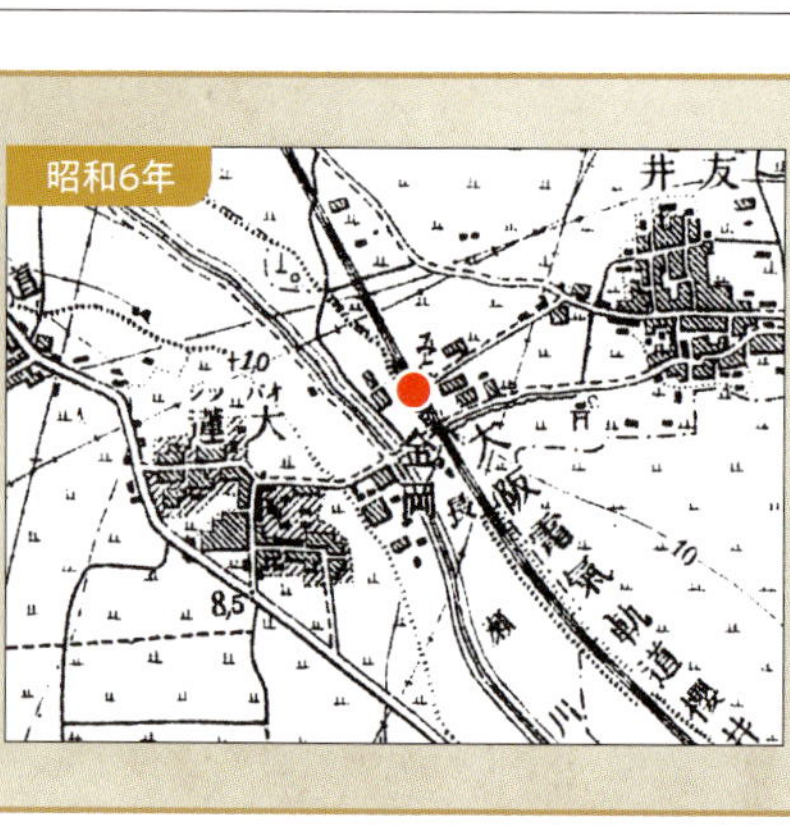

地図に〝大阪電気軌道櫻井〟とあるのは、近鉄の前身・大軌の桜井線だ。上本町―桜井間が全通したのは昭和4年。この地図が作成された頃だ。当時は長瀬川が並行して流れ、現在も地名として残る金岡・大蓮、反対側の友井の集落が点在していた。

D10

久宝寺口《きゅうほうじぐち》

Kyuhojiguchi

開業年 1925（大正14）年9月30日
所在地 大阪府八尾市佐堂町3・1・7
キロ程 大阪上本町から8・3km
駅構造 高架駅2面2線
乗降客 4、680人

駅の手前から高架軌道になる 聖徳太子建立の久宝寺が駅名の由来 歴史的遺産の顕正寺・寺内町も残る…

駅の手前から近畿自動車道と交差するため、久宝寺駅からまた高架駅になった。そしてこの高架軌道は近鉄八尾駅の先、信貴線分岐駅の河内山本駅の手前まで続く。

駅の開業は1925（大正14）年9月で、現在は相対式ホーム2面2線を持ち、普通のみが停車する。

久宝寺は、昔、渋川郡に属していて久宝寺村と称した。村名のいわれは、聖徳太子の建立による久宝寺があったからで、「久宝寺口」の駅名はこれに由来するものだ。

久宝寺はその後廃絶。15世紀になり、その跡地に本願寺八世蓮如が西証寺として創建。またその子の蓮淳が住職となり顕証寺（久宝寺御坊）と改め、土塀内に碁盤目の道を巡らした寺内町もつくったという。

久宝寺口駅から徒歩約13分のところにその「顕証寺」が存在する。

広い境内には1710（宝永7）年建立の本堂のほか、鼓楼や鐘楼などがある。お寺のそばの久宝寺寺内町には歴史遺産を継承し、静かな佇まいの町並みが整えられている。

久宝寺口駅
久宝寺口駅は、プラットホームが3階に相当する高さの高架駅。

久宝寺緑地ネモフィラ畑
八尾市の久宝寺緑地では春になるとネモフィラの"青い絨毯"が楽しめる。

顕証寺
"久宝寺御坊"と呼ばれる「顕証寺」。本堂は府指定有形文化財。山門、築地塀も風格のある構えだ。

久宝寺寺内町の町並み
顕正寺そばの寺内町は歴史遺産を継承し、静かな佇まいの町並みだ。

古地図探訪

久宝寺口駅の南側には、久宝寺村が存在する。村に見える「文」の地図記号は、明治6年開校という歴史の古い、現在の八尾市立久宝寺小学校である。

この駅の付近も、弥刀駅と同じように近畿自動車道が通り、周辺の風景も大きく変わっている。

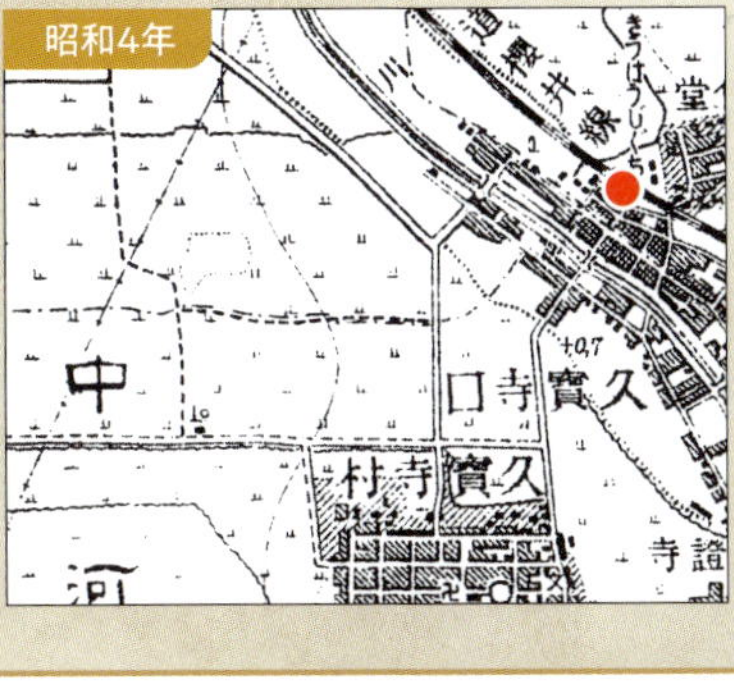

大阪上本町　鶴橋　今里　布施　俊徳道　長瀬　弥刀　久宝寺口　近鉄八尾　河内山本　高安　恩智　法善寺　堅下　安堂　河内国分　大阪教育大前　関屋　二上　近鉄下田　五位堂　築山　大和高田　松塚

D11

近鉄八尾《きんてつやお》

Kintetsu-Yao

開業年 1924(大正13)年10月31日

所在地 大阪府八尾市北本町2・1・53・2

キロ程 大阪上本町から9・6km

駅構造 高架駅2面2線

乗降客 33,208人

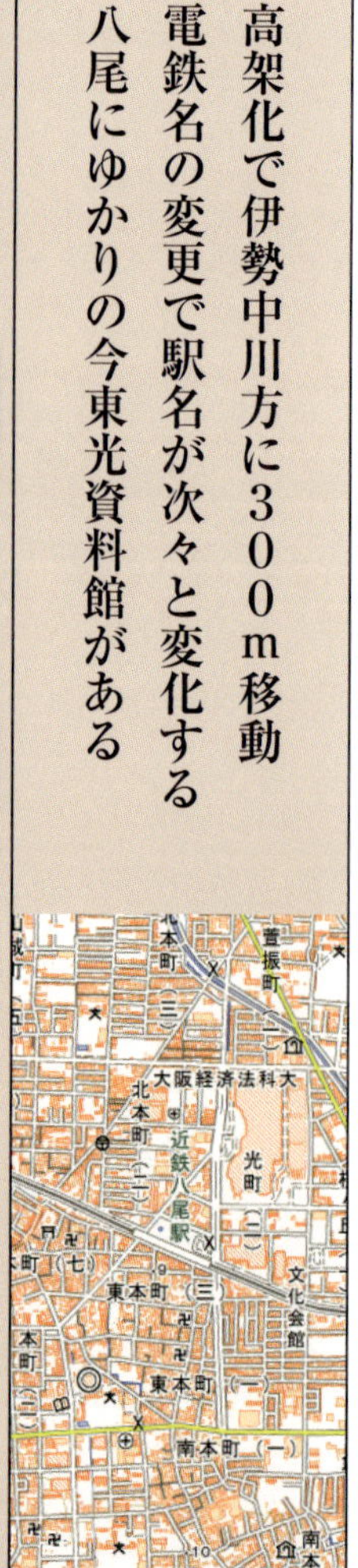

高架化で伊勢中川方に300m移動 電鉄名の変更で駅名が次々と変化する 八尾にゆかりの今東光資料館がある

当初地上駅であったが、1978(昭和53)年12月に伊勢中川方に300メートル移動し、相対式ホーム2面2線を有する高架駅となった。ホームは3階、改札口、コンコースは2階、1階部分はショッピングセンターなどが入っている。

高架化で「開かずの踏切」と言われた付近の6つの踏切がなくなり、交通渋滞も緩和された。2年後には駅前広場も完成した。駅は市街地中心部に位置し、付近には八尾市役所もあり、市の玄関口になっている。

この駅が開業したのは、1924(大正13)年10月。大阪電気軌道八木線(現・近鉄大阪線)開通時に当時の終着駅「大軌八尾」駅として設置された。しかし翌年には恩智駅まで延伸したので途中駅となる。

1941(昭和16)年には「関急八尾駅」となり、1944(昭和19)年には「近畿日本八尾駅」に。電鉄名の変更で駅名が次々と変化し、1970(昭和45)年に現在の駅名となっている。

近鉄線の南側を走るJR関西本線には、1889(明治22)年開業の八尾駅が存在する。両駅間は離れており、乗り換えには適さない。

八尾と言えば、映画化された今東光の小説「悪名」の舞台としても知られる。市役所にも近い八尾図書館内に今東光資料館がある。

昭和中期頃

近鉄八尾駅前

近鉄八尾駅は、1978(昭和53)年12月に伊勢中川駅方に300m移動して高架駅となる。写真は移動前の地上駅だった時の八尾駅(上り側)。

提供:近鉄グループホールディングス株式会社

昭和30年頃

所蔵:フォト・パブリッシング

八尾市の歯ブラシ製造

戦後、大阪府下の歯ブラシ製造業の発展はめざましく、特に八尾市に製造工場が集中。この頃は歯ブラシの生産量が日本一を誇っていた。

昭和30年頃

八尾空港の前身・八尾飛行場

八尾飛行場は、軍の飛行場から阪神飛行場を経て、昭和31年に供用された。そして昭和42年に八尾空港と改称している。

所蔵:フォト・パブリッシング

伊勢中川 川合高岡 伊勢石橋 大三 榊原温泉口 東青山 西青山 伊賀上津 青山町 伊賀神戸 美旗 桔梗が丘 名張 赤目口 三本松 室生口大野 榛原 長谷寺 大和朝倉 桜井 大福 耳成 大和八木 真菅

近鉄八尾駅名標

近鉄八尾駅ホームに建つ駅名標。駅番号は「D11」となる。

近鉄八尾駅前

八尾市の主要駅らしく、まるで公園のように美しく整えられた駅前広場。

通過中の50000系「しまかぜ」

八尾市の中心に位置する駅だが、特急や快速急行、急行は通過する。

旧八尾駅跡

かつて八尾駅があった跡は、公園や駐車場として使用されている。河内街道の碑も建つ。

古地図探訪

地図の上（北側）を大阪電気軌道（現・近鉄大阪線）、下（南側）を省線関西本線が通り、それぞれに大軌八尾駅、八尾駅がある。

八尾町の市街地としては、大軌駅周辺が大きく、町役場や郵便局、銀行の地図記号が見える。

現在の八尾市役所も、近鉄八尾駅に近い大阪線の南側にある。

大軌駅の周辺に見える西郷、木戸、東郷などの地名は、現在は住居表示に使用されていない。

旧八尾駅跡前のファミリーロード

旧八尾駅跡のそばにある商店街「ファミリーロード」には、いろいろな店が並ぶ。

八尾地蔵尊「常光寺」

奥にあるのが八尾地蔵尊「常光寺」の山門。駅から徒歩で約10分のところだ。

通過する名阪特急

近鉄八尾駅を通過して行く、名阪特急22000系

高安駅発の各駅停車

赤い車体でさっそうと走るのは高安駅発の上本町行きの各駅停車

撮影：広瀬和彦

ホームを通過中の特急

近鉄八尾駅を通過して行くのは、21000系アーバンライナープラス

八尾駅付近を走る近鉄電車

八尾駅付近を走る近鉄電車。この撮影ポイントに現・近鉄八尾駅がある。

撮影：広瀬和彦

近隣散策

今東光資料館《こんとうこうしりょうかん》

八尾を愛した作家・今東光の文学及び活動のすべてを紹介

八尾図書館3階に設置されている「今東光資料館」は、河内・八尾の文化を愛した作家・今東光の文学及び活動のすべてを紹介。同時に八尾市の魅力を発見・発信、文芸の奥深い世界にふれることのできる資料館だ。

大正時代に20代でデビューした東光は、1951（昭和26）年に八尾市西山本町にある天台院の特命住職として赴任した。そして千葉県佐倉市に転居するまでの24年間、八尾市に在住し、河内・八尾の歴史、文化、人々の生活習慣などを題材として、数々の作品を創作している。資料館では様々な工夫で今東光の魅力にスポットを当てている。

今東光資料館

資料館展示室

資料館の展示物「文芸春秋創刊号」

今東光資料館メモ	開館時間	午前10時～午後5時
	休館日	月曜日(祝日にあたる場合は開館) 年末年始　＊展示物の入替等の伴う休館もある
	住所	〒581-0003 八尾市本町2-2-8(八尾図書館3階) TEL:072-943-3810

近隣散策

街道が多く通る町八尾《やお》

道標が点在する河内街道、久宝寺寺内町のある八尾街道が人気

大阪と奈良の中間に位置する八尾市は、交通の要衝であり、古くからたくさんの旧街道が通っている。たとえば、近鉄八尾駅にも近い「河内街道」は、道標も点在していて、街道ムードが味わえる。また「八尾街道」は、八尾本町、久宝寺を通って、大阪の住吉街道に変わり、住吉大社や堺方面へつながる。この街道のお勧めは「久宝寺寺内町」。寺内町のふれあい館には町並みMAPも用意されている。

このほか市内には、竜田越奈良街道、東高野街道、俊徳道、十三街道、おおと越、立石越など、一度は歩いてみたい旧街道が目白押しだ。

河内街道説明碑

大聖勝軍寺(本堂)

十三峠越え街道の地蔵尊

D12

河内山本

かわちやまもと

Kawachi-Yamamoto

開業年 1925（大正14）年9月30日

所在地 大阪府八尾市山本町1・1・17

キロ程 大阪上本町から11・1km

駅構造 地上駅（橋上駅）3面5線

乗降客 17、031人

信貴線との分岐点になっている駅 駅名の「山本」は新田開発を請け負った山中・本庄氏の名に由来する

信貴線との分岐点となっている河内山本駅は、大阪電気軌道八木線（現・近鉄大阪線）の大軌八尾（現・近鉄八尾）―恩智間の延伸時に中間駅・山本駅として開業した。その後、大軌と参宮急行電鉄との合併で関西急行鉄道の駅となるが、その時に「河内山本駅」と改称した。3年後、会社合併で近鉄の駅となる。

この駅は現在も地上駅であるが、1961（昭和36）年3月から橋上駅舎を使用しており、大阪線の中では最も古い橋上駅舎である。島式ホーム2面、単式ホーム1面による3面5線のホームを持ち、大阪線は1～4番ホームを使用しているが、1番線は信貴線と共用だ。

駅付近は、大和川の付け替えに際して「山本新田」として開発され、河内木綿の産地としても有名だった。「山本」の地名は、新田の開発を請け負った「山中」「本山」という2人の人物に由来する。

河内山本駅から約300メートルの西北に作家の今東光が住職になった紫雲山天台院がある。

昭和52年

所蔵：西村豪

河内山本駅

写真は、昭和52年7月に撮影された河内山本駅の改札付近。

現在

河内山本駅名標

駅のホームに建つ駅名標。「駅番号D12」が表記されている。

現在

河内山本駅

昭和36年3月から使用を開始した、河内山本駅の橋上駅舎。

古地図探訪

昭和4年

昭和4年当時は、幹線道路の府道5号（大阪港八尾線）と府道15号（八尾茨木線）の交差地点が異なっている。

この地図では大軌山本（現・近鉄山本）駅の北側だが、今は駅南に五月橋交差点がある。駅北側の八尾女学校は、昭和4年に移転して来た大阪府立八尾高等女学校。

shigi line

信貴線《しぎせん》

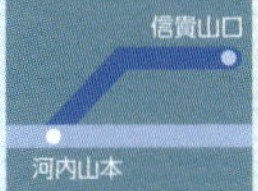

朝護孫子寺への参拝鉄道として登場した信貴線

信貴線は、1930（昭和5）年12月、近鉄の前身である大阪電気軌道によって、信貴山電鉄の鋼索線（現・西信貴鋼索線）、山上鉄道線（廃止）とともに開業した。

起点は河内山本駅（開業時は山本）で、終点となる信貴山口駅まで全長2・8キロメートルの単線だ。途中駅の服部川を含めて3駅という短い路線で構成されている。

信貴山へ向かう大阪側からのルートということから、服部川－信貴山口間はかなりの急勾配が続き、服部川付近では、近鉄の鉄道路線の中では最大勾配の40‰（パーミル）を記録している。

列車の運行は線内の折り返し運転で普通列車のみ。朝夕は約15分間隔、日中は約20分間隔で運転されている。当然ながら休日などは信貴山への観光客の利用が多くなるが、平日は通勤・通学の利用者が中心。2両編成の車両が使用されている。

また、大晦日から元旦にかけては終夜運転が実施され、信貴山口駅から西信貴鋼索線に連絡するダイヤが組まれている。

制限速度は全線時速65キロメートルと、路線の中では低く設定されている。周囲の景色を見渡しながらのんびり行くのもいい。

現在

服部川駅 信貴線・河内山本駅の次がこの「服部川駅」。

現在

信貴線の電車 信貴山へ向かう単線をのんびり走る近鉄信貴線の電車。

昭和40年頃

信貴山口駅 西信貴鋼索線との接続駅・信貴山口駅に停車中の1300型電車

撮影：広瀬和彦

現在

服部川駅ホーム付近 付近は急勾配区間であるがホーム部分は勾配が抑えられている。

西信貴鋼索線《にししぎこうさくせん》

nishishigi kosaku line

1930(昭和5)年12月、信貴線開業と同時に開通

「西信貴ケーブル」とも呼ばれ、信貴山口—高安山間の1・3キロメートルを結んでいる。

1930(昭和5)年12月に信貴山電鉄が鋼索線と山上鉄道線(後に廃止)を開業したが、その鋼索線部分に当たる。

起終点の高低差は354メートルあり、最大勾配は480‰。運行方式は単線2両交走方式で、2両で運行されている。

朝夕は約30分、日中は約40分間隔で運転、始終点間の所要時間は7分だ。途中に2ヶ所の歩行者専用踏切があるが、人が横断できる踏切を持つ鋼索線は、日本では近鉄生駒鋼索線と当駅だけという珍しいものである。

西信貴鋼索線の高安駅

写真は、昭和32年に撮影された西信貴鋼索線。信急鋼索線が信貴鋼索線として運行再開された、信貴山ケーブル復活後の貴重な1枚だ。

提供:近鉄グループホールディングス株式会社

西信貴鋼索線

2021(令和3)年に車体補修工事が行われ、復刻塗装された車両。

高安山駅

西信貴鋼索線の終着駅・高安駅。信貴山方面への連絡駅でもある。

信貴山急行電鉄《しぎさんきゅうこうでんてつ》

shigisan kyuko dentetsu

昭和6年に廃線になった日本で唯一の山上鉄道

信貴山急行電鉄は、かつて大阪府中河内郡高安村(現・八尾市)で普通鉄道・鋼索鉄道(ケーブルカー)を運営していた鉄道会社。近鉄の前身、大軌の系列会社で、後に近鉄に統合された。

同社が運営していた鉄道線は、ケーブルカーで登った山の上を走るという、スイスでは例があるが、日本ではで唯一のもの。「山上鉄道線」「信急平坦線」「平坦線」とも呼ばれていた。

大阪から大軌の路線を経由、より短距離で信貴山へ行ける路線として設立。信貴線開業と同時に、鋼索線と共に開業させたが、1931(昭和6)年に残念ながら起業廃止となった。

信貴山急行

戦後、鋼索鉄道線は復活して近鉄西信貴鋼索線として現在も営業を続けているが、写真の山上鉄道線(平坦線)はそのまま廃線となった。

提供:近鉄グループホールディングス株式会社

大阪線

D13

高安《たかやす》

Takayasu

生駒山麓の西向き斜面に位置し古代からの様々な伝説が残る場所大阪線の拠点、車両基地がある

開業年 1925（大正14）年9月30日

所在地 大阪府八尾市山本高安町1・1・46

キロ程 大阪上本町から12・2km

駅構造 地上駅（橋上駅）2面4線

乗降客 10，103人

八尾市の中で最東部にある高安地区は、生駒山麓の西向き斜面に位置し、小規模な溜池が多数分布している。

「高安」は古代、この辺りで広範囲に使われた地名で、河内国には高安郡が存在した。また、様々な伝説の残る場所でもあり、「伊勢物語」や「大和物語」には、歌人の在原業平にまつわる逸話が収められている。

そんな歴史のある地域に、1925（大正14）年9月、高安駅が開業する。当時、近鉄大阪線の前身・大阪電気軌道八木線が八尾（現・近鉄八尾）―恩智間を延伸し、それに伴った新駅であった。

現在の高安駅は、島式2面4線の地上駅で、橋上駅舎を有する。この橋上駅舎は次駅の河内山本駅とともに、1961（昭和36）年に完成した大阪線最古のものだ。

駅の西側には、高安検車区（高安車庫、高安検診センター（工場）、高安列車区があり、大阪線の車両の留置や検査などを行っている。近鉄の新規車両はメーカーからここに運ばれ、整備して送り出される。

現在

高安駅名標

「駅番号はD13」と記された高安駅ホームに下がる駅名標。

現在

高安駅 高安駅は、島式2面4線のホームを持つ待避可能な地上駅で橋上駅舎。

古地図探訪

昭和4年

地図の中央を、大阪電気軌道大阪線が南北に走り、その西側を玉串川が流れている。この川は、戦後、第二寝屋川の開削により、川の流れが分断され、一部を除いて埋め立てられた。地図上の大部分は農地（平地）である一方、東側は生駒山地の一部となっている。

高安車庫

人気の観光特急から、通勤形車両までを整備

近鉄大阪線の高安駅を挟んで南北に設置されている高安検車区（高安車庫）。大阪線を走る列車の多くがここに運ばれる。通勤形車両、観光特急や団体専用列車、鮮魚列車など様々な車両が配送される。

現在

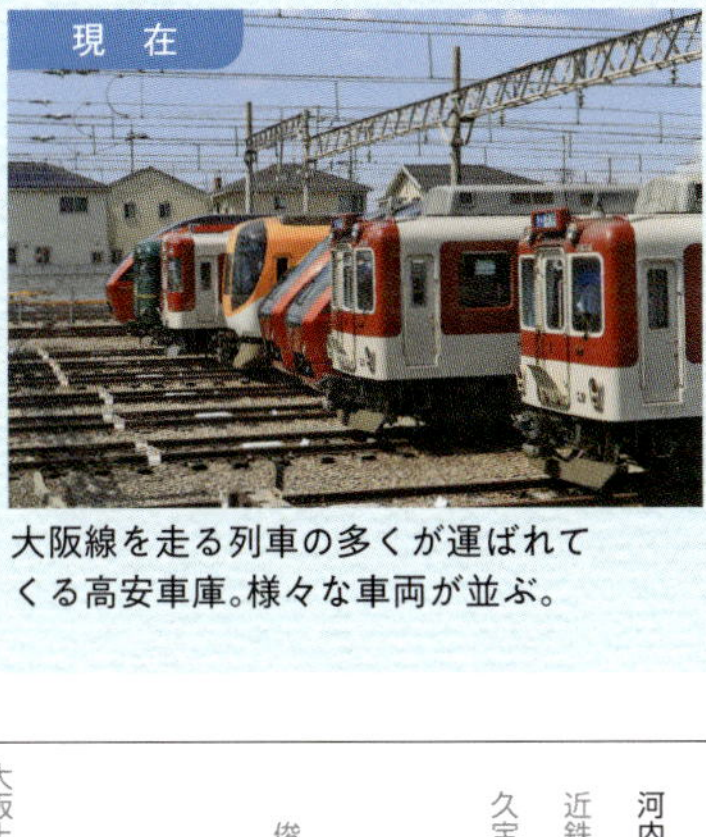

大阪線を走る列車の多くが運ばれてくる高安車庫。様々な車両が並ぶ。

D14

恩智《おんぢ》

Onji

開業年 1925(大正14)年9月30日

所在地 大阪府八尾市恩智中町1・103

キロ程 大阪上本町から13.3km

駅構造 高架駅2面2線

乗降客 4、693人

河内国二宮・恩智神社の最寄り駅 かつてはぶどう畑が広がる地域 恩智川、恩智遺跡でも知られる

高安駅を出て、大阪外環状線道路をオーバークロスするための高架に上がると恩智駅だ。当初は大阪電気軌道八木線(現・大阪線)の終着駅だったが、その後、高田駅まで延伸されたので中間駅となった。現在は相対式2面2線を持つ高架駅だ。

この界隈はかつてぶどう畑が広がっていたが、近年の宅地化でぶどう畑は山の中腹に追いやられている。

駅の東に流れる恩智川の辺りに恩智遺跡が広がる。1975(昭和50)年から同53年にかけて発掘調査が行われ、土器・石器・木製農具などが多数検出された。また、恩智駅は、河内国二宮の恩智神社の最寄り駅。付近には恩智城跡もあり、歴史の古い土地である。

「恩智」の地名は、淀川水系で寝屋川に合流する恩智川の名称としても知られている。この川は以前、川幅が狭く、たびたびの洪水で流域の住民は悩まされていたが、1973(昭和48)年からの治水工事で川幅が拡張され、護岸工事も実施され、安全な川となった。

平成28年

恩智駅 恩智神社の最寄り駅。徒歩約20分ほどで着く。付近には恩智城跡もある。

現在

恩智神社 信貴山の山中にある神社で、境内からは大阪市内が一望できる。

昭和40年頃

恩智ー法善寺間を走るビスタカー 2階建車両を連結し、恩智ー法善寺間を走る近鉄特急ビスタカー。

撮影:広瀬和彦

古地図探訪

昭和6年

地図の左手を大阪電気軌道大阪線が南北に走り、その西側を玉串川が流れている。この川は長瀬川から分流したもので、やがて第二寝屋川に合流する。地図の右(東)側、生駒山地の麓には恩智駅から徒歩圏内の恩智神社が鎮座。また山の中腹辺りには岩戸神社もある。

D15

大阪線

法善寺《ほうぜんじ》

Hozenji

開業年 1927(昭和2)年7月1日

所在地 大阪府柏原市法善寺4・1・22

キロ程 大阪上本町から14・9km

駅構造 地上駅(地下駅舎)2面2線

乗降客 3,614人

八尾市から柏原市に入った最初の駅
法善寺は法禅寺という寺院の名が由来
河内木綿やぶどうの産地で知られる

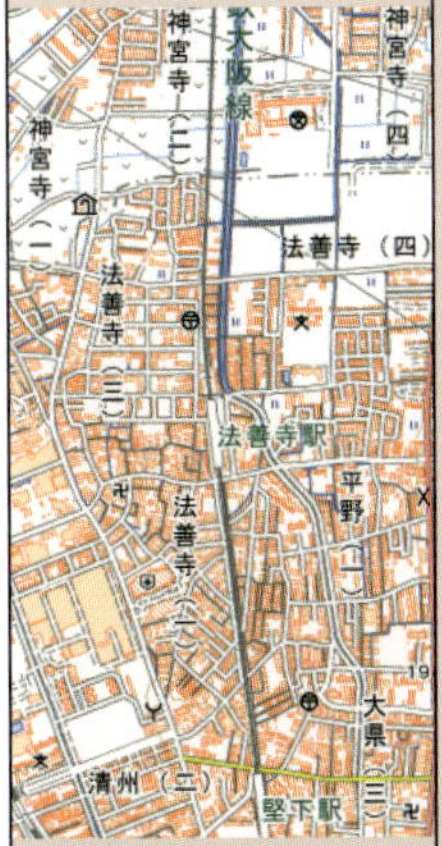

大阪の東端にあり、大和川が大阪平野に出る地点に位置する柏原市。近鉄大阪線が八尾市から柏原市に入って、最初の駅が「法善寺」だ。

「法善寺」と言えば、大阪ミナミの法善寺や法善寺横丁が思い浮かぶ。しかし、柏原市法善寺の地名は、この地にあった「法禅寺」という寺院の名に由来するらしい。法善寺駅は、柏原市法善寺4丁目に存在する。

駅の開業は1927(昭和2)年7月、大阪電気軌道八尾線の恩智―高田間の開通時。現在の駅は、相対式2面2線のホームを有する地上駅で、改札口、コンコースは地下部分にある。柏原市にある法善寺・堅下・安堂の3駅は、急行、準急は通過し、区間準急、普通が停車する。

かつて大和川の下流にあった村々は洪水に悩まされたが、治水工事により新田に開発され、綿や麦、菜種などがよく出来た。特に古くから行われていた綿作は、河内木綿としてゆかた地、日本手ぬぐいに製造され、特産物になっている。また、柏原市はぶどうの産地としても知られる。

法善寺駅

上下ホームの大和八木寄りに駅入口がそれぞれあり、改札口は地下にある。

法善寺駅

開業以来、相対式2面2線のホームを持つ、地上駅の法善寺駅。 提供:柏原市

区間準急が到着したホーム

平成24年に新設された区間準急(9200系)が到着した法善寺駅ホーム

提供:柏原市

法善寺駅

自転車がいっぱい並ぶ、昭和50年頃の法善寺駅前の様子。

古地図探訪

地図に堅下村とあるが、この村は昭和14年に柏原町と合併、昭和33年に柏原市となる。堅下村の西側にある「二俣」は、旧大和川の分岐で、現在の八尾市だ。堅下村に隣接するのは法善寺の集落。東側に法善寺駅があり、駅から山手に行くと、信貴山の古道に通じる。

D16

堅下《かたしも》

Katashimo

**「堅下ぶどう」で有名なぶどうの産地
かつて河内七大寺と称する寺があった
徒歩圏内にＪＲと近鉄道明線の柏原駅**

開業年 １９２７（昭和２）年７月１日

所在地 大阪府柏原市大県２・５・１

キロ程 大阪上本町から15・７km

駅構造 地上駅（地下駅舎）２面２線

乗降客 ３、９９１人

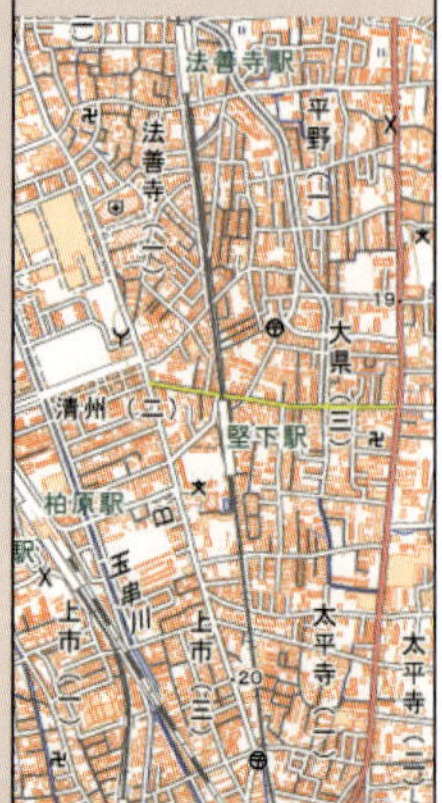

柏原市は大阪府内で屈指のぶどうの産地だ。「柏原ぶどう」「堅下ぶどう」と呼ばれ、秋が来ると、畑や丘のぶどうの房々が一斉に色づく。30品種以上が作られるが、柏原市で栽培される80％はデラウェアだ。シーズン中は街道沿いにぶどうを売る小屋がけの店が並ぶ。

堅下駅の所在地である大県は、昔、大和と難波を結んでいた大和川に面したため、街道の要衝として発展してきた。朝廷と深い関係をもつ大県主が居住していたと言われ、その影響で古代仏教が栄えた。堅下駅から次の安堂駅にかけて、いわゆる河内七大寺と称する寺があったという。

堅下駅は、１９２７（昭和２）年７月、大阪電気軌道八木線の恩智－高田（現・大和高田）間開通と同時に開業。その後、会社合併により、近鉄の駅となっている。

相対式２面２線のホームを持つ地上駅で、西に約５００メートル行ったところに、ＪＲ西日本の柏原駅と、駅舎を共同使用している近鉄道明線の柏原駅がある。

堅下駅 2022（令和４）年に上りと下りそれぞれに改札口が新設された堅下駅

提供：柏原市

堅下駅ホーム 相対式ホームの堅下駅。写真は上り電車を待つ人々(昭和54年頃)。

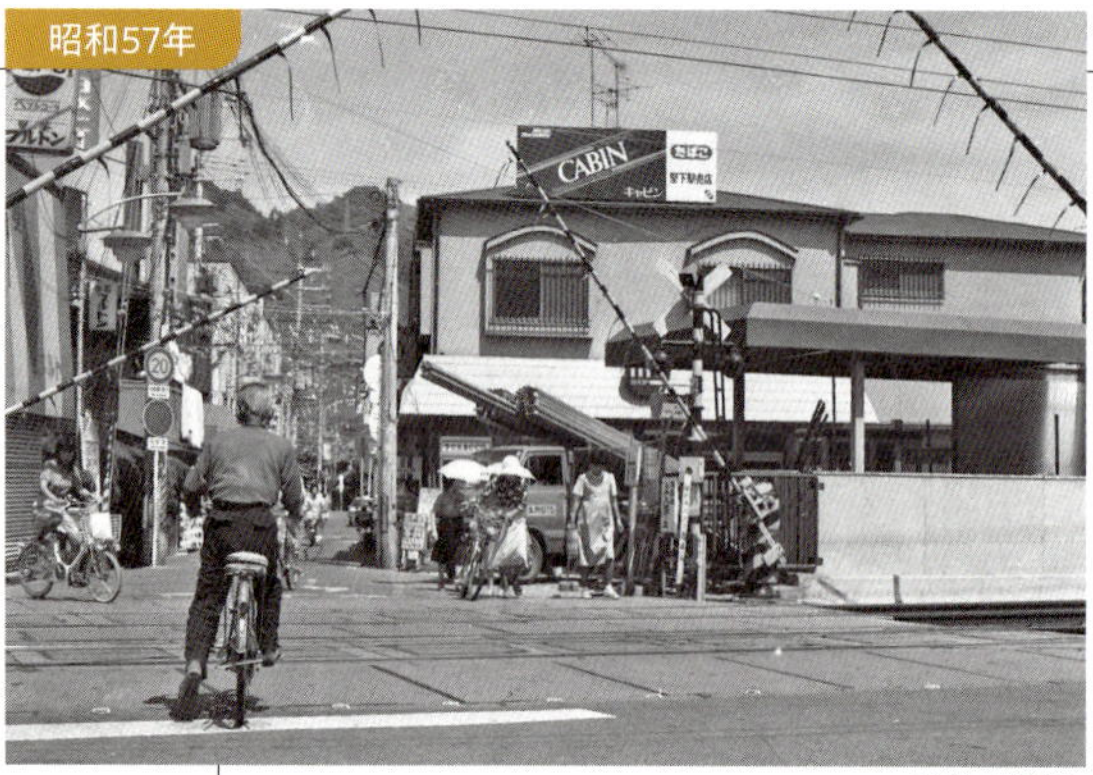

提供：柏原市

堅下駅前 地上駅に踏切は必要不可欠。堅下駅そばの踏切を行き来する人たち。

古地図探訪

地図の左上に〝下市村〟の文字があるが、これは村名ではなく、市村新田に由来する地名。この地はかつて大和川の付け替えで出来た新田村で、大和川の流れを西に屈曲させた築留の地域だ。大和川との長い戦いの歴史を持つが、河内木綿という特産品も生み出した。

D17

安堂《あんどう》

Ando

開業年 1927(昭和2)年7月1日

所在地 大阪府柏原市安堂町2・1

キロ程 大阪上本町から16・6km

駅構造 地上駅(橋上駅)2面2線

乗降客 2,283人

平成11年12月に橋上駅舎となる 駅周辺の太平寺地区にはワイナリー、聖武天皇ゆかりの「智識寺」跡も

安堂駅も、法善寺駅、堅下駅と同じ1927(昭和2)年7月1日に開業した。駅の構造も相対式ホーム2面2線と同じだが、他の2駅が地下に改札口、コンコースを持つのに対して、この駅は1999(平成11)年12月に橋上駅舎となった。3駅ともに急行、準急などは通過し、区間準急、普通が停車する。

安堂駅は、各駅停車の旅で降りてみたい駅の一つ。特に徒歩10分ほどの太平寺地区はおすすめコースだ。

ぶどうの産地で知られる柏原市にふさわしく、小高い丘陵にはぶどう畑が点在している。また、ぶどう畑だけでなく、「カタシモワイナリー」という柏原ワインの直売所もある。

歴史好きには、聖武天皇が参詣したという「智識寺」跡が目に留まる。天皇がこの寺の盧舎那仏を礼拝して感動し、それが東大寺の大仏造立につながったと伝わる。近くには、境内に大きなクスノキ(大阪府指定天然記念物)がある「石(いわ)神社」も鎮座する。すぐ裏は山並みで、恵まれた自然と歴史が満喫できるハイキングコースにもってこいだ。

ブドウの産地・安堂付近

安堂付近の沿線には「河内名物・柏原ブドウ」の横断幕が掲げられている。

提供:柏原市

ホームに準急

まだ地上駅時代の安堂駅。下りホーム側を準急電車が通過する。

提供:柏原市

無人の安堂駅ホーム

安堂駅は市役所の最寄り駅になっているが夕方になるとさすがに人はいない。

カタシモワイナリー"ぶどうの並木道"

ワイン作り約100年というカタシモワイナリーの"ぶどうの並木道"

古地図探訪

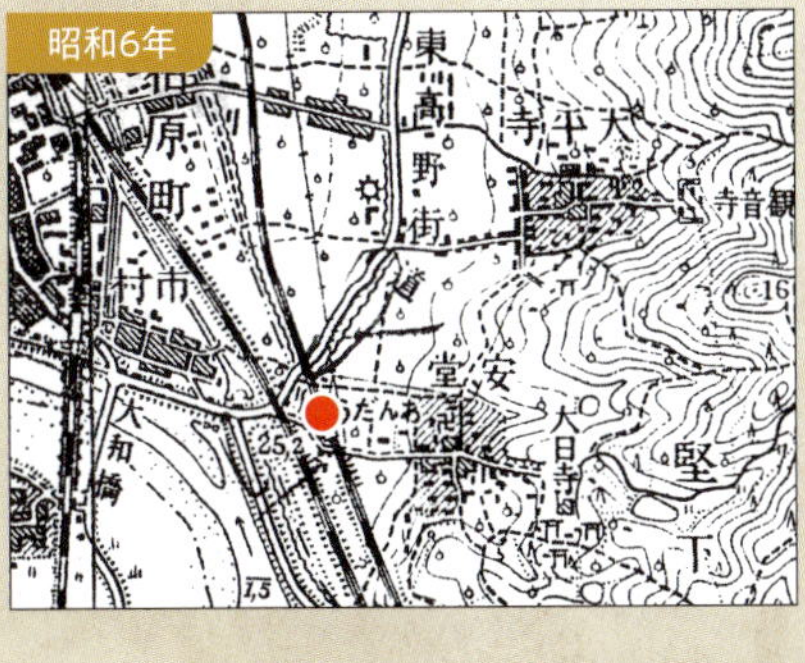

地図の南側に流れる大和川は安堂駅の西側で大きく方向が変わり、道明寺線の橋梁付近に大和橋が架かっている。安堂駅の横から上っているのは、高野参詣道の一つとして知られる東高野街道だ。安堂駅付近には、大日寺など、地域を代表する寺院が点在している。

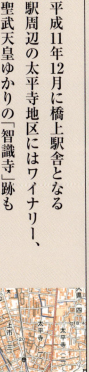

D18

河内国分
かわちこくぶ
Kawachi-Kokubu

開業年 1927(昭和2)年7月1日
所在地 大阪府柏原市国分本町1・2・4
キロ程 大阪上本町から18.2km
駅構造 地上駅(橋上駅)2面4線
乗降客 14,011人

関西福祉科学大学の最寄り駅
駅名は、奈良時代に置かれた、河内国の国分寺に由来する

恩智駅からほぼ真っ直ぐ南に進んで来た大阪線の電車は、山の裾野にある安堂駅を過ぎると少しずつ東向きに進行方向を変える。そして急勾配の斜面を上り、JR関西本線をオーバークロスして一気に大和川橋梁を渡る。橋梁の先は待避線と折り返し設備のある「河内国分」駅だ。この辺りも緑の丘陵地が家々の並ぶ新興住宅地に変わっている。

河内国分の駅名は、奈良時代に置かれた河内国の国分寺に由来する。現在、河内国分寺跡とされている場所は、河内国分駅の東側に当たる、柏原市国分東条町の高台にある。

河内国分駅は、1927(昭和2)年7月、大阪電気軌道八木線の延伸時に、国分駅として開業した。その後、関西急行鉄道誕生時に河内国分駅と改称した。現在の駅は島式ホーム2面4線を有する地上駅で、1982(昭和57)年5月に橋上駅舎が完成した。快速急行は通過するものの、急行や準急、区間準急などは停車する。関西福祉科学大学キャンパスの最寄り駅となっている。

昭和50年代

平成28年

河内国分駅
駅西口の様子。東口はスーパーに直結。

河内国分駅西口
昭和57年には橋上駅舎になるので、それ以前の地上駅時代の河内国分駅(西口)。
提供:柏原市

昭和40年頃

河内国分駅ホーム
上りホームに準急が停まり、ホームから人々が降りてくる様子。構内通路を悠々と渡る人もいる。
提供:柏原市

平成28年

河内国分駅
2003(平成15)年に急行停車駅になった河内国分駅。ホームに停車するのは5200系の急行電車。

河内国分駅
河内国分駅西口。昭和57年5月に橋上駅舎になり、上下ホーム間の行き来が安全になった。

現在

朝のラッシュ時風景

昭和30年代頃の朝のラッシュ時風景。上り電車から降りた人々が急いで構内通路を渡って行く。

提供:柏原市

河内国分駅ホーム

主要駅河内国分駅の全体。上下線のホームに同時に電車が停車。

提供:柏原市

ぶどうの出荷風景

柏原市は有数のぶどうの産地。写真は河内国分駅での出荷風景。

古地図探訪

国分(現・河内国分)駅がある付近には、現在は西名阪自動車道が走っているが、この当時は当然ながら地図上にはない。

地図の北側には、大和川が流れ、大軌国分駅の付近には国(國)豊橋が架かる。橋を渡った先の東側には、関西線の高井田駅が1985(昭和60)年に誕生している。この付近に見える「鳥居」マークは、白山神社である。

丘陵一帯と藤井寺市にかけての辺りは大坂夏の陣(慶長20年)の激戦地。小高いところに戦死した勇士のための宝篋印塔が建つ。

D19

大阪教育大前

おおさかきょういくだいまえ

Osakakyoikudaimae

開業年 1991(平成3)年12月6日

所在地 大阪府柏原市旭ケ丘4・4555・1

キロ程 大阪上本町から19・8km

駅構造 地上駅(橋上駅)2面2線

乗降客 5、824人

大阪教育大学の移転計画に伴い、大学と柏原市から要請を受ける近鉄大阪線で一番歴史が新しい駅

大阪教育大前駅は、近鉄大阪線では一番歴史の新しい駅である。大阪線の駅名で「前」が付くのはこの駅が唯一である。新駅の設置は、大阪教育大学の移転計画に伴い、同大学と柏原市からの要請を受けたもの。

駅の設置場所は川沿い付近で、地滑りの危険性があり、急カーブが連続する場所でもあった。このため、従来の玉手山トンネルに代えて新玉手山トンネルを建設し、曲線の改良を兼ねた線路の切り替えが行われた。

しかし、1991(平成3)年12月6日の開業日が、新玉手山トンネル貫通と同じ日になり、新線切り替えまで、ホームの一部は仮設となった。そしてすべてが完了したのは翌年の10月だった。

駅の南側に存在する大阪教育大学柏原キャンパスは、1992(平成4)年に完成。それまで天王寺、平野、池田に分かれていた校舎がこの時、柏原キャンパスに統合された。

この駅は、関西女子短期大学や関西福祉科学大学、附属の高校や幼稚園なども最寄り駅になっている。

平成28年

通過する特急アーバンライナー

トンネルを抜け、大阪の最東部にある大阪教育大前駅を通過する特急アーバンライナー

平成28年

提供:柏原市

大阪教育大前駅開業!

1991(平成3)年12月に開業した大阪教育大前駅。改札口に「祝・大阪教育大前駅開業」の横断幕が下がる。

現在

大阪教育大学柏原キャンパス

平成2年に柏原キャンパスが完成し、本部と大半の施設が移転した。

平成28年

大阪教育大前駅

平成3年12月に新設された「大阪教育大前駅」

古地図探訪

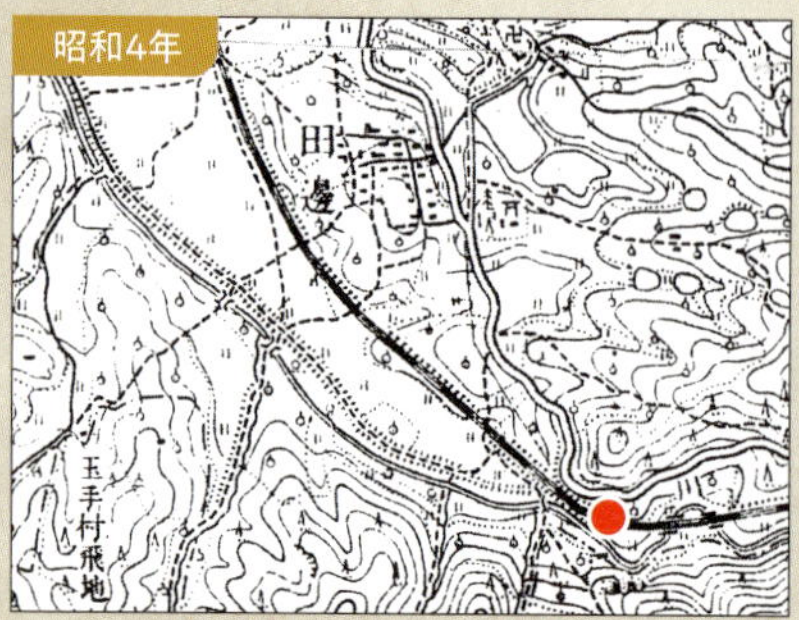

昭和4年

地図下の大阪電気軌道八木線(現・近鉄大阪線)が大きくカーブしているところに、大阪教育大学前駅が平成3年に開設される。西名阪自動車道もまだない時代だ。地図の左下、「玉手村飛地」と記された付近には、現在、関西福祉科学大学、関西女子短大が誕生している。

D20

大阪線

関屋《せきや》

Sekiya

開業年　1927（昭和2）年7月1日

所在地　奈良県香芝市関屋1578・3

キロ程　大阪上本町から22・0km

駅構造　地上駅（橋上駅）2面2線

乗降客　3、097人

新玉手山トンネルを抜けると奈良県 関屋は奈良県に入った最初の駅 地名の「関屋」は関所があったから

柏原市内を走って来た近鉄大阪線の電車は、新玉手山トンネル（全長715メートル）を抜けると、奈良県に入る。そして最初の駅が香芝市の関屋駅。駅周辺は金剛山の北端に位置し、南と北側は丘陵地で、谷間のような地形になっている。

関屋は、大和と河内をつなぐ街道の要衝で、「大和の西玄関」と呼ばれてきた。関屋という地名は、ここに関所が置かれていたからで、いわゆる大坂の関のことである。大和から西に行くには、生駒、金剛山脈を越えなくてはならないが、関屋はその峠のうちの一つであった。

駅の北側には名古屋と大阪を結ぶ西名阪自動車道、南側には国道165号線が、ほぼ東西に延びている。

関屋駅も大阪電気軌道八木線の延伸時に開業。現在は香芝市内にあるが、開業当時は二上村で、1956（昭和31）年の合併により、香芝町となり、1991（平成3）年に香芝市に変わった。駅は相対式2面2線のホームを持つ地上駅で、橋上駅舎を有している。

関屋付近を走る伊勢志摩ライナー　新玉手トンネルを抜け奈良県に入り、関屋付近を走る伊勢志摩ライナー

駅前ロータリー　広々と整えられた関屋駅北口の駅前ロータリー

関屋駅　相対式ホーム2面2線を有する地上駅の関屋は橋上駅舎

古地図探訪

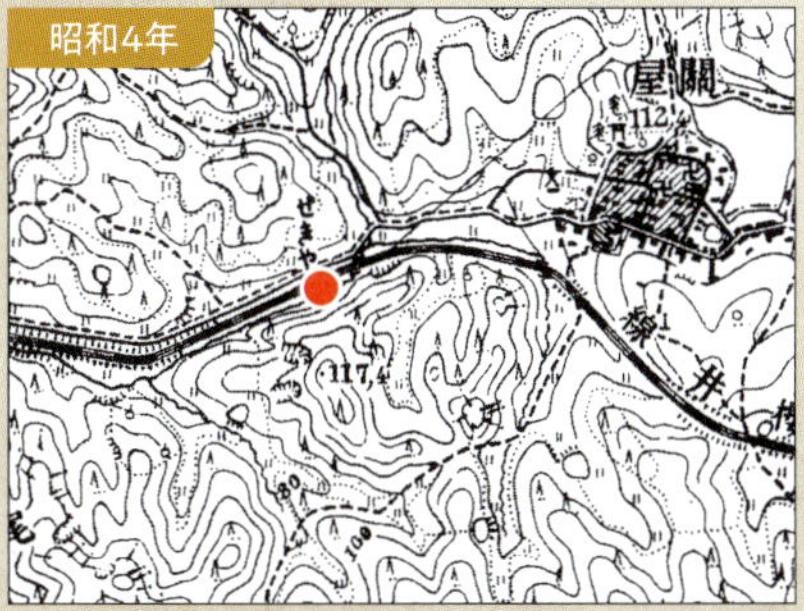

関屋は河内国との境に当たり、両国を結ぶ峠に関所が置かれていたことからの地名。北の龍田山と二上山雄岳に挟まれた谷地で、この地域に、大阪電気軌道桜井（八木）線の関屋・二上・下田（現・近鉄下田）駅が同じ昭和2年に開設された。駅付近には八幡神社がある。

大阪上本町　鶴橋　今里　布施　俊徳道　長瀬　弥刀　久宝寺口　近鉄八尾　河内山本　高安　恩智　法善寺　堅下　安堂　河内国分　大阪教育大前　関屋　二上　近鉄下田　五位堂　築山　大和高田　松塚

D21

二上《にじょう》

Nijo

開業年　1927（昭和2）年7月1日

所在地　奈良県香芝市穴虫2023

キロ程　大阪上本町から24.1km

駅構造　地上駅（地下駅舎）2面2線

乗降客　8,860人

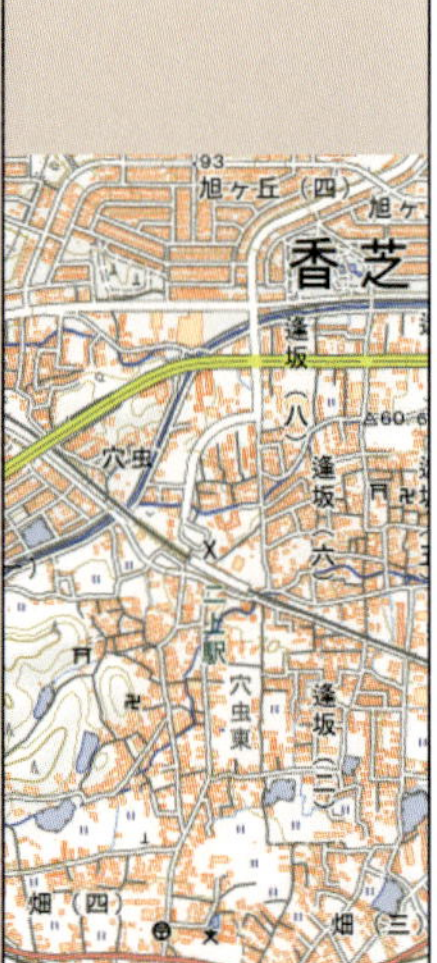

駅名は、大阪と奈良の府県境にあり、万葉集にも詠まれた二上山が由来。香芝市内に「二上山博物館」がある

橋上駅の関屋駅を出て、左右にカーブしながら急勾配を上がり、頂上を越えると長い下り坂になる。この坂を下りると二上駅だ。戦前までは別会社で、いわばライバルでもあった南大阪線の二上山駅とは、わずか800メートルほどの距離だ。

旧二上村にあった駅で、開業は隣の関屋駅と同じ1927（昭和2）年7月。こちらも相対式ホーム2面2線の地上駅である。

二上駅の駅名は大阪と奈良の府県境にある二上山が由来だ。万葉集には「ふたかみ」「ふたがみやま」と詠まれている。この山は、雌岳・雄岳に分かれており、雄岳山頂には「葛木二上神社」が鎮座する。

この山に最初に城を築いたのは楠木正成で、その後、赤沢朝経・木沢長政・松永久秀らが二上山城と関わりを持っている。

古来より神聖な山として崇敬を集め、万葉の歌人にも詠まれた山だが、最近はハイキングコースになっている。香芝市内に「二上山博物館」がある。

二上駅（南口）
改札・コンコースは地下に、ホームは地上にある二上駅（南口）。

二上山博物館
600年前の二上山噴火で造られた3つの火成岩をテーマに、全国初の旧石器文化を紹介する石の博物館として平成4年に開館。

二上山の夕日
二上駅の駅名は大阪と奈良の府県境にある二上山が由来

二上駅ホーム
6両編成への対応でホームが延伸された二上駅。駅番号はD21。

古地図探訪

地図は山地と平地とくっきり分かれており、その境付近に大阪電気軌道桜井（八木）線の二上駅がある。下方には大阪鉄道が通り、二上山駅が存在する。両者ともに近鉄の前身で、後に大阪線、南大阪線となっている。二上駅と二上山駅はほぼ南北に並んで存在している。

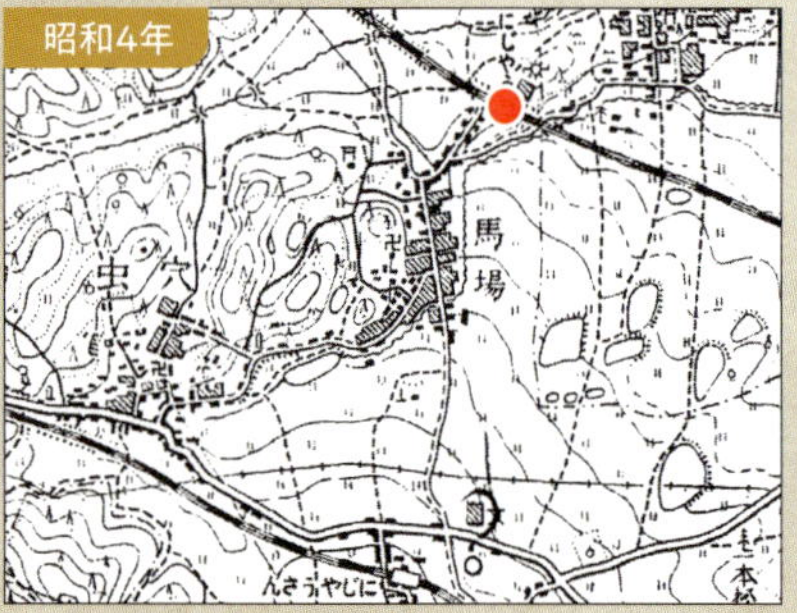

D22

近鉄下田《きんてつしもだ》

Kintetsu-Shimoda

開業年 1927(昭和2)年7月1日
所在地 奈良県香芝市下田西1・7・14
キロ程 大阪上本町から25・7km
駅構造 地上駅(地下駅舎)2面2線
乗降客 4、430人

開業時には「下田駅」、その後改称
駅周辺に「鹿島神社」や「阿日寺」が
古墳文化の名残りを伝える町

近鉄下田駅ホーム

駅の構造は相対式２面２線、地上駅でホーム有効長は６両の近鉄下田駅。

二上山の頂上を右に見ながら進むと近鉄下田駅に到着する。この駅は、1927(昭和2)年7月、大阪電気軌道八木線(現在の大阪線)の恩智―高田(現・大和高田)間開通と同時に開業した。開業時には「下田駅」を名乗っていたが、1944(昭和19)年の会社合併の時に、「近畿日本下田駅」と改称。そして1970(昭和45)年3月に「近鉄下田」駅となる。「近鉄」の名を冠しているのは、JR和歌山線の香芝駅が、先に「下田駅」の名称を使用していたからだ。

阿日寺(あにちじ)

恵心僧都生誕地伝承があり、"ぽっくり往生の寺"としても知られる阿日寺。

駅の構造は相対式2面2線、地上駅。改札とコンコースは地下に設けられている。JR和歌山線の下田駅は北方約200メートルのところにある。

大和と河内を結ぶ街道沿いにある下田は、早くから文化的に開けた。駅周辺には、はるばる常陸国(現・茨城県)から勧請された鹿島神社や、〝ぽっくり往生の寺〟として有名な阿日寺(あにちじ)がある。また、狐井城山古墳・藤山古墳・北今市古墳などが、現在も香芝町下田に点在、古墳文化の名残りを伝えている。

JR 香芝駅

近鉄下田駅から徒歩４分のJR香芝駅。JR西日本和歌山線の駅である。

近鉄下田駅

香芝市役所最寄り駅の近鉄下田駅南口。駅前ロータリーがある。

古地図探訪

この地域は西側が山地、東側が平地と分かれているが、大阪電気軌道桜井(八木)線の下田(現・近鉄下田)駅はほぼ平地に位置する。至近距離に、省線和歌山駅線(現・JR西日本和歌山線)の下田(現・香芝)駅がある。この2つの駅は、現在も連絡しやすい駅として利便性が高い。

大阪上本町 鶴橋 今里 布施 俊徳道 長瀬 弥刀 久宝寺口 近鉄八尾 河内山本 高安 恩智 法善寺 堅下 安堂 河内国分 大阪教育大前 関屋 二上 近鉄下田 五位堂 築山 大和高田 松塚

D23

五位堂《ごいどう》

Goido

開業年 1927(昭和2)年7月1日
所在地 奈良県香芝市瓦口268
キロ程 大阪上本町から27.1km
駅構造 地上駅(橋上駅)2面4線
乗降客 23,742人

「五位堂」は古代豪族末裔の名 副駅名が「真美ヶ丘ニュータウン前」 電車を補修する検修車庫がある

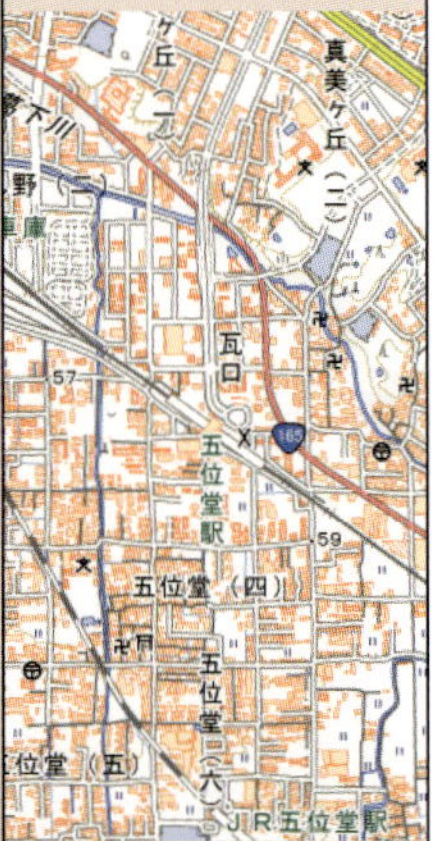

五位堂駅は、1927(昭和2)年7月の開業で、平成16年開業のJR五位堂駅の先輩で、和歌山線の駅がJRを冠する形になっている。

駅の構造は、島式ホーム2面4線を持つ待避可能な地上駅で、橋上駅舎を有する。現在は、快速急行の停車駅となり、特急以外のすべての列車が停車する。

「五位堂」の駅名、地名は、古代の豪族、大伴金村末裔の五位殿某に由来するとされ、江戸時代の「五位堂」村は「五位戸」「五井戸」とも記載されていた。ちなみに和歌山線のJR五位堂駅は香芝市五位堂に位置し、当駅とは約1キロメートル離れている。

副駅名に「真美ヶ丘ニュータウン前」と付くように、駅近くに教育機関や緑地・公園が充実した真美ヶ丘ニュータウンが広がっている。

五位堂駅には、1982(昭和57)年に検修車庫が開設され、近鉄電車の各種補修を行っている。

このため、3番線・4番線は五位堂検修車庫・高安検車区五位堂車庫への接続線が設けられている。

五位堂駅

真美ヶ丘ニュータウンの最寄り駅。写真は、五位堂駅南側の出入口。

停車中の特急・新ビスタカー10100系

五位堂駅に停車中の新ビスタカー10100系(回送車)。後ろに二上山が見える。

撮影:笹目史郎

古地図探訪

地図の平野部分には、五位堂村が存在している。集落付近には池が多い。現在、この辺りは香芝市、大和高田市に変わっている。

地図を斜めに走る大軌(現・近鉄)八木線に五位堂が設置され、次駅は築山駅だ。南側を走る国鉄和歌山線には、駅が存在していない。

五位堂検修車庫

全特急車両をはじめ、多くの近鉄車両を点検

近鉄下田駅と五位堂駅間の線路南側にある「五位堂検修車庫」は、年間最大1000両の研修能力を有し、近鉄の全特急車両をはじめ、ほとんどの車両がこの車庫でメンテナンスされている。

五位堂駅北西、近鉄下田駅との間の線路南側位置する「五位堂検修車庫」。周辺は真美ヶ丘ニュータウンである。

D24

大阪線

築山《つきやま》

Tsukiyama

開業年 1927(昭和2)年7月1日

所在地 奈良県大和高田市築山467・3

キロ程 大阪上本町から28・8km

駅構造 地上駅2面2線

乗降客 2、590人

地名、駅名は「築山古墳」が由来
茶臼山古墳や狐井塚古墳などもあり
駅周辺は古墳群が形成されている

築山駅も路線の延伸時に誕生した相対式ホーム2面2線の地上駅だ。この駅から大和高田市内となり、次駅の大和高田駅との距離は1・1キロメートルと短い。

「築山」の地名、駅名は、駅の南西にある「築山古墳」に由来する。この古墳は、奈良県でも有数の古墳群、馬見古墳群の一つで、宮内庁により「磐園陵墓参考地」に治定され、第3代顕宗天皇が被葬候補者となっているため、一般市民は立ち入ることができない。

国道165号線沿いの築山駅を南に300メートルほど歩いて行くと築山児童公園に出る。この公園の横を南に行くと巨大な「築山古墳」の姿を目にすることが出来る。全長約210メートル、幅約30メートルの周濠が巡らされている。

周辺には、直径約50メートルの円墳で周濠を巡らす茶臼山古墳、全長75メートルの前方後円墳の狐井塚古墳、直径55メートルの円墳コンピラ山古墳などの陪冢があり、馬見丘陵南側の古墳群を形成している。

築山駅

大和高田市内にある大阪線の駅としては、最も西にある築山駅。ホームへは跨線橋で連絡。令和3年から終日無人駅化。

ホームを通過する特急「ひのとり」

近鉄80000系電車で標準軌線用の特急。2020(令和2)年3月から運行。

築山古墳

大和高田市内の丘陵にかけて広がる馬見古墳群のひとつ。形状は前方後円墳。

古地図探訪

地図下に「御陵墓傳説地」とあるのは築山古墳。大型前方後円墳で、満々と水をたたえた周濠が巡っている。宮内庁により治定されており、以前は武烈天皇陵とされていた。周辺には、さらに数基の古墳が存在する。これらの集落付近には、溜池が多く存在している。

大阪上本町　鶴橋　今里　布施　俊徳道　長瀬　弥刀　久宝寺口　近鉄八尾　河内山本　高安　恩智　法善寺　堅下　安堂　河内国分　大阪教育大前　関屋　二上　近鉄下田　五位堂　築山　大和高田　松塚

D25

大和高田《やまとたかだ》

Yamato-Takada

開業年 1925(大正14)年3月21日

所在地 奈良県大和高田市北本町14・4

キロ程 大阪上本町から29・9km

駅構造 高架駅2面2線

乗降客 13,509人

奈良盆地の西南部に位置する 大和高田市の玄関口になっている JR和歌山・桜井線の乗り換え駅

大和高田駅は、乗換駅でもあるJR和歌山・桜井線の高田駅とともに、大和高田市の玄関口となっている。また、大阪鉄道を起源にもつ近鉄南大阪線には、高田市駅がある。

この駅は、大阪電気軌道八木線の高田―八木(現・八木西口)間の開通時に「高田駅」として開業、畝傍(現・橿原)線と結ばれた。そして恩智―高田間の開業で、上本町駅方面と直結。その後大軌高田駅と改称。1941(昭和16)年3月に大和高田駅となった。駅は相対式ホーム2面2線をもつ高架駅である。

奈良盆地の西南部に位置する大和高田市は、県内でも指折りの商工業の盛んな都市だ。1889(明治22)年に高田村、山内村などが合併して高田町が成立。1948(昭和23)年の市制施行により、現在の「大和高田市」となった。大和が付いたのは、すでに新潟県に高田市が存在したためで、その後、岩手県に陸前高田市、広島県に安芸高田市、大分県に豊後(ぶんご)高田市という、旧国名を冠した市も生まれている。

昭和35年

提供:大和高田市

大和高田駅

昭和35年当時の高田駅と駅前広場。駐車している車の形がまさに昭和で懐かしい。

現在

大和高田駅

平成13年に改築した大和高田駅の駅舎。テナントが入居する駅ビルになっている。

現在

大和高田駅入口

駅のコンコースは1階、ホームは2階、改札口は1階と2階にある。

現在

JR 高田駅(西口)

JR西日本和歌山線の高田駅。接続する桜井線の終点でもある。

真菅 大和八木 耳成 大福 桜井 大和朝倉 長谷寺 榛原 室生口大野 三本松 赤目口 名張 桔梗が丘 美旗 伊賀神戸 青山町 伊賀上津 西青山 東青山 榊原温泉口 大三 伊勢石橋 川合高岡 伊勢中川

ホームに停車中の特急電車

大和高田駅には2003(平成15)年3月から大阪ー伊勢志摩間の一部の特急が停車。写真の車両は22000系ACE。

大和高田駅ホーム

高架駅の大和高田駅は、相対式ホーム2面2線、ホーム有効長は10両。ホームはややカーブしている。

駅前の立体歩道橋

駅前のショッピングセンターには、駅から立体歩道橋で直結。

天神社

創建は古く、社伝によると古代まで遡る。高田一円の氏神として親しまれている。

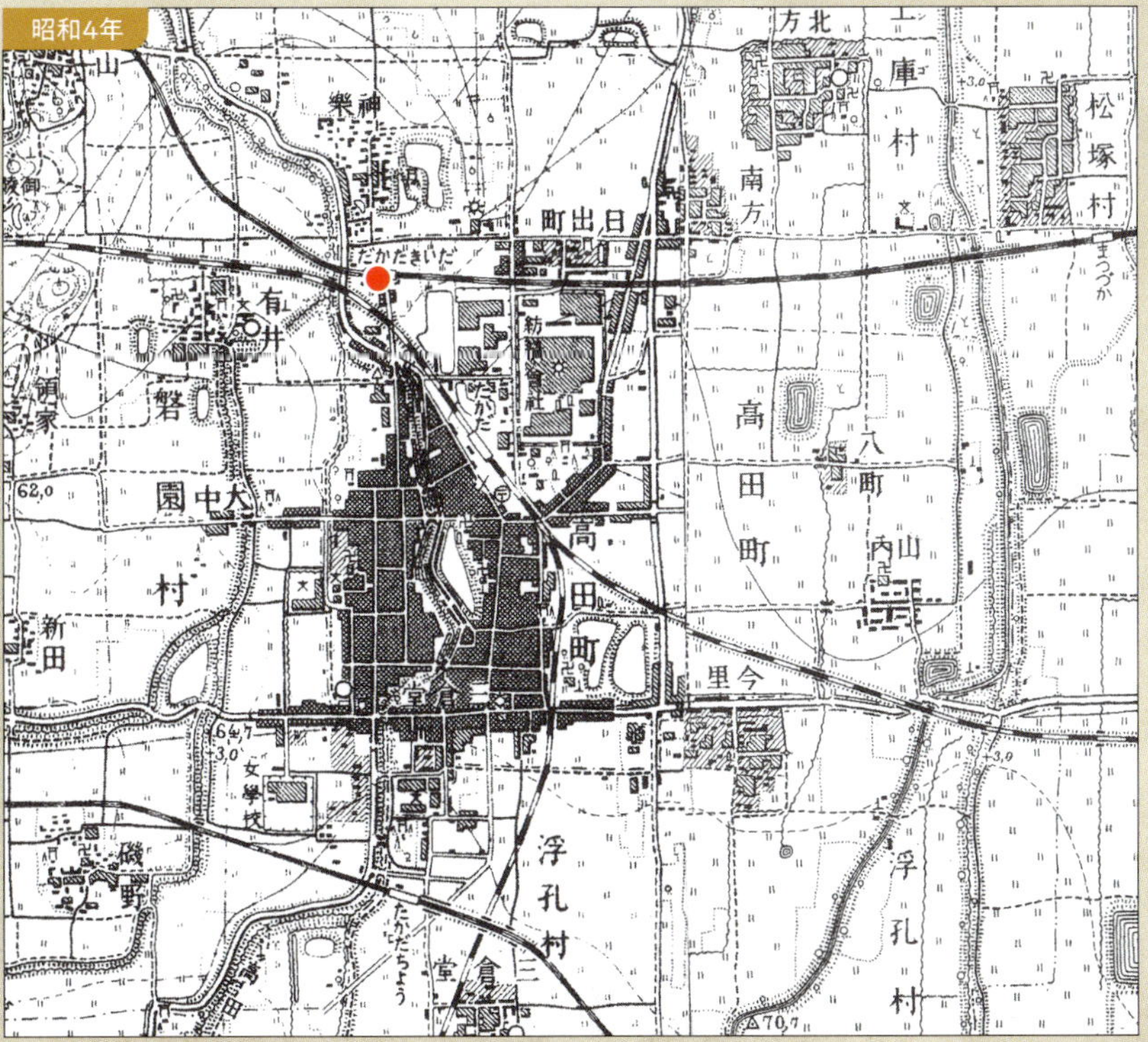

古地図探訪

地図を見ると、当時の高田町(現・大和高田市)の市街地は、大軌高田(現・大和高田)駅、国鉄高田駅周辺に広がっていたことがわかる。両線の間には、大日本紡績の高田工場が存在していた。ここは明治29年、大和紡績の工場として開かれ、後にユニチカの工場となり、昭和52年に閉鎖されている。現在は、マンションやショッピングセンターなどに変わっている。

昭和42年以降

提供：大和高田市

大和高田市片塩

写真は、昭和42年以降に撮影された大和高田市片塩付近。

昭和35年

駅前広場

昭和35年の大和高田駅前の広場。
まだ整備が始まったばかりの様子だ。

提供：大和高田市

昭和37年

駅前商店街 天神橋筋

提供：大和高田市

昭和37年に撮影された駅前商店街「天神橋筋」。30年頃にアーケードが出来た。

昭和36年

昭和30年代の街並み

提供：大和高田市

この頃の住宅地はまだ木造家屋ばかりで高い建物は見られない。

昭和33年

市制10周年

昭和23年に北葛飾郡高田町が市制施行して大和高田市となる。写真は、市制10周年を祝う式典。

提供：大和高田市

昭和33年

市内本町

昭和33年頃の市内本町の様子。さまざまな商店が並ぶ。

提供：大和高田市

D26

松塚《まつづか》

Matsuzuka

開業年 1925（大正14）年3月21日
所在地 奈良県大和高田市松塚24・2
キロ程 大阪上本町から31・8km
駅構造 地上駅（盛土上）2面2線
乗降客 1、165人

盛土上に設けられた無人の地上駅 曽我川と葛城川に囲まれた集落に 鎌倉後期造営の百済寺三重塔がある

松塚駅も同じ大和高田市内にあり、大和高田駅と同じ日の開業である。駅の構造は、盛土上に設けられた相対式2面2線を持つ地上駅で、改札口は1ヶ所。快速急行、急行は通過し、準急、区間準急などが停車する。

大和高田駅管理の無人駅で、ICカード対応の自動改札機、自動精算機（回数券カードやICカードのチャージに対応）が設置されている。

駅舎の横の木は樹齢100年を超えるという梅檀（せんだん）の木。神木として大切に守られている。

かつてこの駅を最寄りとするの県立高田東高等学校の生徒が利用する専用改札があったが、同校が移転してなくなった。現在は近くの高田商業高校の生徒たちが駅を利用する。

松塚駅から北へ約2キロメートル、東側に曽我川、西に葛城川の田園地帯を行くと、北葛城郡広陵町百済地区の民家の間から百済寺の三重塔が見えてくる。この三重塔は創建時は九重塔でその名残り。鎌倉後期の造営とされる国の重要文化財だ。百済地区集落のランドマークになっている。

現在

松塚駅駅舎
駅舎横に樹齢100年を超えるという梅檀の木が立つ松塚駅。

現在

下りホームから準急が発車
快速急行・急行は通過するが、準急・区間準急は停車する松塚駅。

現在

百済寺三重塔
百済地区集落のランドマーク、百済寺の三重塔は、鎌倉後期の造営とされる国の重要文化財。

現在

駅付近を走る特急22000系ACE
松塚駅を通過する特急22000系ACE。平成4年製造の省エネ車両だ。

古地図探訪

昭和4年

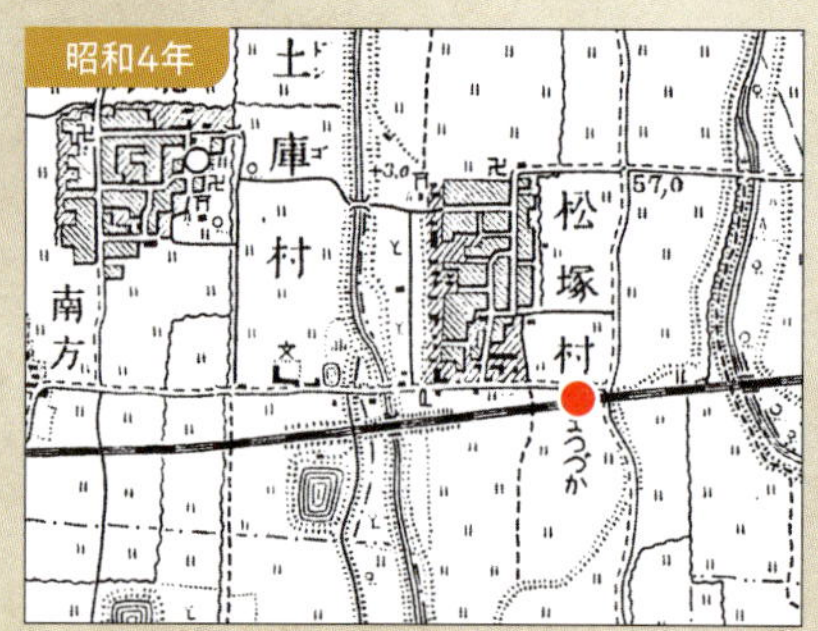

松塚駅の付近には松塚村が存在し、その西側には土庫村が存在した。両村は、昭和2年に大和高田市の前身である高田町に編入されている。そして高田町は、昭和23年に市制施行で大和高田市となった。大和高田市は奈良盆地中西部の一角で、市域の大半は平坦地だ。

D27

大阪線

真菅《ますが》

Masuga

駅名は開業時、真菅村だったから「曽我」の地名が多いのは、豪族・蘇我氏に由来。ゆかりの古社も点在

開業年 1925(大正14)年3月21日
所在地 奈良県橿原市曽我町1070
キロ程 大阪上本町から32.8km
駅構造 地上駅(地下駅舎)2面2線
乗降客 4,553人

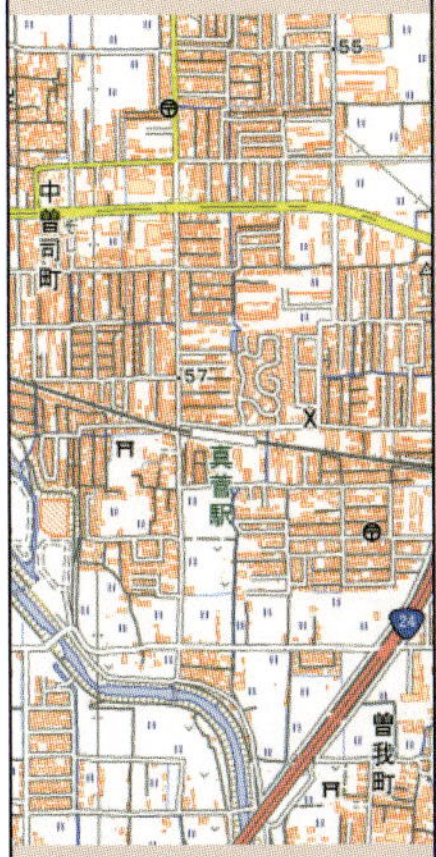

真菅駅は、1925(大正14)年3月、当時の真菅村、現在の橿原市曽我町に開業した。駅名は開業時、高市郡真菅村であったことから付けられた。橿原市は、1956(昭和31)年2月、八木町や今井町、畝傍(うねび)町、真菅村などが合併して成立している。

周辺の地名に「曽我」が多いのは、飛鳥時代に活躍した豪族・蘇我氏に由来している。駅の南から東にかけてはゆかりの古社も点在する。

駅の構造は、相対式ホーム2面2線の地上駅。改札やコンコースは地下に、ホームは地上にある。各ホームと地下コンコースを連絡するエレベーターが設置されている。

隣駅の松塚駅同様、大和八木駅が管理する無人駅で、ICカード対応の自動改札機、自動精算機を設置。この駅も準急と普通が停車する。

駅近くに宗我坐宗我都比古(そがにますそがつひこ)神社がある。「延喜式」にのる古社で、祭神は曽我部比古、曽我部比売神。この神社の境内を中心に中曽司遺跡が広がる。

真菅駅
相対式2面2線のホームを持つ真菅駅。写真は昭和51年頃の屋根瓦の木造駅舎。
提供:橿原市

宗我坐宗我都比古神社
延喜式に載る古社で、古代豪族の蘇我氏に関係する神社として知られる。

真菅駅
改札・コンコースは地下にあり、ホームは地上にある真菅駅。出入口は南北双方にある。

古地図探訪

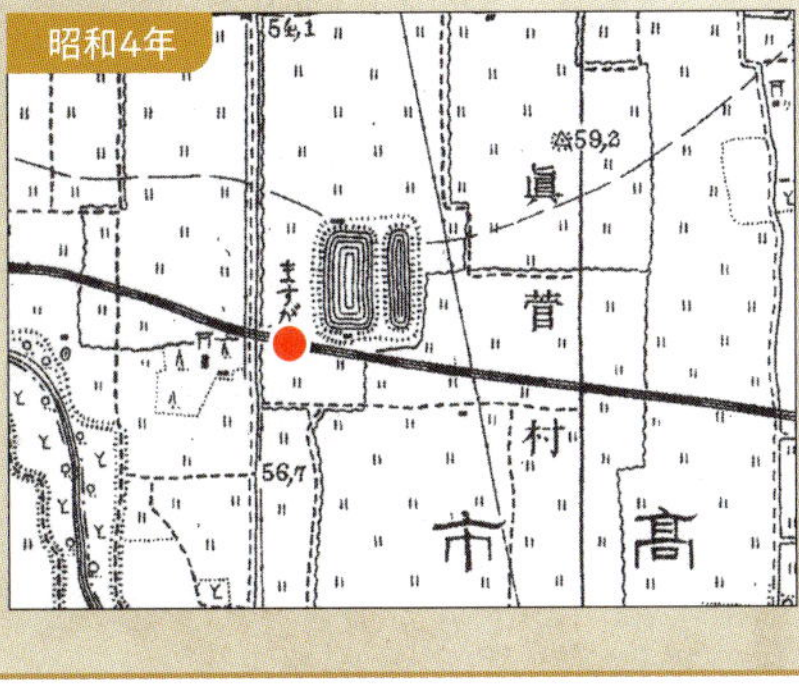

地図上の「真菅村」は、現在の橿原市西部に当たる。この村は昭和31年に他の5町村と合併して橿原市となり消滅した。駅のそばにある神社の地図記号は、古代豪族・蘇我氏に関係する「宗我坐宗我都比古神社」だ。地元では〝曽我ンさん〟と親しまれている。

D39

大和八木《やまとやぎ》

Yamato-Yagi

開業年 1925(大正14)年3月21日
所在地 奈良県橿原市内膳町5・1・2
キロ程 大阪上本町から34.8km
駅構造 地上駅・高架駅(2層構造)計4面6線
乗降客 32,974人

大阪線と橿原線が直角に交差して接続 大阪線ホームに特急間の接続もある 橿原市の中心駅で、観光の拠点駅

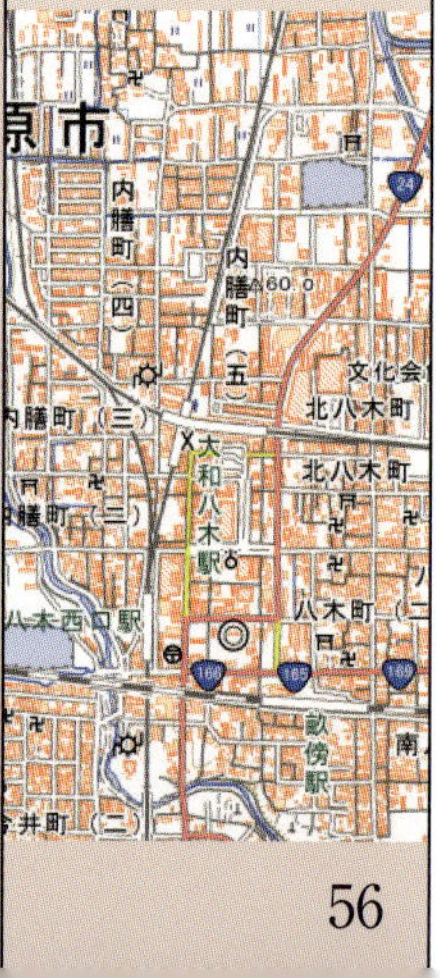

奈良盆地を西に進んでいた大阪線は、やがて大和八木駅に到着する。この駅は橿原線との接続駅で、2つの駅が立体化され直角に交わっている。2階に大阪線のホーム、1階に橿原線ホームと改札口がある。

駅の歴史は複雑で、橿原線のほうが八木駅として先に開業(大正12年)。この時の駅は現在の場所ではなく、八木西口駅にあった。2年後に当時は八木線と称した大阪線が延伸されて八木駅に乗り入れている。駅名も八木駅から大軌八木駅、そして大和八木駅と変遷。路線名も、橿原線の前身は畝傍線、大阪線も八木線から桜井線を経て現在名に至っている。

周辺に多くの観光地がある大和八木駅だが、大阪線と橿原線が交差していることもあり、乗換駅としてのイメージも強い。また、特急間の接続もあり、これを利用する人も多い。

面白いのは、かつて八木駅だった八木西口駅が大和八木駅の構内にあることだ。近年の新駅設置構想に伴い、その廃止も取り沙汰されている。

大和八木駅は、橿原市の中心駅で、観光の拠点駅。「今井町」「八木札の辻」といった歴史的な街並みが残されている。特に、本瓦葺き、木格子造りの落ち着いた屋並みが広がる今井町の散策が人気だ。多くの民家が江戸時代の様式を残し、中世、近世の町並みが整然と保存されている。

平成28年

市営の駐車場や広場がある北口
北口には市営の駐車場＆駐輪場や駅前広場が整っている。

現在

高架ホーム＆名店街
大和八木駅の高架ホーム。高架下には"近鉄八木駅名店街"がある。

昭和57年

提供：橿原市

大和八木駅 橿原市の玄関口としての機能をこの頃から有している大和八木駅。

現在

今井町の町並み

江戸時代の面影を残す今井町は、重要伝統的建造物保存地区に指定されている。称念寺を中心とする寺内町として発達、現在も伝統様式を保った町家が数多く立ち並ぶ。

現在

橿原線・八木西口駅

複雑な歴史をを持つ橿原線の「八木西口駅」は、大和八木駅の構内扱い。駅舎はレトロな雰囲気を持つ。

平成28年

南口駅前ロータリー

南口ロータリー。橿原市は昭和31年に発足、平成28年2月に市制60周年を迎えた。

昭和4年

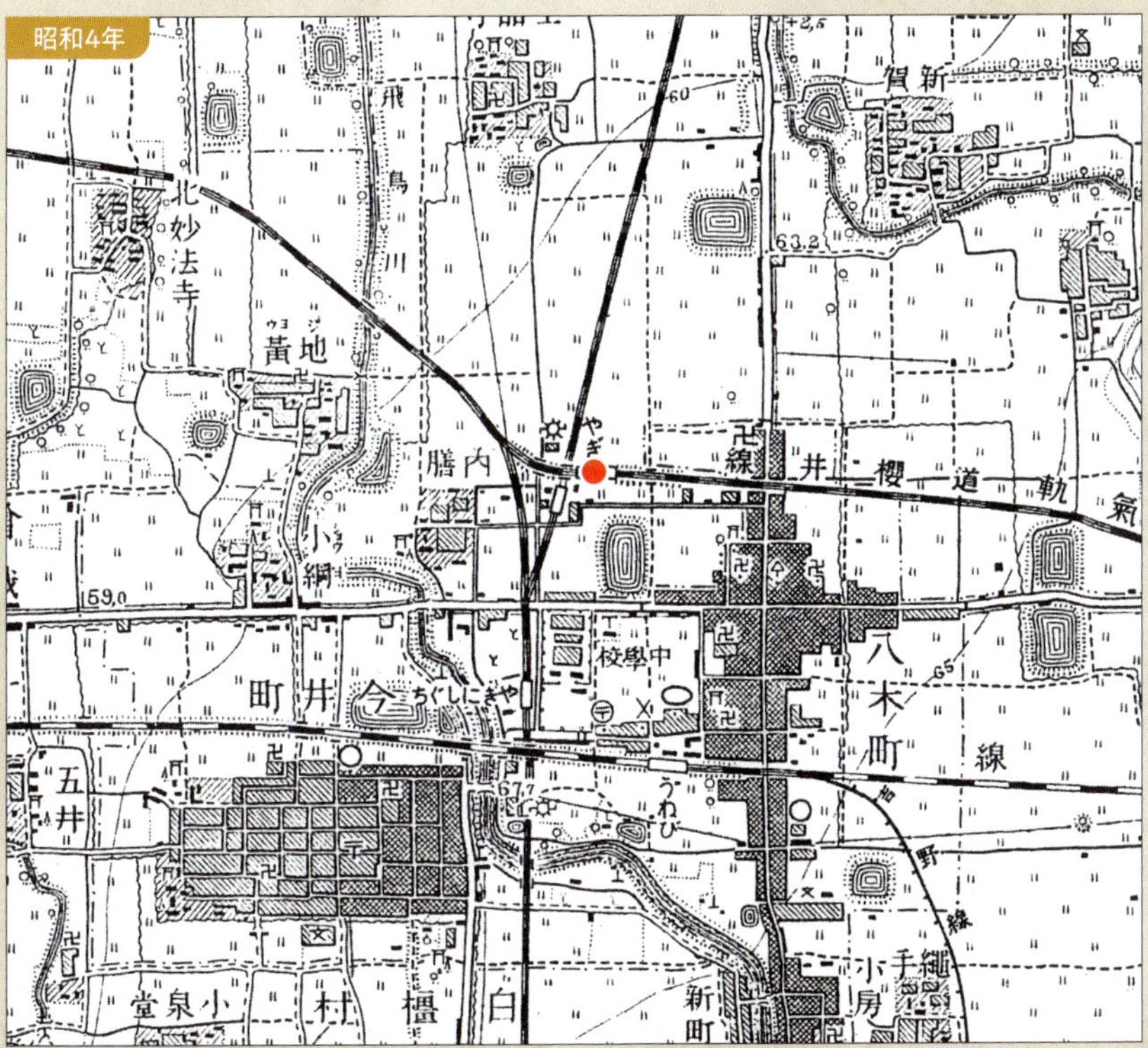

古地図探訪

地図上には八木（現・大和八木）駅、八木西口駅、畝傍駅の3駅が見える。当時の大軌八木（現・大和八木）駅は、桜井線（現・大阪線）、畝傍線（現・橿原線）の2つに分かれていた。

八木西口駅の東、畝傍駅上の中学校は移転、現在は橿原市役所になっている。「〒」の地図記号は現在の橿原郵便局である。駅の南西に広がる今井町は今も江戸時代そのままの町家が残る。

昭和56年

大和八木駅北口

整備前の駅前北口広場。タクシーや車、自転車などで混雑している。

提供：橿原市

昭和52年

大和八木駅前道路

こちらも整備前の駅前北口付近。懐かしい車がズラリ並んでいる。

提供：橿原市

現在

平成28年

特急停車駅 大和八木駅は、一部を除き、特急が停車する。写真は、30000系ビスタEX。

伊勢志摩ライナーとアーバンライナー

大和八木駅は、名阪特急と京都～伊勢方の特急がホームの両側に停車、相互乗り換えが出来る時間帯もある。

近隣散策

大和三山

やまとさんざん

東に香具山、西に畝傍山、北に耳成山の美しい山々はまほろばの象徴

奈良盆地の南端に一辺が約2・5キロメートルの三角形をなす三山は「大和三山」と呼ばれ、古くから神秘な山として親しまれ、畏敬されてきた。東に香具山（152・4メートル）、西に畝傍山（199・2メートル）、北に耳成山（139・7メートル）とあまり高さの違わない美しい山々は、「大和国原」「まほろば」の象徴でもあった。

山頂部や麓には、古事記や日本書紀にも記述のある天香具山神社、延喜式の式内社である畝傍山口神社、耳成山口神社などが祀られてきた。地質的には香具山はハンレイ岩、畝傍山と耳成山は黒雲母安山岩からなっている。

大和三山にはコナラ、リョウブなども見られるが、多くはアラカシ、シラカシの常緑広葉樹林だ。

いずれの山も緩斜面で高低差が少なく、登山道も整備されており、初心者でも登りやすい。最も高低差がある畝傍山でも高低差130メートルほどなので、季節を問わず多くの人が散策に訪れている。

香具山 万葉集では「天香具山」と詠われ、昔から、神聖視されている。

畝傍山 大和三山では一番高い山。周囲に橿原神宮や神武天皇陵が点在。

耳成山 山裾のない真ん丸い山ということで「耳成」という名が付いた。

大和三山 橿原市に位置する香具山・畝傍山・耳成山の三山のこと。平成17年に名勝指定された。

D40

耳成
みみなし
Miminashi

開業年 1929(昭和4)年1月5日
所在地 奈良県橿原市石原田町208・2
キロ程 大阪上本町から36・9km
駅構造 地上駅(地下駅舎)2面2線
乗降客 3、544人

文字通り「耳成山」の最寄り駅 駅近くの県立耳成高校校庭を中心に 大規模な「坪井遺跡」が広がる

耳成駅までは橿原市内、次の大福駅からは桜井市内となる。この区間の路線は、JR桜井線の北側を走っており、中間付近や大福駅よりの南側に、JR香久山駅がある。

耳成駅は文字通り耳成山の最寄り駅である。駅から西へ歩いて10分、米川を渡ったところにそびえているのが耳成山だ。標高139・7メートルで大和三山の中では一番小さい。しかし、奈良方面から飛鳥に向かうと最初に目に入るのと、お碗を被せたような美しい山容、赤松林の緑に包まれた姿は印象深い。

耳成駅の開業は、1929(昭和4)年1月、大軌桜井線の大軌八木(現・大和八木)～桜井間の延伸時である。相対式ホーム2面2線を有する地上駅である。

駅から10分ほど北へ行くと、駅前商店街を抜けた水田地帯の一角に「県立畝傍高校」がある。同校の校庭と南側に広がる水田地帯の地下には、縄文時代晩期から古墳時代前期までの大規模な遺跡があり、「坪井遺跡」と呼ばれている。

耳成駅付近通過の団体用車両 耳成付近を通過している、団体専用車両「あおぞらII号」。

耳成駅 改札口や出入口は南北双方にあり、写真は南口。観光案内板が建っている。

大和八木～耳成駅間の風景
大和八木～耳成駅間の風景。疾走する電車が一枚の絵のようだ。

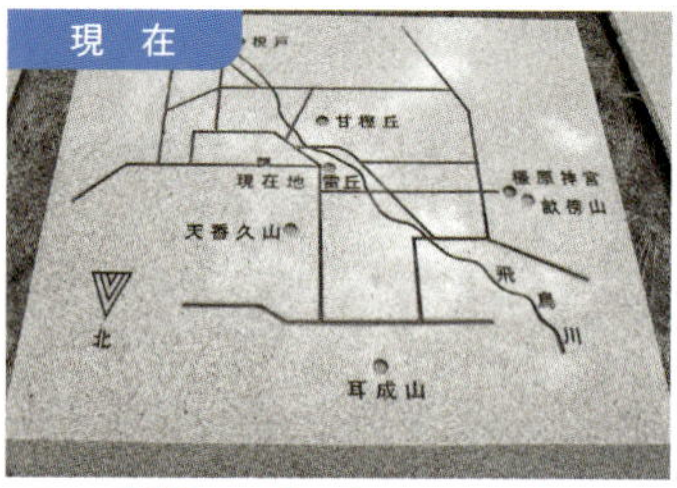

明日香村の石板地図
大和三山の位置などを示した明日香村にある石板地図。

耳成駅付近を走る近鉄電車
車体の色から近鉄大阪線の快速急行と思われる。

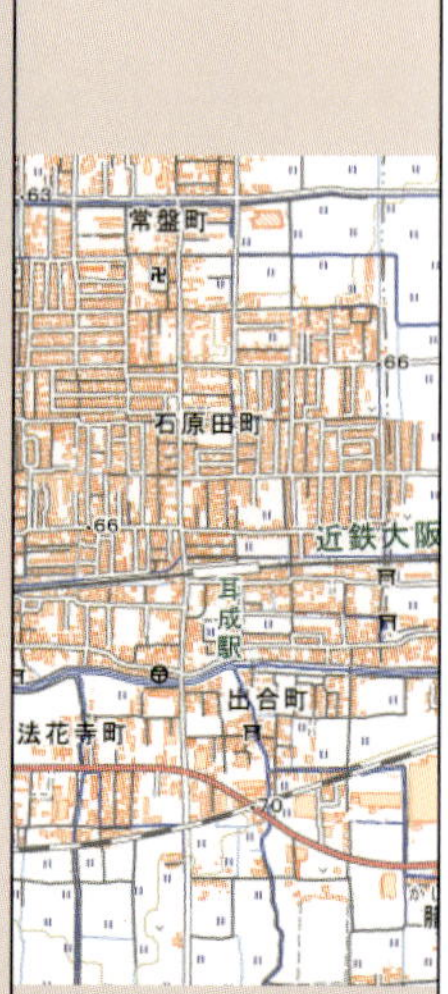

古地図探訪

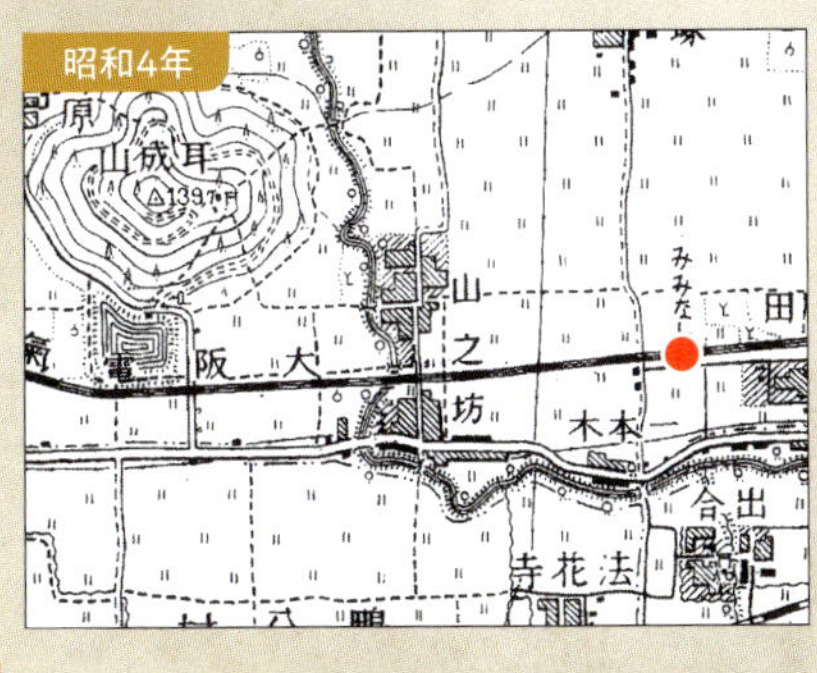

地図の東西に大阪電気軌道桜井線（現・近鉄大阪線）が走っている。その右寄りに「耳成駅」が見える。駅周辺はどこまでも田園風景が広がっており、中央の山之坊辺りの集落が目立つ。

「大和は国のまほろば、日本人の心のふるさと」と言われ、そのシンボルになっているのが大和三山だ。耳成駅は、その三山の一つである耳成山の玄関口。駅から西へ歩いて10分ほどで麓に着く。耳成山の八合目には、奈良時代以前の創建と伝わる「耳成山口神社」が鎮座している。

近隣散策

藤原宮跡

ふじわらきゅうせき

持統・文武・元明の3代の天皇が治めた都、藤原京のあったところ

特別名勝史跡の「藤原宮跡」は、694～710年にわたり、持統・文武・元明の3代の天皇が治めた都、藤原京のあったところだ。

そこには一辺約1キロメートルの中に大極殿や朝堂院と言った国をあげての儀式や政治を行う施設や天皇の住まいなどが存在。現在の皇居と国会議事堂、霞ヶ関の官庁街を合わせた性格を持っていた。

藤原京が都だった期間は16年間だが、大きさは後の平城京や平安京を上回る規模。藤原京の構造はその後の都に引き継がれていく。

藤原宮跡は国の特別史跡に指定されており、また「飛鳥・藤原の宮都とその関連資産群」は人類史上、価値の高い文化遺産として、世界遺産への登録を目指している。

現在の藤原宮跡には朱塗りの列柱が数か所再現されているのみで、緑の原野が広がっている。春から秋には菜の花やコスモス、ハスなど季節の花々が咲き、色とりどりの花園を楽しむことが出来る。

桜と菜の花の饗宴

春、醍醐池北側の約２万㎡のゾーンに鮮やかな黄色の菜の花が。桜の見ごろと重なって絶景が広がる。

藤原宮跡

藤原京の大きさは、後の平城京や平安京を上回る規模ともいわれ、構造はその後の都にも引き継がれている。

蓮の花のある風景

太極殿跡の南東に約3千㎡の蓮池があり、唐招提寺蓮・大賀蓮など11種類の蓮が植栽されている。

D41

大福《だいふく》

Daifuku

開業年　１９２９(昭和４)年１月５日

所在地　奈良県桜井市大福３・２４１・２

キロ程　大阪上本町から３８・２km

駅構造　地上駅(地下駅舎)２面２線

乗降客　１、４０９人

縁起のよい駅名で知られている「大福遺跡」や古代寺院など周辺には貴重な史跡が点在

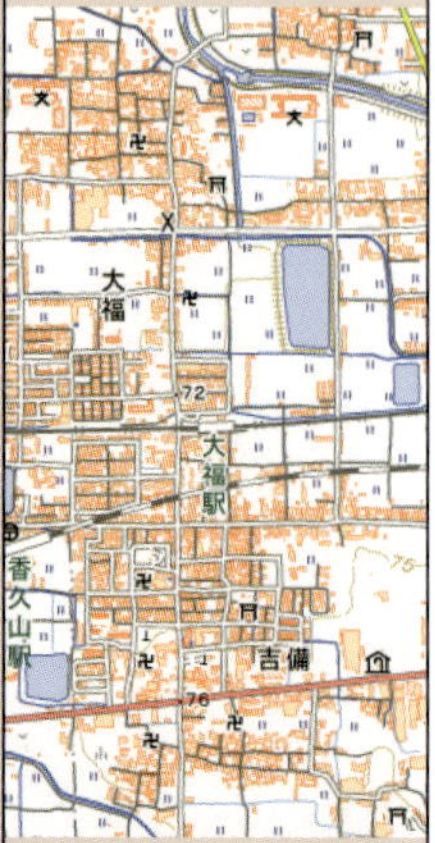

「大福」は縁起のいい駅名として知られている。飛鳥時代に推古天皇が大仏を建てた際、この地域の農家が協力したことから「大仏供(だいぶく)」と地名が付き、これが転じて「大福」となった。また、かつての興福寺の荘園「大仏供庄(だいぶくのしょう)」から転じたものという説も。縁起のいい駅名から記念に入場切符を求める人もいるそうだ。

１９２９(昭和４)年１月の開業で、相対式ホーム２面２線の地上駅。駅舎はなく、南北に入口のある地下通路に改札口がある。ＪＲ桜井線の香久山駅は南西へ約５００メートル。

駅周辺は住宅地や田畑が広がり、史跡が点在。１９８５(昭和60)年の発掘調査で大福銅鐸が出土した「大福遺跡」は、弥生時代中期～後期の環濠集落跡。また１６９２(元禄５)年建立の大念寺も。他にも、推古天皇の小墾田宮跡との伝承があるとされる三十八柱神社、江戸時代造営の農業用溜池という吉備池、古代寺院の吉備池廃寺跡(国の史跡に指定)も見ることが出来る。

現在

大福駅

改札やコンコースは地下にある大福駅。地上出入口はこの南口と反対側に北口がある。

現在

大念寺

境内の地蔵堂に祀られている「泡子地蔵」で知られる。大福駅から北へ５分。

現在

三十八柱神社

推古天皇の"小墾田の宮"の伝承地と言われる。拝殿横の碑は梅原猛氏揮毫。

古地図探訪

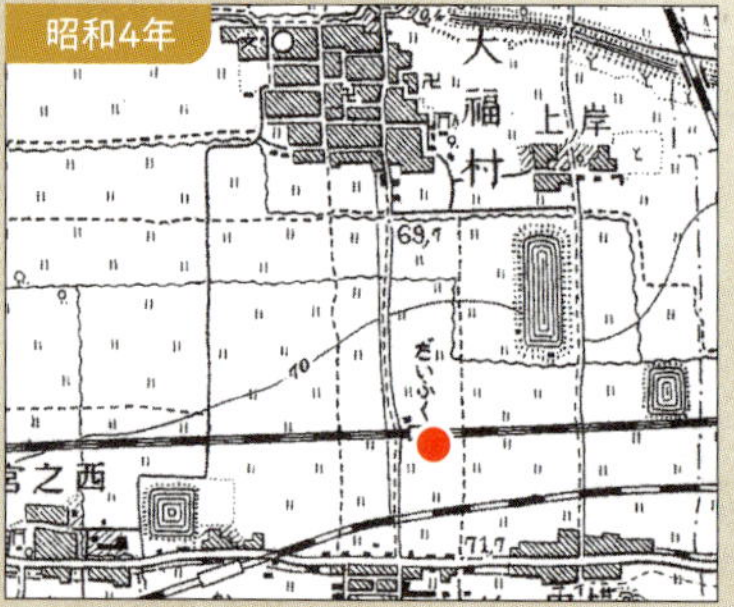

大阪電気軌道桜井線(現・近鉄大阪線)と国鉄桜井線が走っている。そして大軌には大福駅、桜井線には、駅名が切れているが香久山駅が存在する。両駅は南西に約５００メートルしか離れていない。北側に大福村の集落が見える。田園風景の中、大小の溜池が点在している。

D42

大阪線

桜井《さくらい》

Sakurai

開業年 1929（昭和4）年1月5日
所在地 奈良県桜井市桜井190・2
キロ程 大阪上本町から39・8km
駅構造 高架駅2面2線
乗降客 13、747人

**ＪＲ桜井線との接続駅である
旧街道へのハイキング客が多い
地名・桜井になった伝承の井戸がある**

ＪＲ桜井線との接続駅。大阪線が高架で、桜井線が地上駅。ホーム間は跨線橋で結ばれている。かつて近鉄とＪＲの改札口が統合されていたが、１９９５（平成７）年の駅舎リニューアルで分離した。

駅は１９０９（明治42）年12月、国鉄（現・ＪＲ桜井線）桜井駅に乗り入れる形で開業した。初瀬軌道から初瀬鉄道を経た長谷鉄道が大阪電気軌道と合併（昭和３年）、長谷線の駅となった。そして翌年に桜井線（現・大阪線）が開業。また同年に参宮急・桜井―長谷寺間も開業した。このうち、長谷線は廃止されたが、大軌と参宮急行は合併し、現在の近鉄に至っている。その後ＪＲ桜井駅は大阪鉄道の駅として開業している。

桜井駅は、山の辺の道や伊勢街道など六街道の出発点となり、周辺には歴史ある史跡が点在する。明日香へと続く磐余の道から、談山神社へ続く多武峯街道へと足を延ばす人が多い。若櫻神社の北側、道脇ある井戸（櫻（桜）の井）は「桜井」の地名になったという伝承がある。

桜井駅北口

平成７年３月に改良工事が完成し、ほぼ現在の姿となる。写真は駅北口。

山辺の道

天理から桜井。奈良へと通じる山裾を行く道。日本書記にその名が残る。

桜井駅南口

平成７年に竣工した堂々たる桜井駅の南口。これによりJR西日本と近鉄の桜井駅の改札は分離された。

古地図探訪

地図の中央に大阪電気軌道桜井線（現・近鉄大阪線）の桜井駅が見える。またこの駅に並行している駅は、北西に向かう大和鉄道（現・近鉄田原本線）の桜井駅だ。

桜井駅の東側にある高等女学校は明治37年開校の奈良県立桜井高等女学校で、現在の桜井高校の前身だ。

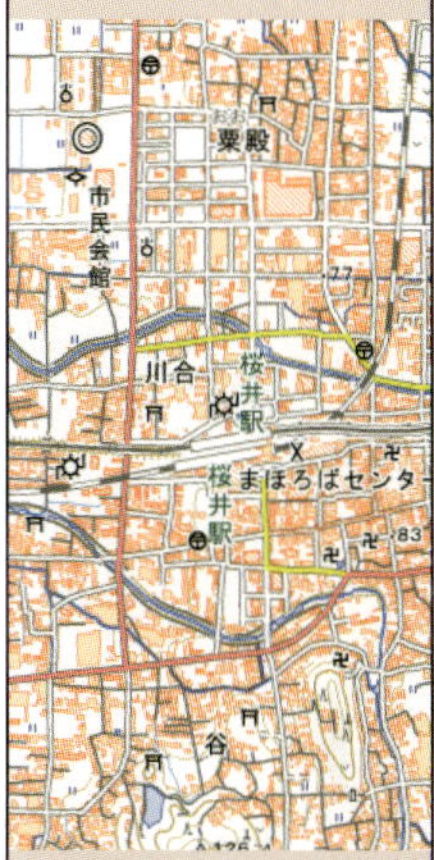

近隣散策

三輪素麺

みわそうめん

三輪地方で生産される三輪素麺は、細くコシの強いのが特徴だ

三輪素麺は、その名の通り、奈良県桜井市を中心とした三輪地方で生産されている。古くからの特産品で三輪地方は素麺発祥の地とも言われる。

奈良時代の遣唐使により小麦栽培・製粉技術が伝えられたとされており、室町時代末期まで宮廷料理に登場。江戸時代末期になって庶民が食べられるようになった。

三輪素麺は細くコシの強い麺が特徴。極寒の頃に手延べ製法で作られた素麺は、高級素麺として知られる。桜井市は「そうめん条例」を制定し、市が三輪素麺の普及、伝統文化への理解促進に努めている。

手延べの製法は、まず小麦を石臼で粉に挽き、湧き水でこね延ばして糸状にしたものを、天日干しする。

日本最古の神社、三輪山の大神神社を起源とする三輪そうめんは、手延べそうめんの元祖とされている。

近隣散策

談山神社

だんざんじんじゃ

十三重塔(神廟)、本殿(旧聖霊院)なども国重要文化財

奈良県桜井市多武峰(とうのみね)にある談山神社は、桜と紅葉の名所でも知られる。

鎌倉時代の寺伝によると、藤原氏の祖である中臣鎌足の死後、天武天皇7年(678)、長男で僧の定恵が唐から帰国後、父の墓を大和国に移し、その墓の上に十三重塔を造立したのが発祥と伝わる。

十三重塔(神廟)はもちろんだが、本殿(旧聖霊院)も国の重要文化財。珍しい造りは日光東照宮造営の手本とされたという。境内の建造物、拝殿・東透廊・西透廊・楼門・東宝庫・西宝庫・権殿・神廟拝所もすべて重要文化財だ。

桜井市の多武峰にある神社。神仏分離以前は、多武峯妙楽寺という寺院。

1532(享禄5)年に再建の神廟は現存する世界唯一の木造十三重塔。国の重要文化財。

談山神社は、桜と紅葉の名所。写真は、神社神廟拝所から見た、美しい紅葉。

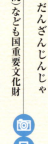

大阪線

D43

大和朝倉《やまとあさくら》

Yamato-Asakura

開業年 1944（昭和19）年11月3日

所在地 奈良県桜井市大字慈恩寺1029

キロ程 大阪上本町から41・9km

駅構造 地上駅（橋上駅）2面4線

乗降客 1，753人

平成8年にリニューアルされた駅
万葉の里・忍坂街道を巡る歴史散歩、御陵が点在する「奥の谷」も人気

現　在

大和朝倉駅北口
大和朝倉駅の出入口は南北双方にあり、写真は北口。

桜井駅を出た電車はJR桜井線をオーバークロスして地上に下り、奈良盆地とも別れを告げる。やがて初瀬川が見えてくると、次駅の「大和朝倉」だ。この駅は1944（昭和19）年11月の開業。駅の構造は島式ホーム2面4線の地上駅で橋上駅舎だ。1996（平成8）年にリニューアルされて待避線が新設された。この時に駅舎も新しくなった。休日にはハイカーの利用客が多い。

歴史好きの人には、神武天皇ゆかりの「忍坂街道」から御陵が点在する「奥の谷」を巡るコースが人気だ。

見どころスポットとしては、後方の宮山（忍坂山の一部）をご神体とした古社の「忍坂坐生根（いくね）神社」がある。近くには祭神が絶世の美女という「玉津島明神」が。また、地元では〝ちご石〟の名で親しまれる大石神籠石も。少し離れるが地域に守られる無住職の会所寺「石位寺」も一見の価値あり。奥の谷には、国内初の八角墳「舒明天皇押坂内陵」、日本書記に欽明天皇の皇女と記される大伴皇女の墓などが存在する。

現　在

ホームに停車中の電車
島式2面4線を持つ駅で、写真は、ややカーブしているホームと停車中の電車。

現　在

すれ違う電車2両
平成30年3月から、準急・区間準急の大半が大和朝倉駅で折り返しとなる。

現　在

舒明天皇陵（段ノ塚古墳）
国内初の八角墳とされる御陵。舒明天皇と母親の田村皇女が合葬されている。

古地図探訪

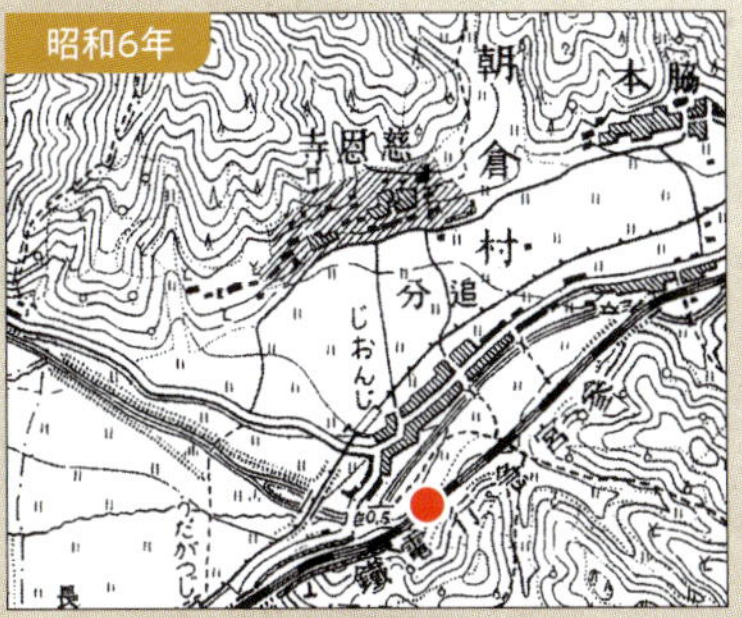
昭和6年

地図に見るこの路線は昭和5年に参宮急行電鉄（現・近鉄）が開業したものである。ほとんどが山間を走っており、トンネル区間が多い。

大和朝倉は伊勢街道と忍坂街道の中間で、記紀に記される神武天皇ゆかりの道〝忍坂街道〟から御陵が点在する〝奥の谷〟が知られている。

大阪上本町　鶴橋　今里　布施　俊徳道　長瀬　弥刀　久宝寺口　近鉄八尾　河内山本　高安　恩智　法善寺　堅下　安堂　河内国分　大阪教育大前　関屋　二上　近鉄下田　五位堂　築山　大和高田　松塚

D44

長谷寺《はせでら》

Hasedera

開業年 1929(昭和4)年10月27日

所在地 奈良県桜井市大字初瀬2499

キロ程 大阪上本町から45・6km

駅構造 地上駅(盛土上)2面2線

乗降客 770人

牡丹の名所・長谷寺の最寄り駅
紅葉のシーズンにも急行が停車する
法起院や與喜(よき)天満神社も近い

大阪線は、大和朝倉駅を出ると、駅と駅の間の距離が長くなってくる。大和朝倉駅から3・7キロメートル離れた長谷寺駅は、観音霊場や牡丹の名所として有名な長谷寺の最寄り駅。

駅は1929(昭和4)年10月、参宮急行電鉄の桜井～長谷寺間の開通時に、終着駅として開業した。開業後の1938(昭和13)年までは、大阪電気軌道(大軌)長谷線が、桜井駅からこの駅付近の初瀬駅まで並行して走っていた。現在の長谷寺駅は、相対式ホーム2面2線の地上駅である。ホームが傾斜面にあるため、駅舎は階段やスロープで連絡している。改札口は1ヵ所のみ。周りより高いところにあるので、盛土高架駅のようにも見える。長谷寺の牡丹やアジサイの開花期、秋の紅葉シーズンは急行が臨時停車する。行楽シーズンには関東圏からの利用も多く、改札前では長谷寺までの道順が書かれた地図の配布も行われる。

長谷寺の近くには、番外札所の法起院(徳道上人廟)や、長谷寺の鎮守社であった與喜天満神社がある。

長谷寺駅

満開の桜に包まれた長谷駅。写真は昭和44年の４月に撮影されたもの。

所蔵：西村豪

長谷寺駅

長谷寺駅駅舎の改札口付近。撮影されたのは、さわやかな新緑の季節。

法起院山門

長谷寺を開き西国三十三所巡礼を始めたとされる徳道上人を祀る。写真は法起院の山門

長谷寺駅を通過する名阪特急

通過するのは、平成15年採用の名阪特急アーバンライナーネクスト。

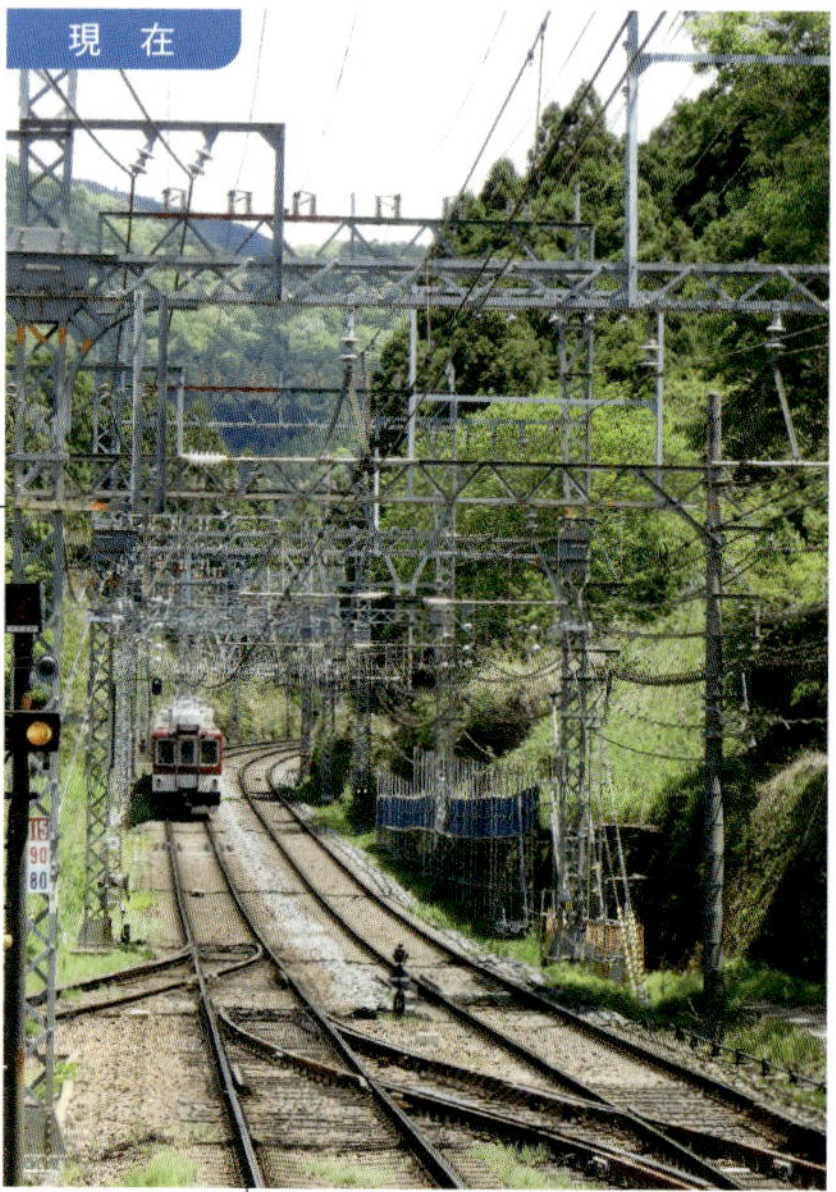

長谷寺駅付近の風景

初夏の鮮やかな緑があふれる中を、長谷寺駅に向かって来る近鉄電車。

古地図探訪

長谷寺の最寄り駅となる文字通りの「長谷寺駅」。昭和5年、参宮急行電鉄（現・近鉄）により開業した。周辺は山間地帯で、次駅の榛原までにはトンネルもある。

長谷寺駅の北側には、初瀬町の集落があり、古刹の長谷寺はここに存在するが、この地図では見えない。初瀬町は長谷寺の門前町として賑わい、伊勢街道の宿場町としても栄えた。初瀬街道には今も古い町並みが残っているが、昭和34年に桜井市に編入された。

地図では初瀬町の横に、與喜浦の集落も見える。

近隣散策

長谷寺 はせでら

本堂が建つ初瀬山は牡丹の名所で、「花の御寺」と呼ばれる景勝地

長谷寺は、近鉄大阪線の長谷寺駅から徒歩15分。桜井市初瀬にある真言宗豊山派の総本山の寺院。

大和国と伊勢国を結んだ初瀬街道を見下ろす初瀬山の中腹に本堂が建つ。初瀬山は牡丹の名所で、4月下旬から5月上旬は150種類以上、7000株と言われる牡丹が満開になる。またアジサイやフジなど四季折々に美しい花が咲き、「花の御寺」とも呼ばれる。

晩秋には約600本のモミジが境内を彩り、本堂（国宝）の外舞台からは初瀬の町並みが見渡せ、愛宕山や与喜山の紅葉などの景勝を堪能できる。

仁王門から本堂へと続く399段の風雅な登廊や、本尊の木造では日本最大級の十一面観世音菩薩はあまりに有名だ。国宝も多い。

創建は奈良時代。枕草子・源氏物語・更級日記など多くの古典文学にも登場。中でも源氏物語に記されている「二本（ふたもと）の杉」は現在も境内に残っている。

満開の牡丹が見事！ 開花期には、回廊の周りに約150種・7,000株にも及ぶ牡丹が競って咲く。

紅葉の季節も格別
四季折々に美しい花が咲く長谷寺は別名「花の御寺」。また、晩秋には約600本のモミジが境内を彩る。

あじさい回廊も人気
嵐の阪の下廊から本堂に続く階段の両脇には、地植えの紫陽花のほか、鉢植えの紫陽花も用意され、「あじさい回廊」と人気を集めている。

D45

榛原《はいばら》

Haibara

開業年　1930(昭和5)年2月21日
所在地　奈良県宇陀市榛原萩原2426
キロ程　大阪上本町から50・1km
駅構造　地上駅(橋上駅)3面5線
乗降客　6、802人

奈良県宇陀市の中心であり玄関駅
住宅地の造成で大阪のベッドタウンに
伊勢街道や宇陀松山地区への観光客も

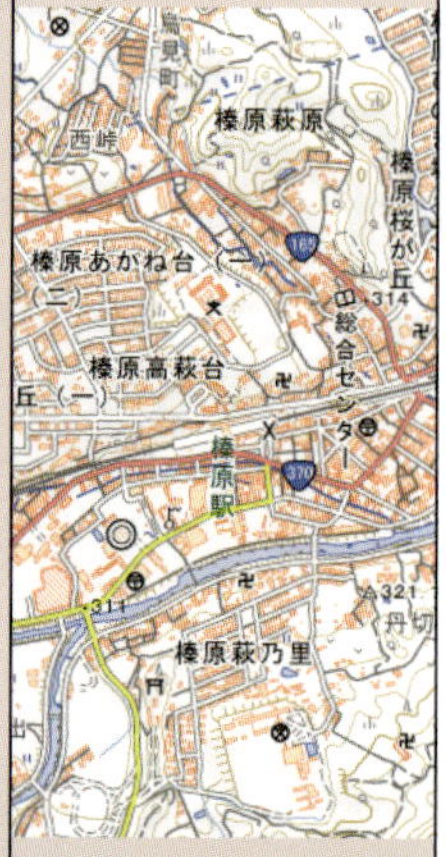

榛原駅は奈良県宇陀市の玄関駅である。1930(昭和5)年2月、参宮急行電鉄の終着駅として開業。同年10月には伊賀神戸駅まで延伸した。そして1941(昭和16)年3月に関西急行鉄道の駅となり、3年後の1944(昭和19)年6月に近畿日本鉄道の駅となった。

この駅は、島式ホーム2面4線、単式1面1線ホームが並んでいる地上駅で、1975(昭和50)年11月に橋上駅舎となった。

宇陀市は2006(平成18)年、榛原町、大宇陀町などが合併して誕生。高萩台・榛見が丘・あかね台住宅地など丘陵地に住宅地が出現。大阪のベッドタウンになっている。快速急行以下の列車、特急の一部も停車する。駅の南側はバスターミナル、タクシー乗り場が整備されている。また周辺の住宅地だけでなく、山間部にある東吉野村・曽爾(そに)村と結ぶ路線バスも発着している。

休日の榛原駅は、江戸時代の宿場町の面影が残る伊勢街道や宇陀松山地区へ向かう観光客の利用も多い。

山地の中を走り去る「しまかぜ」

四方を山地に囲まれる榛原市。その緑の中を特急「しまかぜ」が一瞬で走り去る。

駅付近のアーバンライナー

平坦地でも海抜300m前後はある、榛原駅付近を特急「アーバンライナー」が行く。

鳥見山から見た雲海

雲海(朝霧)は県内各所で見られるが、写真は鳥見山から見た榛原市に流れ込む雲海。

榛原駅

宇陀市の主要駅で、駅は橋上駅舎。南北にタクシー、バスのりばがある。

停車中の伊勢志摩ライナー

3面5線の榛原駅は、特急の停車駅。写真は特急伊勢志摩ライナー。

真菅　大和八木　耳成　大福　桜井　大和朝倉　長谷寺　榛原　室生口大野　三本松　赤目口　名張　桔梗が丘　美旗　伊賀神戸　青山町　伊賀上津　西青山　東青山　榊原温泉口　大三　伊勢石橋　川合高岡　伊勢中川

古地図探訪

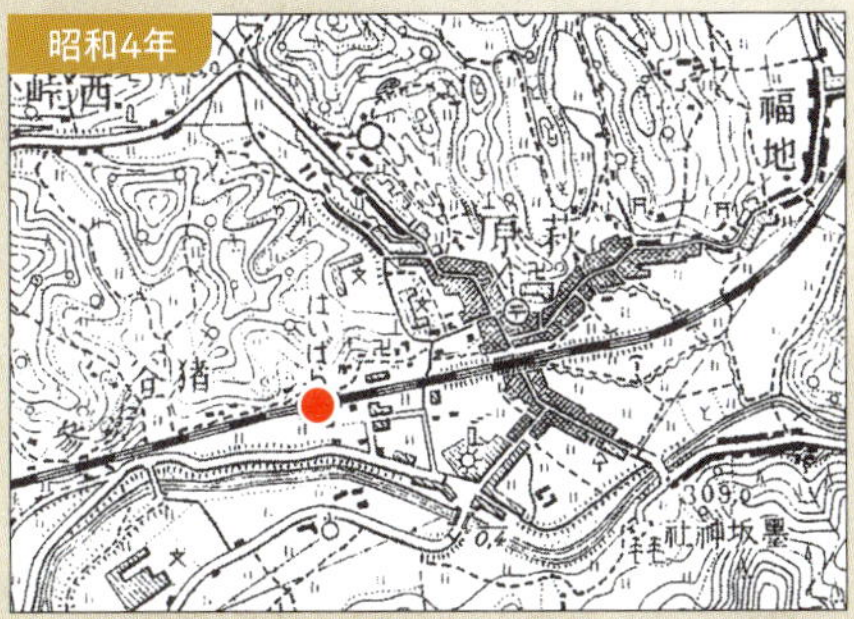

榛原駅の南側には芳野川が流れ、榛原町の集落が。榛原町は明治26年、榛原村が町制を施行して成立。その後、一世紀以上にわたり存在したが、平成18年に大宇陀町などと合併、宇陀市に変わっている。

鉄道の北を走る道路は初瀬街道で、現在は国道165号に。また、駅近くを伊勢街道が通る。

この街道は、江戸時代には盛んに行われた伊勢参詣の宿場町として栄えている。当時の宿場町の面影が残る、風情ある町並みが今も残っている。

近隣散策

宇陀
うだ

「宇陀」という地名は万葉の時代から存在。歌にも詠まれている

宇陀は、奈良県北東部、大和高原の南端に位置する、四方を山に囲まれた高原都市。地形は、宇陀川・芳野川沿いの平地を山が取り囲み、その大半が森林である。

「宇陀」という地名は万葉の時代から存在し、歌人の柿本人麻呂が現在の大宇陀の阿騎野で「東の野に かぎろひの立つ見えて 返り見すれば月傾きぬ」と詠んでいる。

大宇陀は城下町としても栄え、榛原も万葉の時代からその名を残しているが、伊勢街道が本街道と青越え道に分岐する分岐点にある宿場町として近世に栄えた。

敏達天皇の時代に創建されたと伝えられる古刹「宗祐寺」、健康の神様と親しまれる古社「墨坂神社」のほか、本居宣長が宿泊したと伝わる旧旅籠「あぶらや」など、歴史的建造物も現存する。

奈良県東北部の菟田野地域や北東部の室生地域も古くから存在し、数多くの遺跡や文化財が点在する。

2006(平成18)年に宇陀郡菟田野町・大宇陀町・榛原町・室生村が合併して宇陀市が発足した。

伊勢神宮への参拝道を"伊勢街道"というが、宇陀市内にはその宿場町で栄えた昔の町並みが数多く残されている。

写真は、宇陀市大宇陀本郷にある一本桜「兵衛桜」。樹齢約300年のシダレザクラで、この地に住んだ戦国武将の名が由来。奈良県の保護樹。

写真の「墨坂神社」は、猛威を振るった大和のはやり病に心を痛めた崇神天皇が創建したと伝わる。古事記や日本書紀にも記されている。

D46

室生口大野

むろうぐちおおの

Muroguchi-Ono

開業年 1930(昭和5)年10月10日

所在地 奈良県宇陀市室生大野1756

キロ程 大阪上本町から57・2km

駅構造 地上駅(盛土上)2面2線

乗降客 702人

"女人高野"で知られる室生寺の玄関口 築堤上にある相対式2面2線の地上駅 室生寺へは駅からバスで20分足らず

奈良県内を走って来た大阪線の電車も、これから先は北東へ向かうことになる。短いトンネルを越えると下り坂となり、右下に宇陀川の谷が開ける。国道165号をオーバークロスすると「室生口大野」駅だ。

室生口大野駅は、文字通り「女人高野」として知られる名刹・室生寺への玄関口。国道165号に近い場所にある駅から室生寺までは、国道から分かれて、奈良県道28号吉野室生寺針線を南東に進むことになる。

この駅は参宮急行電鉄時代である1930(昭和5)年10月の開業である。駅の構造は、築堤上にある相対式2面2線ホームの地上駅で、線路の南側にある駅舎はホームより1階下に位置し、階段で連絡する。特急以外の快速急行、急行なども停車するが、2013(平成25)年12月から無人駅となっている。

女人高野・室生寺は、駅からバスで20分足らず。室生川の上流にあり、川に架かった朱塗りの太鼓橋を渡ると「別格本山女人高野室生寺」の石柱が建つ表門に出る。

室生口大野駅 駅は築堤上にあり、上り線南側にある駅舎はホームより1階下にある。

雪の中を通過する「ビスタEX」 雪が降る室生口大野駅を通過する近鉄特急「ビスタEX」

早朝の近鉄大阪線 宇陀市の山間部、室生口大野付近を早朝に疾走していく近鉄大阪線の電車。

龍鎮神社の"龍鎮の滝" 龍鎮神社境内のご神体とも言うべき"龍鎮の滝"。神社の祭神は龍神として知られる高龗神。龍神が棲むという大きな滝壺は底まで透き通っている。

春の室生口大野附近 桜が咲く春の室生口大野付近の風景。近鉄電車が通過して行く。

古地図探訪

この地図は昭和43年の発行で、すでに近畿日本鉄道の大阪線になっている。

室生口大野駅、三本松駅、赤目口駅へと続くこの区間は、一部はトンネルになっており、宇陀川と国道165線に沿いながら、三重県との県境方向に進んで行く。

室生口大野駅の駅名になっている室生寺は、駅からかなり離れた位置に存在し、地図上では見えない。

室生寺は、駅からバスで約20分。室生川上流の川に架かる太鼓橋を渡ると「別格本山女人高野室生寺」の石柱が建つ表門に出る。

近隣散策

徳川5代将軍綱吉の母・桂昌院が興福寺と分離させ「女人高野」と…

女人高野《にょにんこうや》 室生寺《むろうじ》

前面に室生川が流れ、寺域が山間の室生寺は、春のシャクナゲをはじめ四季折々に美しい佇まいを見せる古刹。奈良時代末期に興福寺の高僧賢憬らによって創建されて、1698(元禄11)年に、徳川5代将軍綱吉の母、桂昌院が興福寺と分離させて、「女人高野」と呼ばれるようになった。

国宝は、本堂、五重塔のほか、木造釈迦如来立像(金堂内陣に安置)、木造十一面観音立像、木造釈迦如来坐像、板絵著色伝帝釈天曼荼羅図などがある。

重文も御影堂、納経堂、五輪塔など多数ある。四季を通じて参詣者が多いが、特に紅葉の頃、雪のシーズンの閑静さが素晴らしい。

"女人高野"で知られる室生寺

真言宗室生寺派大本山の室生寺は、山奥に鎮座する山岳寺院。女人の参詣が禁じられていた高野山とは異なり、「女人高野」として、女性の参詣を受け入れてきた。

国宝の室生寺金堂

平安時代初期に創建された仏堂で、山岳寺院の仏堂としては唯一の遺構とされる。屋根は寄棟造りこけら葺き。前に張り出した部分を床下の長い束で支えているのが特徴。

春の室生寺

室生は、4月下旬から5月上旬にかけて境内には約3000株ものシャクナゲの花々が咲き誇る。

D47

三本松《さんぼんまつ》

Sambommatsu

山の斜面に作られた小さな無人駅 奈良県内で最も三重県寄りに位置する 青葉寺には「青葉の笛」の伝承が…

開業年 1930(昭和5)年10月10日

所在地 奈良県宇陀市室生三本松2937

キロ程 大阪上本町から59.7km

駅構造 地上駅2面2線

乗降客 100人

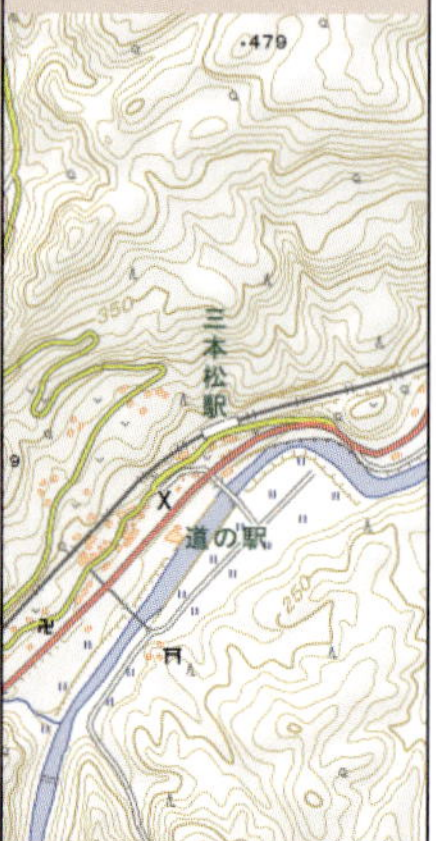

電車は室生寺口大野を出ると、まもなく上り勾配となる稲荷山トンネル(581メートル)に入る。そしてトンネルを出ると、宇陀川と国道が再び大阪線の右下に姿を現す。尾根と尾根の間の窪地には高い鉄橋が架けられ、大阪線の撮影名所でもある。

三本松駅は、山の斜面に造られた小さな駅で、1930(昭和5)年10月の開業である。駅の構造も相対式ホーム2面2線で、同じく無人駅である。この駅は快速急行が通過し、急行、準急などが停車する。大阪線では奈良県内で最も三重県寄りの駅で、地域の人の足として1日の乗降数は100人程度(令和5年11月)。駅構内を里道が横切っている。

駅の北側に、安産にご利益のある子安地蔵として親しまれている「安産寺」が鎮座する。また、駅の南側を通る国道165号線を名張方向に歩くと、県境に近い青葉寺の奥に茂る樹林の間から流れ落ちる滝がある。源平合戦で平敦盛が持っていた青葉の笛は、この滝の近くの竹藪の竹で作られたと伝えられる。

平成28年

三本松駅 相対式2面2線のホームを持つ地上駅で改札口は上り線側にある。

現在

撮影名所の鉄橋を渡るビスタカー3世 近鉄特急シンボルカーの一つ。4両編成で中間2両が2階建て。昭和53年に登場。

現在

三本松駅を発車する急行5820系

車両は"シリーズ21"の第2弾。ホワイトが基調で、黄色の帯が特徴になっている。

青葉の滝

行者修練の場・青葉寺の樹林の間から流れ落ちる滝。平敦盛の青葉の笛はこの藪の竹で作ったという。

現在

古地図探訪

昭和43年

地図が発行された昭和43年頃の三本松駅は、すでに近鉄大阪線の駅になっている。駅は奈良県内で最も三重県寄りで、県境寸前に位置する。駅の南側を通る国道を行くと、両県境付近に青葉の滝がある。駅周辺は山里の風景しかないのが、地図に現れている。

D48

赤目口

あかめぐち

Akameguchi

開業年 1930(昭和5)年10月10日

所在地 三重県名張市赤目町丈六257・1

キロ程 大阪上本町から64.0km

駅構造 地上駅2面2線

乗降客 913人

有名な赤目四十八滝の最寄り駅
観光化する前は山岳信仰の地
平成25年から無人駅となる

三重県に入って最初の駅が赤目口駅。名張市内にあるこの駅は、古くから景勝地として有名な赤目四十八滝の最寄り駅である。

駅の開業は1930(昭和5)年10月。相対式ホーム2面2線の地上駅で、2012(平成24)年3月に快速急行の停車駅に追加される。しかし、翌年12月から無人駅となっている。

多くの滝を有する赤目の里は、「瀧参り」と言われる山岳信仰の地であり、「赤目」の名も役行者が修行中に赤い目の牛に乗った不動明王にあった、という伝説に由来する。

「春は若葉、夏は青葉と納涼、秋は紅葉、そして冬は凍瀑の豪快な景色を」というのが赤目滝観光のキャッチフレーズになっている。行楽期にはハイカーなどで賑わい、駅前から滝までのバスが出ている。

しかし明治時代後期まで赤目は物見遊山の滝ではなかったそうだ。飛躍したのは、近鉄線が開通したことと、1950(昭和25)年に行われた新日本観光地百選・瀑布の部で1位になったことが要因になった。

赤目口駅 改札口は上り線(南東)側にあり、下りホームとは地下道で連絡。

赤目口駅 写真は、昭和30年代頃の赤目口駅改札口付近と駅前の風景。 提供:名張市

赤目口駅ホーム
赤目口駅は相対式ホーム2面2線の地上駅。ホーム有効長は10両。

赤目口付近を走る「ひのとり」
黄色い菜の花畑の中を走るのは、80000系の特急「ひのとり」。

古地図探訪

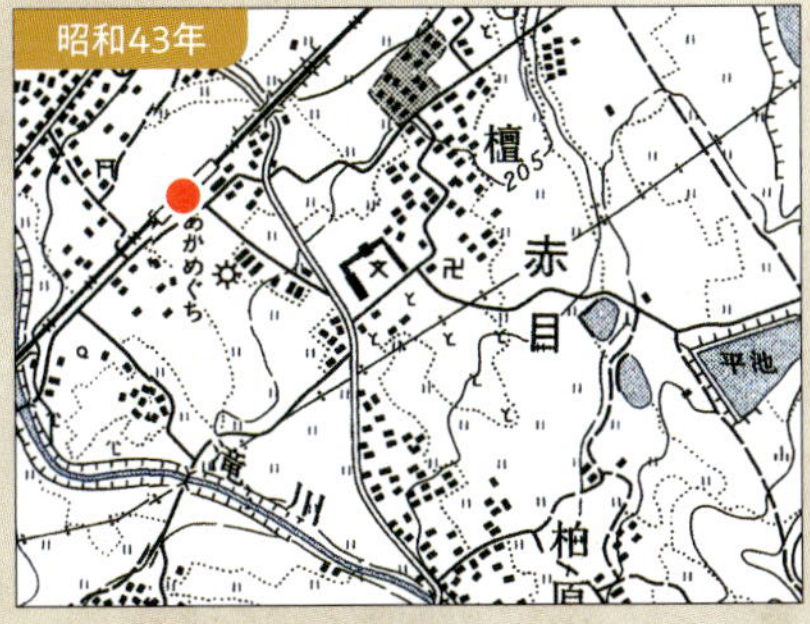

赤目口駅は、赤目四十八滝観光の拠点駅。地図の下に「滝川」の文字が見えるが、この川の上流に〝赤目四十八滝〟の景勝地がある。現在の名張市赤目町各町一帯は、昭和29年まで滝川村であった。この滝川村と名張町・箕曲村・国津村が合併して名張市が発足した。

近隣散策

赤目四十八滝

あかめしじゅうはちたき

渓谷の中でハイキングを楽しみながら、マイナスイオンを浴びよう！

名張市内の室生赤目青山国定公園の中心に位置する「赤目四十八滝」は、約4キロメートルにわたって続く渓谷に、大小さまざまな滝が流れる景勝地で知られる。

渓谷には、名のある滝だけで、滝つぼを含め23瀑もの滝が流れており、その美しさから、「日本の滝100選」や「森林浴の森100選」にも選ばれている。

数多くある滝の中でも特に見どころとされているのが、不動滝・千手滝・布曳滝・荷担滝・琵琶滝で、「赤目五瀑」と呼ばれている。

滝をつなぐ道は散策コースや渓谷ハイキングコースになっており、いずれも滝の持つマイナスイオンを思い切り浴びながら、さまざまな滝を見て歩くことできる。

滝の豊富な湧水は、その昔忍者の修行のために身を清め気を鎮めるために利用されていたという。

赤目滝バス停に近い、麓の隠れ里には忍者修行が体験できる施設「忍者の森」もある。歩法、飛び術、隠れ術などの伊賀流忍術を体験できる人気スポットだ。

そばには日本不動三体仏のひとつを安置する延寿院、そして赤目ビジターセンター（赤目自然歴史博物館）も。また渓谷の入口付近には、オオサンショウウオが飼育されている赤目滝水族館（旧日本サンショウウオセンター）もある。

滝中央の大岩で流れが二手に分かれるのが荷物を振り分けて担っているように見え、"荷担滝"と名付けられた。

赤目四十八滝の入山口にある赤目自然歴史博物館。赤目渓谷の様々な事柄を展示紹介。

リニューアルオープンした、「赤目滝水族館」のサンショウウオ。

不動明王にちなみ「不動滝」と名付けられた。明治中期以前はここより奥は修験者しか入れなかった聖地だった。

近隣散策

青蓮寺湖

しょうれんじこ

春は桜、秋は紅葉…四方を山々で囲まれた湖は青く美しい

青蓮寺湖は、青蓮寺川をせき止めるダムによって生まれた人造湖のことだ。高さ82メートル、長さ275メートルの巨大なアーチ式のダムの上は、歩いて巡ることや、車でまわることもできる。

四方を深い山々で囲まれた湖は青く美しく、春は桜、夏は新緑、秋は紅葉のスポット。湖畔周辺には公園やテニスコートなどもある。

バードウォッチングやバスフィッシングなども楽しめ、休養・レクリエーションの場として親しまれている。また、近くの青蓮寺湖観光村ではぶどうやいちご狩りが楽しめる。

青蓮寺ダムは木津川上流ダム群の一つ。青蓮寺川に位置するダムである。

青蓮寺湖奥の香落渓は、柱状節理の岩壁が川に沿って8km余り続く。春にはヤマブキやツツジ、秋は紅葉で彩られる。

近隣散策

曽爾高原

そにこうげん

春から夏は緑の草原、秋は銀色に輝くススキで覆われる…

曽爾高原は日本300名山の一つ倶留尊山（標高1,038メートル）から、亀の背に似た亀山（標高849メートル）を結ぶ西麓に広がる。春から夏は一面に青い絨毯が敷かれたような草原、秋は銀色に輝くススキで一面が覆われる。毎年、大勢の観光客が訪れている。

高原の中腹には「お亀伝説」が残るお亀池があり、湿原特有の希少な植物を観察することが出来る。

また、山地は室生火山群に属し、西側は岩肌もあらわな鎧岳、兜岳、屏風岩など、珍しい柱状節理の美景。国の天然記念物に指定されている。

曽爾高原は、秋はススキで覆われ、春から夏にかけては一面に青い草原が広がる。

D49

名張《なばり》

Nabari

開業年 1930(昭和5)年10月10日

所在地 三重県名張市平尾2961

キロ程 大阪上本町から67・2km

駅構造 地上駅2面4線

乗降客 8、950人

古来、伊勢参りの宿場町として栄え、忍者の里でも知られる名張市の玄関口

一部の特急以外、全列車が停車する

伊賀盆地南部に位置し、山野や赤目四十八滝などの渓谷の囲まれた美しい自然に囲まれている名張市。古来、伊勢参りの宿場町として栄え、また忍者の里としても知られて来たが、1954(昭和29)年3月、名張町、滝川村などが合併して名張市が誕生した。名張駅はこの名張市の玄関口だ。駅は、1930(昭和5)年10月、参宮急行電鉄の榛原―伊賀神戸間の開通時に開業している。その後、大阪電気軌道との合併で、関西急行電鉄の駅となり、1944(昭和19年)から近畿日本鉄道(近鉄)の駅となった。

あまり知られていないが、近鉄にはこの名張駅の開業に先んじて、伊賀軌道が起源となる伊賀線(現・伊賀鉄道伊賀線)が存在。この線にもかつて名張駅が置かれていた。しかしこの駅は、1930(昭和5)年、参宮急行の名張駅開設により、西名張駅と改称。その後廃止されている。

現在の名張駅は、島式ホーム2面4線を有する地上駅で、一部の特急以外の全列車が停車する。

名張駅

名張駅西口駅舎は古い木造建築の窓枠だけ替えて現役として使っている。
撮影：荻原二郎

江戸川乱歩像

旧名張町(現・名張市)は推理作家江戸川乱歩の出身地。銅像は平成25年に建立された。

名張駅東口

レトロな西口駅舎に比べて、東口の駅舎は平成時代に建てられた、三角屋根が特徴のモダンな駅舎。

名張駅構内

伊勢中川方を見たところ。写真左は特急22600系Ace

名張駅ホームに名阪特急

停車中の名阪ノンストップ特急「アーバンライナー・プラス」

名張駅名標

ホームに下がる駅名標。名張駅駅番号は「D49」

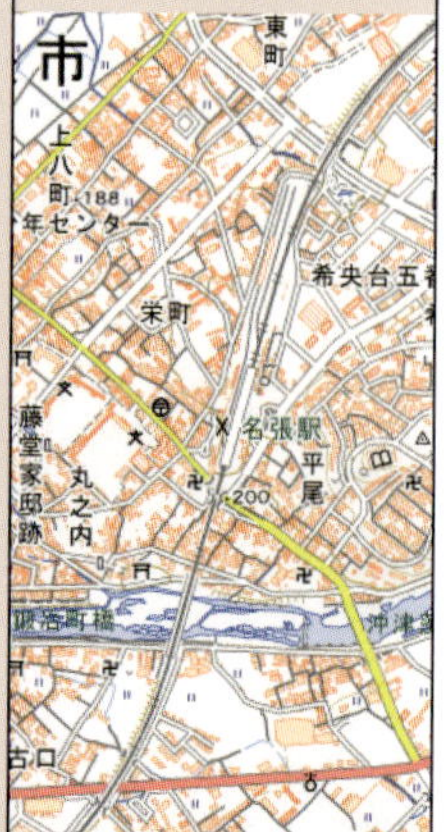

真菅　大和八木　耳成　大福　桜井　大和朝倉　長谷寺　榛原　室生口大野　三本松　赤目口　名張　桔梗が丘　美旗　伊賀神戸　青山町　伊賀上津　西青山　東青山　榊原温泉口　大三　伊勢石橋　川合高岡　伊勢中川

昭和40年前後

北口の駅舎

提供：名張市

写真は、昭和40年前後に撮影された名張駅北口の駅舎。右頁でも紹介したように、現在も現役で使われている。

昭和40年前後

駅前の木造3階建て

3階建木造建築の1階部分に"大衆食堂"の看板が見える。　提供：名張市

現　在

江戸川乱歩生誕地碑広場

江戸川乱歩は明治27年10月21日に名張で生まれた。栄林寺近くの町の一角には江戸川乱歩の生誕碑がある。

昭和40年前後

名張駅ホーム

急行電車の到着を駅のホームで待つ人々。　提供：名張市

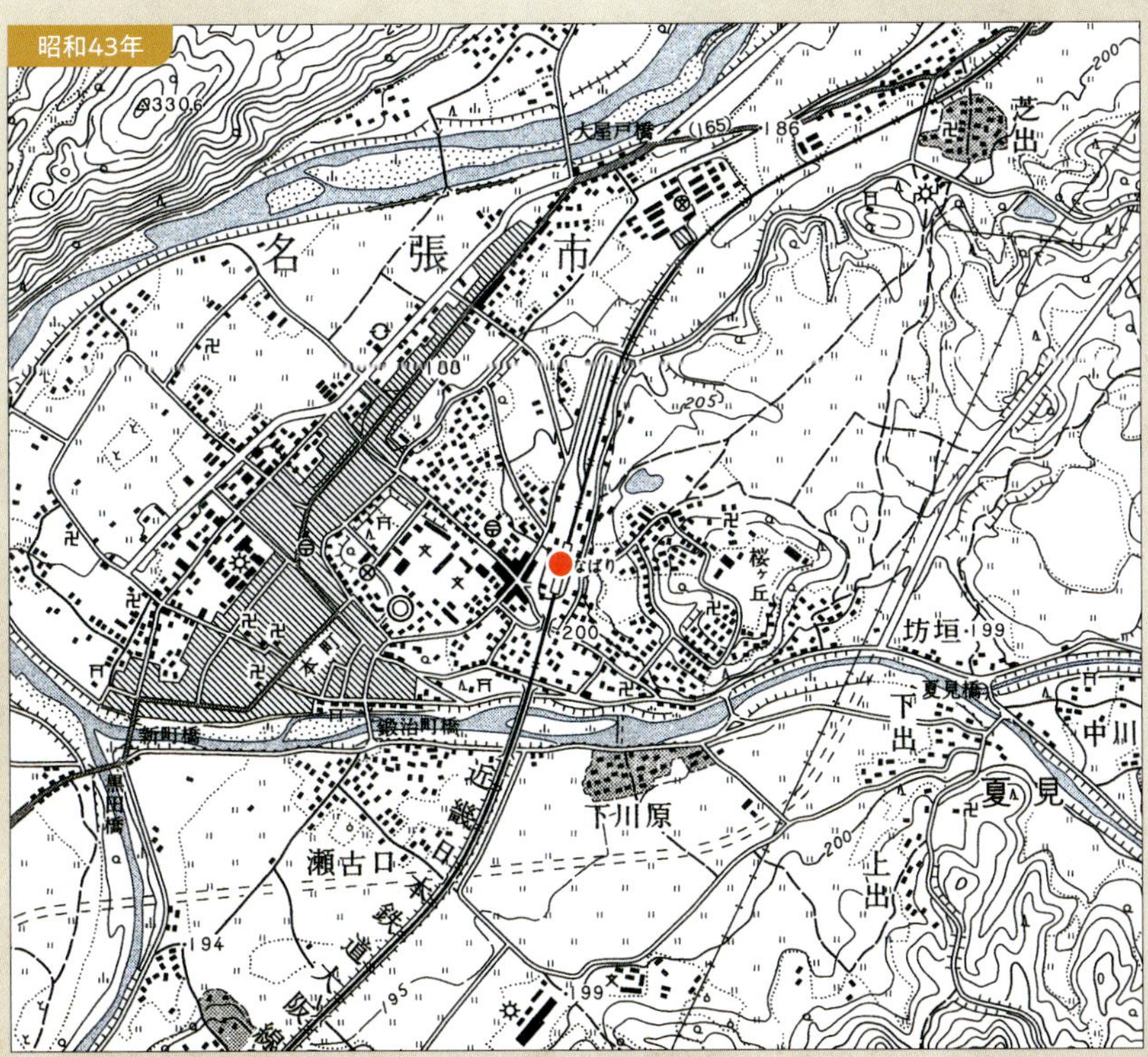

昭和43年

古地図探訪

名張駅の南側に名張川が流れており、新町橋、鍛冶町橋、夏見橋が架かっている。その北の道路は名張街道。駅の西側には、2つの学校がありが、これは名張小学校と名張中学校。その北西には寿栄神社が鎮座している。北東に名張郵便局、南側に市役所の地図記号も見えるが、現在は市役所は駅の北西に移転。跡地には、名張総合福祉センターふれあいが誕生している。

D50

桔梗が丘

ききょうがおか

Kikyogaoka

開業年 1964（昭和39）年10月1日

所在地 三重県名張市桔梗が丘一番町1街区1

キロ程 大阪上本町から70.0km

駅構造 地上駅（橋上駅）2面2線

乗降客 4,285人

近鉄が名張市内で大規模団地を開発 その玄関口として設けられた 最盛期に比べると乗降客数は減少

台地上にある名張駅を出た電車は緩いS字カーブの坂を下り、小さな川を渡るとまもなく「桔梗が丘」駅に着く。この駅は近鉄が名張市内で大規模団地を開発し、その玄関口として設けられた新駅だ。この時、伊賀線の伊賀神戸―西名張間が廃止され、途中駅だった蔵持、西原駅などの代替駅の役割も担うことになる。

開業したのは1964（昭和39）年10月。当時は昭和30年代の高度経済成長期で、団塊の世代と呼ばれた人たちが多く移り住み、名張の人口が一気に増えたという。

駅の構造は、相対式ホーム2面2線を持つ掘割駅で、橋上駅舎になっている。改札口は1か所のみ。出入口は南北双方に1か所ずつあり、双方の出口の近くにバスのりばがある。快速急行以下の全一般列車が停車。朝の大阪方面行きと夜間の松阪方面に限り乙特急も停車した。

しかし一日の乗降客数は、かつて最盛期だった頃に比べると、近隣住民の高齢化が急速に進んだこともあり、現在は半分以下に減少している。

桔梗が丘駅開設 名張市初の大規模団地、桔梗が丘住宅開発工事は昭和38年に着工。写真はそれに合わせて開設された当時の桔梗が丘駅周辺の様子。

提供：名張市

桔梗が丘駅を通過する特急 桔梗が丘駅を通過する特急50000系の「しまかぜ」。平成25年に登場した。

桔梗が丘駅 桔梗が丘住宅地の最寄り駅として誕生した桔梗が丘駅。

古地図探訪

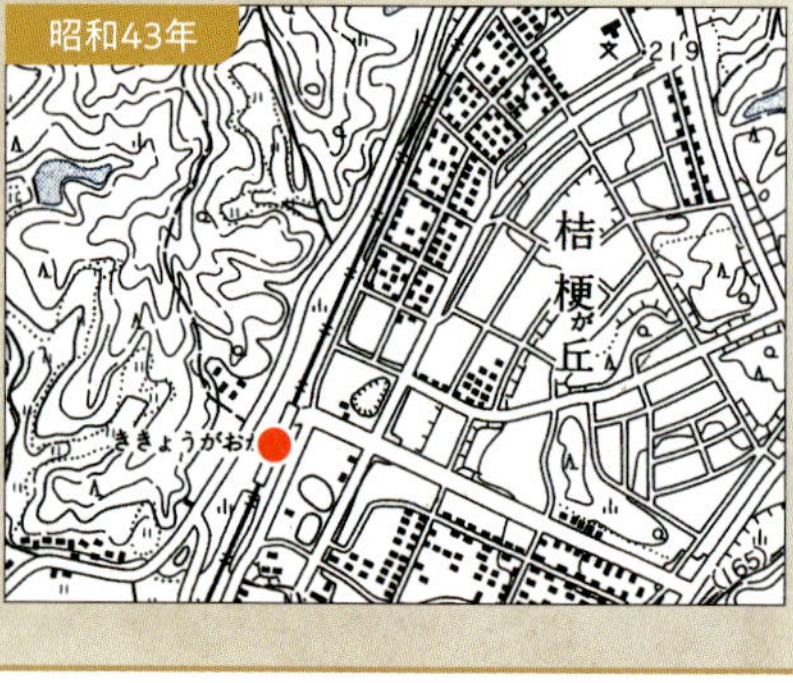

桔梗が丘駅は、大規模宅地開発の拠点駅になっており、地図を見ても、駅の東側に広大な桔梗が丘団地が造成されていることが見て取れる。近鉄が大規模な宅地開発に着手したのが昭和38年。翌39年9月、近鉄大阪線の桔梗が丘駅が開設されている。

D51

美旗《みはた》

Mihata

開業年 1930(昭和5)年10月10日
所在地 三重県名張市美旗町中一番1891
キロ程 大阪上本町から73.1km
駅構造 地上駅2面2線
乗降客 1,144人

伊賀電気鉄道の美旗新田駅も存在した名張地方では一番の穀倉地帯で注目国史跡に指定された美旗古墳群がある

美旗駅は、1930(昭和5)年10月、参宮急行電鉄の榛原―伊賀神戸間開通時に開業した。当時はすでに伊賀電気鉄道に美旗駅が存在したが、この美旗駅の誕生により「美旗新田駅」と改称。しかしこの駅は1964(昭和39)年10月に廃止された。また伊賀電気鉄道も後に近鉄伊賀線になり、今は伊賀鉄道伊賀線になった。

現在の美旗駅は、相対式ホーム2面2線の地上駅で、2013(平成25)年12月から無人駅となっている。

かつて美旗地区と言えば名張地方では一番の穀倉地帯。古くから農業生産の基盤の一つとして、大和からも注目されてきた地域だった。

同地区には、1978(昭和53)年に国の史跡に指定された美旗古墳群があり、このうちで最大の規模を誇る馬塚(前方後円墳で後円部の径約100メートル)は、美旗駅から歩いて5分ほどの距離。この辺りに規模の大きい古墳群が多いのは、大和朝廷が出来た頃からの交通の要衝であり、また農耕文化も開けて、豪族の勢力も強かったことをうかがわせる。

美旗駅 駅舎や改札口は上りホーム側にあり、下りホームへは地下道で連絡する。

美旗古墳群 名張川支流小波田川上流右岸に広がる標高200メートルの台地に位置する。

美波多神社 江戸末期に開発された新田へ入植した人々が氏神として祀った三柱神社が母体。

古地図探訪

昭和5年の開業当初は参宮急行鉄道だったが、昭和43年に作成された地図では"近畿日本鉄道大阪線"となっている。美旗新田や美旗古墳群の地で有名だが、時代の宅地化攻勢で美田も古墳も肩身が狭くなって行く。しかしこの頃はまだのどかな田園風景が広がっている。

大阪上本町 鶴橋 今里 布施 俊徳道 長瀬 弥刀 久宝寺口 近鉄八尾 河内山本 高安 恩智 法善寺 堅下 安堂 河内国分 大阪教育大前 関屋 二上 近鉄下田 五位堂 築山 大和高田 松塚

D52

伊賀神戸《いがかんべ》

Iga-Kambe

開業年 1930(昭和5)年10月10日
所在地 三重県伊賀市比土2628・3
キロ程 大阪上本町から75.5km
駅構造 地上駅2面2線
乗降客 3,572人

伊賀鉄道・伊賀線との連絡駅 伊賀線はこの駅が終点となる 自然豊かな伊賀盆地の南側に位置する

伊賀神戸駅は、近鉄大阪線に伊賀鉄道の伊賀線が乗り入れており、双方の連絡駅となっている。伊賀線はこの駅が終点となる。

この駅は、1930(昭和5)年、参宮急行電鉄の榛原・伊賀神戸間の開通時に終着駅として開業した。そして同年11月には、伊賀神戸―阿保(現・青山駅)間が開業して中間駅となった。それ以前に伊賀鉄道には付近に庄田駅が存在したが、伊賀神戸駅の誕生により廃止された。

現在近鉄の伊賀神戸駅は、相対式ホーム2面2線の地上駅で、伊賀鉄道は単式ホーム1面1線である。一部の特急のほか、快速急行、急行などが停車する。だが、ホームを結ぶ通路は構内踏切のままだ。

神戸地区は伊賀盆地の南側に位置し、周囲を里山に囲まれた農村地帯。また古い歴史とロマンを秘めた地区でもあり、国名勝の「城之越遺跡」や古墳群、郡役所跡、伊勢神宮に係わりのある「穴穂の宮(神戸神社)」、丸山城址など多くの歴史的、文化的遺産を有している。

平成28年

伊賀神戸駅

近鉄大阪線と伊賀鉄道の伊賀線が乗り入れる伊賀神戸駅。伊賀線はこの駅が終点。

現　在

神戸神社

かつては「穴穂宮」と呼ばれていた古社。天照大御神の御霊が4年間鎮まったとされる。

昭和50年

伊賀神戸駅

伊賀線(現・伊賀鉄道)の分岐駅。駅舎は改良されつつ現在も使用されている。駅前で待機中のタクシーの車体に時代を感じる。

提供:近鉄グループホールディングス株式会社

古地図探訪

昭和43年

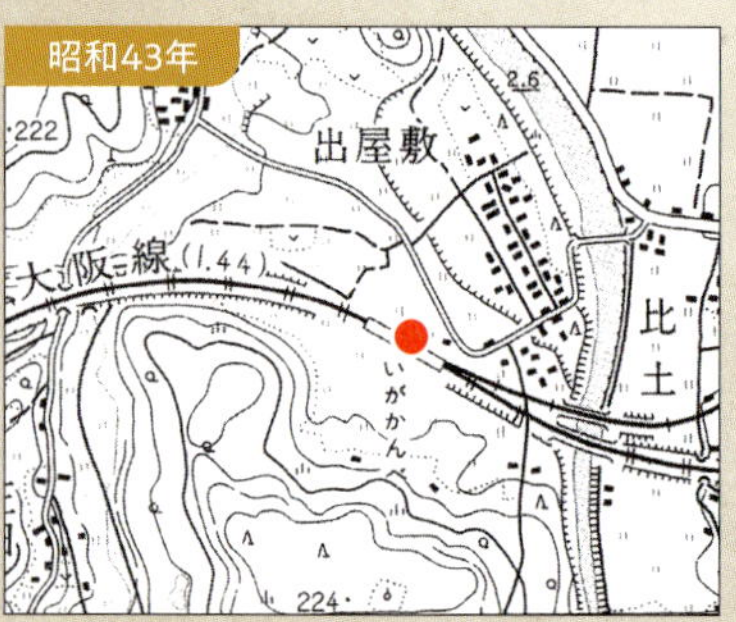

地図を見ると、大阪線と伊賀線は並行して木津川の上流部を渡り、それぞれの目的地に向かって分かれて行くのが見える。木津川の源流部は青山高原だ。分岐点にある比土は木津川東側の高台にあり、肥土・日戸とも書かれ、よく肥えた土地の広がりを意味するとか。

伊勢中川　川合高岡　伊勢石橋　大三　榊原温泉口　東青山　西青山　伊賀上津　青山町　伊賀神戸　美旗　名張　桔梗が丘　赤目口　三本松　室生口大野　榛原　長谷寺　大和朝倉　桜井　大福　耳成　大和八木　真菅

igatetsudo
iga line

伊賀鉄道《いがてつどう》・伊賀線《いがせん》

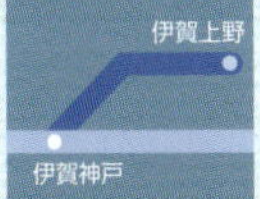

伊賀線の起点は伊賀上野駅 路線には14駅が存在する

伊賀鉄道・伊賀線の起点は伊賀上野駅で、終点の伊賀神戸まで、14駅ある。伊賀上野駅は、「忍者の里」として知られ、JR関西本線とも連絡している。

その歴史は、1916(大正5)年、伊賀軌道が上野駅連絡所(現・伊賀上野)―上野町(現・上野市)間で開業。1922(大正11)年に上野町―名張(後の西名張)を全通させ、本格的な路線運行が始まった。

その後運営会社が何度か変わるが、1944(昭和19)年に近鉄が新しい会社としてスタートさせた。

同年には、伊賀神戸―西名張間の各駅が廃止され、1969(昭和44)年には、鍵屋辻―四十九の両駅も廃止している。

そして2007(平成19)年10月、赤字路線であった近鉄伊賀線は伊賀鉄道に運営を移管。伊賀鉄道伊賀線となった。伊賀鉄道は、近鉄が98%、伊賀市が2%出資する新会社で、近鉄は第三種鉄道事業者として線路や車両は保有している。運営移管に伴い、赤字削減のための合理化が図られ、伊賀上野・上野市・茅町・伊賀神戸を除く各駅は終日無人駅となっている。

ホームにラッピング車

伊賀神戸駅のホームに入って来た、急行・宇治山田行きのラッピング車。

提供:伊賀市

かつての上野町駅(絵葉書)

「伊賀鐵道 上野驛本社」と記されている、貴重な樽井仙充氏所蔵の絵葉書。

提供:伊賀市

旧上野市駅

リニューアル前の上野市駅。現在は駅舎に「忍者市駅」と大きく表記されている。

提供:伊賀市

旧上野市駅ホーム

現在の駅に改造する前の上野市駅。ホームから降りた人々は構内通路で改札口へ。停車している車両にも時代を感じる。

提供:伊賀市

伊賀鉄道との接続通路

以前の連絡通路は閉鎖され、廃止した旧6番線跡に、新しく伊賀鉄道への連絡通路が設置されている。

D53

青山町

あおやまちょう

Aoyamacho

開業年 1930(昭和5)年11月19日

所在地 三重県伊賀市阿保405

キロ程 大阪上本町から77・9km

駅構造 地上駅2面4線

乗降客 1、236人

駅名は伊賀市発足前の青山町に由来
待避線や折り返し設備、留置線を設置
車両留置に特化した青山町車庫がある

伊賀神戸駅を出た電車は、左手を走る伊賀線と並行して木津川の上を渡る。木津川はその流域に伊賀線やJR関西本線が走り、京都府内で宇治川や桂川と合流。下流は淀川となって大阪湾に注ぐ。源流は青山トンネル一帯の青山高原だ。国道422号を跨ぐと、待避線や折り返し設備、留置線もある青山町駅に着く。

青山町駅は、1930(昭和5)年11月に終着駅の阿保駅として開業。12月には佐田(現・榊原温泉口)駅まで路線延伸して、中間駅となった。1970(昭和45)年3月、青山町駅と改称している。大阪方面への折り返し拠点で、1998(平成10)年3月に車両留置に特化した青山町車庫が完成した。駅の構造は島式ホーム2面4線の地上駅である。

駅の名称は、現在の伊賀市が誕生する前に存在した青山町に由来する。青山町は1955(昭和30)年3月、阿保町、種生村などが合併して誕生。その後上野市などと合併、伊賀市が発足したために廃止となった。駅名としてはそのまま使用されている。

平成28年

青山町駅 駅舎(改札口)は上り線の南側にあり地下通路で連絡。

平成15年

駅前ロータリー 提供:伊賀市

広々とした駅前ロータリー。三重交通や青山行政バスも発着。

昭和44年

区間急行開通の阿保駅前 提供:伊賀市

改良工事が終わり、阿保駅は青山町駅に改称。その後、区間急行の停車駅にもなり、お祝いムードの駅前。(なお、"区間急行"という種別は昭和53年のダイヤ変更まで)

車庫に並ぶ近鉄車両

輸送力が増強された青山町駅をさらに拠点駅とするために車庫を新設。写真は待機中の車両。

現在

古地図探訪

この地図作成後の昭和45年に「青山駅」と改称されるが、それまでは阿保(あお)駅だった。昭和44年に阿保駅の改良工事が行われ、快速急行や急行の停車駅に。駅周辺一帯は、かつて伊勢路の宿場町だったが、現在の青山町は、木材と製材業の町として知られている。

昭和43年

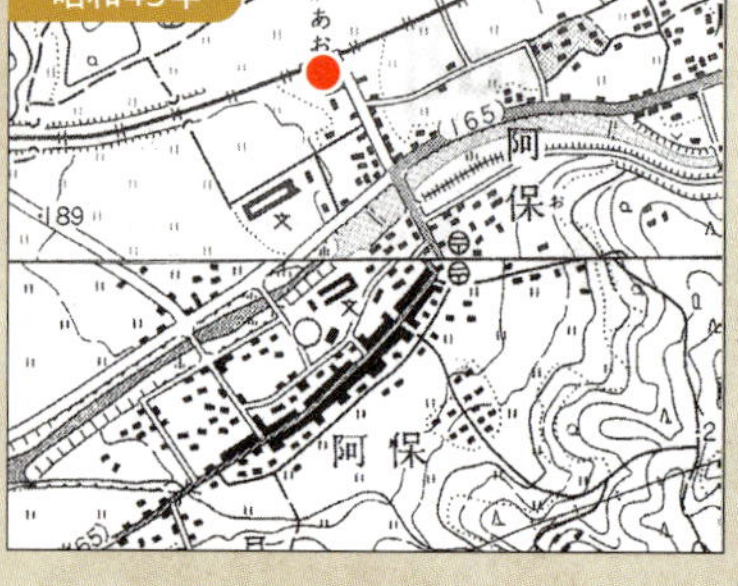

D54

伊賀上津《いがこうづ》

Iga-Kozu

開業年 1930（昭和5）年12月20日
所在地 三重県伊賀市伊勢路192
キロ程 大阪上本町から80・6km
駅構造 地上駅（盛土上）2面2線
乗降客 116人

ホームから布引山地が望める 里山の中の小さな駅 平成25年から無人駅になる

ホームに立つと、布引山地の山並みが望める伊賀上津駅。布引山地とは、三重県中部を南北に連なる山々の総称で、標高600～900メートル前後の比較的平坦で穏やかなピークが連なっている。

2004（平成16）年に誕生した伊賀市は、広い市域を持ち、伊賀神戸駅から青山町・伊賀上津駅、次駅の西青山駅までは伊賀市内に含まれる。

伊賀上津は1930（昭和5）年12月の開業で、次の西青山駅やその隣りの東青山駅も同年月日に開業した。

里山の中の小さな駅で、2013（平成25）年12月から無人駅となり、自動券売機は設置されていないが、簡易式ICカード改札機がある。

駅から15分ほど歩き、旧初瀬街道に入ると古い旅籠が集まっているエリア（宿場町）があり「伊勢路」と呼ばれている。高台には伊勢路の古刹善福寺が祀られている。また県道の脇には滝仙寺がある。境内には石造九重塔があり、県の文化財に指定されている。樹齢300余年という杉の大木（町の文化財）も見事だ。

ホーム通過の特急「ひのとり」

築堤上に相対式ホームの2面2線を持つ伊賀上津駅。特急「ひのとり」が通過する。

伊賀上津駅

駅舎は上り線側で、下り線側には構内踏切で連絡している。

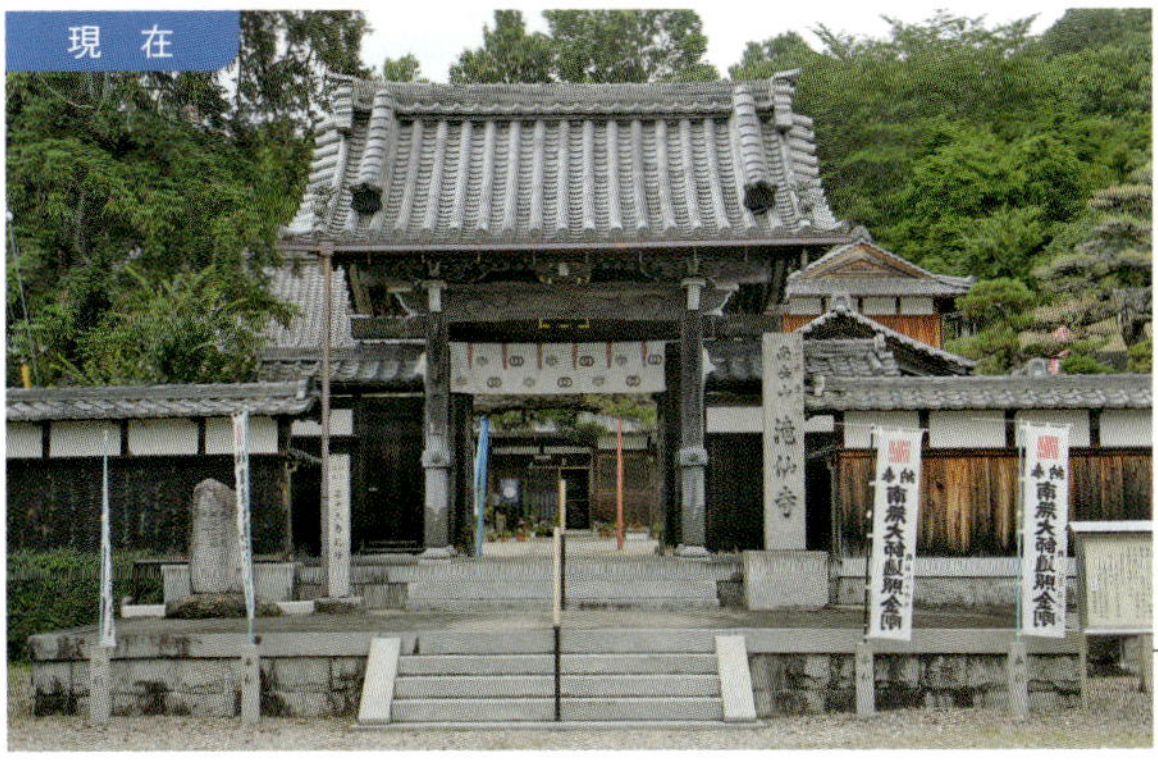

滝仙寺と石造九重塔

真言宗豊山派の名刹南岳山滝仙寺。境内の石造九重塔は県の文化財。

古地図探訪

昭和35年に阿保―伊賀上津間が複線化、5年後の昭和48年には西青山駅までが複線化された。地図に「伊勢路」の文字が見えるが、これは旧初瀬街道に残る宿場町の一帯。伊勢路の古刹「善福寺」の文字も見える。伊勢路と伊賀路は青山高原により振り分けられている。

青山峠旧線

山岳地帯で複線化が遅延
列車事故で計画が前倒し

奈良盆地から伊賀越えルートの中で特に山深いのが青山峠付近だ。この山岳地帯に1930(昭和5)年、近鉄大阪線の青山トンネルが開通。トンネル西側には旧西青山駅、東側に旧東青山駅が置かれた。

単線区間の名張駅—伊勢中川駅間のうち、伊賀上津—伊勢中川間を除く区間は1967(昭和42)年までに複線化が完了。難所の青山トンネル付近は手つかずだった。

しかし複線化計画が浮上する矢先の1971(昭和46)年、垣内東信号所東にある惣谷トンネル内で特急同士が衝突、死者25名や重傷者多数を出す大事故が発生した。

これを機にトンネルの前後区間を含む複線化計画が前倒しになり、旧線区間は地すべりの多発地帯なので伊賀上津—榊原温泉口間は新線に切り替えられることになった。

新青山トンネル、新惣谷トンネルが完成し、大阪線は全線が複線化。新区間は立体交差となり、踏切も廃止された。これらにより多くの恩恵がもたらされている。

旧西青山駅　提供:近鉄グループホールディングス株式会社

旧東青山駅　提供:近鉄グループホールディングス株式会社

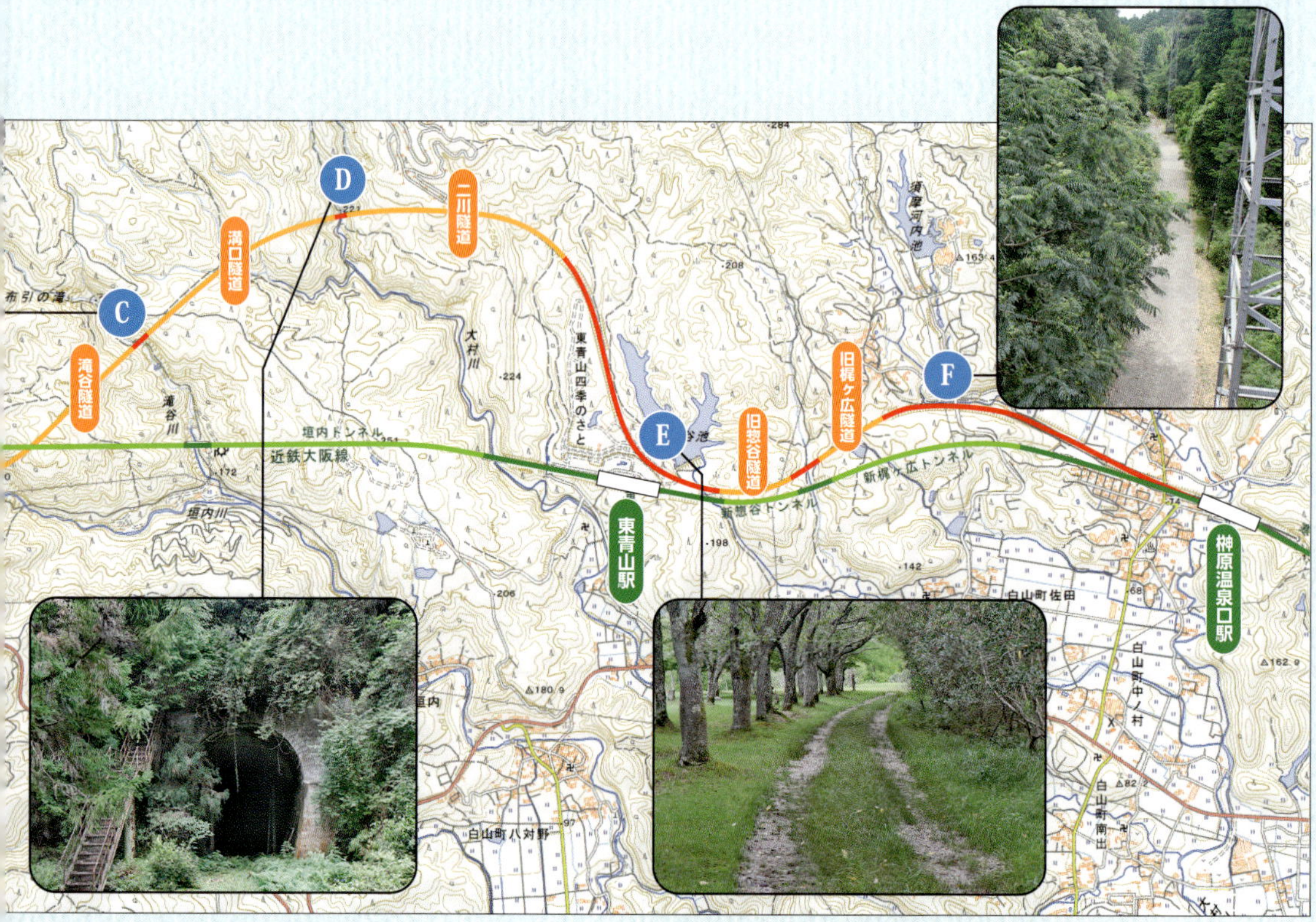

【ルポ】現在の旧線区間を歩いてみた！

近鉄大阪線で西青山駅へ行き、駅前の階段を登ると線路跡に出た。ここは青山高原に登るハイキングルートだⒶ。さっそく線路跡を東へ辿ると、乗馬クラブの前に着く。かつて旧西青山駅があったが今はその面影もなく寂しい限りだ。

この後、全長3、432メートルの旧青山トンネルは峠越えで歩き、出口で再び線路跡に合流。すぐに旧東青山駅。いまは細長いホームが残るだけの広場になっていたⒷ。

再び、全長727メートルの滝谷トンネルに入る。トンネルを出て、滝谷川に架かる橋を渡るⒸ。別のハイキングコースが交差。上流側に20分ほど行けば「布引の滝」という3段の滝が落ちている。

滝谷川を渡り、再びトンネルに入る。全長931メートルの溝口トンネルだ。トンネルを抜けると、大村川が流れており、渡ると、青山高原と「東青山四季のさと」を結ぶハイキングコースに出るⒹ。

再びトンネル。このトンネルは二川トンネルと言い、799メートルある。ここはハイキングコースを辿って「東青山四季のさと」へ。園内の東端を線路跡が続いているⒺ。

振り返ると山の上に風力発電用機が並んでいる。広い芝生の園内を進むと新東青山駅が見えた。

新線が並行に走るようになると旧惣谷トンネル（356メートル）だ。かつて正面衝突が起こったトンネルだ。立入禁止なので、続く旧梶ヶ尾トンネル（350メートル）と共に迂回。

赤い猪の倉温泉橋から再び合流Ⓕ。すぐに周囲が開け榊原温泉口駅に着いた。

（写真・文　乙牧和宏）

「東青山四季のさと」園内を通る旧線区間からは、風力発電のための風車が立ち並ぶ「青山高原」が見える。

D55

西青山《にしあおやま》

Nishi-Aoyama

開業年 1930(昭和5)年12月20日

所在地 三重県伊賀市伊勢路字青山1353・4

キロ程 大阪上本町から83・8km

駅構造 高架駅2面2線

乗降客 10人

新青山トンネルのすぐ西側に存在 大阪線では1日の乗降客数が最少 青山高原ハイキングコースの入口

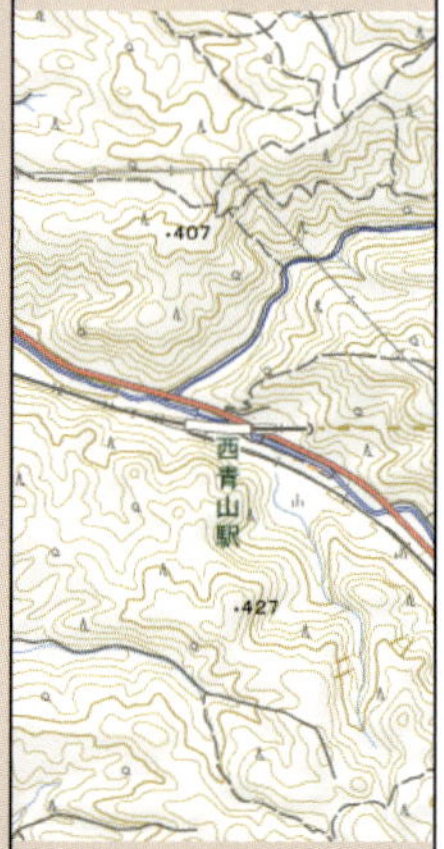

伊賀地域と伊勢地域との間にある山岳地帯に位置し、近鉄最長の新青山トンネルのすぐ西側に存在する西青山駅は、幹線路線の駅なのに、まるで秘境駅のように言われる。

駅の改札を出て、すぐ前に「東海自然歩道」の看板が立っており、青山高原のハイキングコースの入口になっている。実際、この駅の利用客はほぼハイカーたちだ。1日の乗降客数は10人(令和5年11月調べ)と、大阪線の中では最も少ない。

駅は、1930(昭和5)年12月、参宮急行電鉄の阿保(現・青山町)―佐田(現・榊原温泉口)間の開通時に開業した。1944(昭和19)年6月、近畿日本鉄道大阪線の駅となる。

その後、1967(昭和42)年10月に複線化。さらに1975(昭和50)年11月にも複線化、新青山トンネルを経由する新線に切り替えられ、駅は西に1・1キロメートル移転する。これにより大阪線は全線の複線化が完了した。駅の構造は相対式ホーム2面2線を持つ高架駅。1997(平成9)年に無人駅となる。

現在

西青山駅ホーム

秘境駅のホームらしく、緑に囲まれた静かな佇まい。

現在

新青山トンネル

西青山駅東側にある近鉄最長の新青山トンネル(5,652m)。

現在

西青山駅

目の前は青山高原ハイキングコース入口になる西青山駅。

現在

通過する特急「しまかぜ」

西青山駅ホームを通過して行く、特急車両50000系「しまかぜ」。

古地図探訪

西青山駅は、当時も近鉄の駅では標高が最も高かった。まさに山の中の駅だ。点線は単線時代の青山トンネル。この地域に広がるの青山高原はハイキングの基地。伊勢と伊賀の境界線で、三重県の"背骨"と言われる。西青山駅側から登り、東青山駅側に降りるが一般的だ。

昭和43年

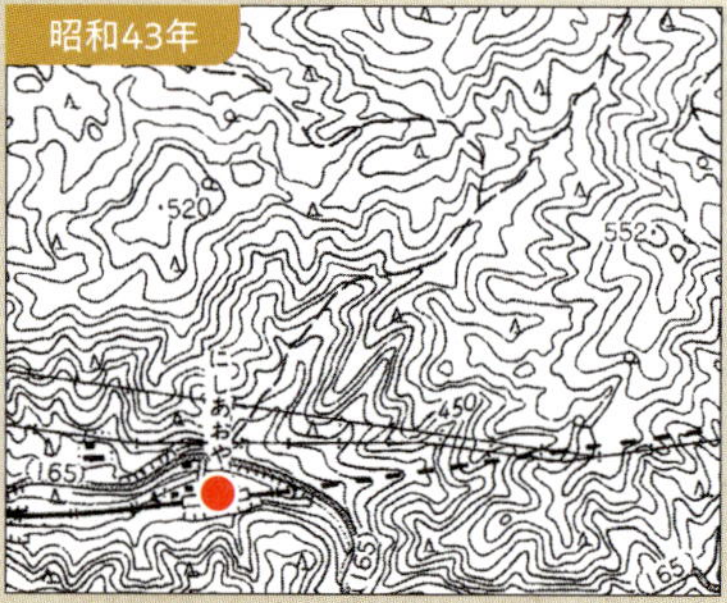

伊勢中川 川合高岡 伊勢石橋 大三 榊原温泉口 東青山 西青山 伊賀上津 青山町 伊賀神戸 美旗 桔梗が丘 名張 赤目口 三本松 室生口大野 榛原 長谷寺 大和朝倉 桜井 大福 耳成 大和八木 真菅

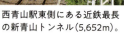

大阪線

D56

東青山

ひがしあおやま

Higashi-Aoyama

開業年 1930(昭和5)年12月20日

所在地 三重県津市白山町上ノ村1074

キロ程 大阪上本町から91・5km

駅構造 高架駅2面4線

乗降客 24人

私鉄最長の新青山トンネル、続く垣内トンネルを抜けると東青山駅
駅前に「四季のさと」がオープン

現在

東青山駅 島式ホーム2面4線、盛土上の高架駅だが駅舎は地上にある。

現在

駅付近で特急がすれ違う 新型名阪特急「ひのとり」と旧型「アーバンライナー」がすれ違う。

現在

四季のさと 東青山駅前に広がる公園「四季のさと」。地層の観察も出来る。

西青山駅を出発した電車は、すぐに全長5、652メートルの新青山トンネルに入る。このトンネルは日本の大手私鉄では最長の山岳トンネルで知られる。そして続く垣内(かいと)トンネル(1、165メートル)も抜けると、まもなく東青山駅に着く。

新青山トンネルの貫通は1975(昭和50)年11月。旧青山トンネルはやや高い位置にあり、単線だった。そして同じく単線で続く惣谷トンネル内で特急同士が衝突、死傷者多数の大事故が発生。「単線が招いた事故」として、急遽、複線の新トンネルの建設が始まった。新トンネルは、布引山地の山腹をほぼ直線で貫いている。このためトンネルの開通後、大阪と名古屋、伊勢間を結ぶ電車本数は飛躍的に増えた。

東青山駅は津市に入って最初の駅で、1930(昭和5)年12月に開業。1944(昭和19)年6月に近鉄の駅となった。島式ホーム2面4線を有する高架駅で、駅前にスポーツ施設もある広い自然公園「四季のさと」がオープン。新名所になっている。

古地図探訪

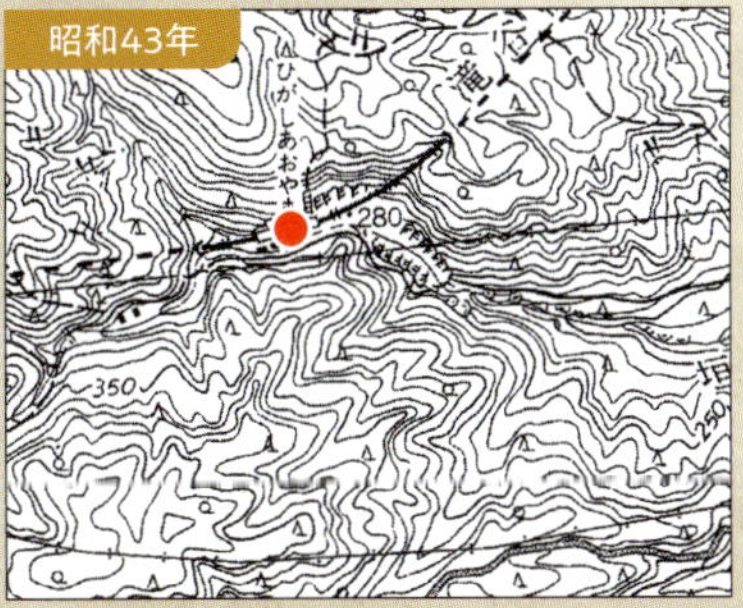

当時の東青山駅はトンネルの間に存在した。地図左の点線は旧青山トンネル。トンネルの破線下に2つの建物マークが見えるがこれは旧東青山変電所。また駅から線路がカーブしたところに〃滝谷トンネル〃がある。旧線ではその先にもトンネル(溝口・二川・旧惣谷)が続く。

近隣散策

青山高原《あおやまこうげん》

青山高原は室生赤目青山国定公園の一角を形成。東海自然遊歩道と青山高原公園線が整備されている。東海自然遊歩道はなだらかな草原地帯、青山高原公園線は伊勢湾を見渡せる眺望と巨大風車が林立する絶景が楽しめる。

D57

榊原温泉口

さかきばらおんせんぐち

Sakakibara-onsenguchi

開業年 1930(昭和5)年11月19日

所在地 三重県津市白山町佐田1526・2

キロ程 大阪上本町から95・4km

駅構造 高架駅(盛土上)2面2線

乗降客 774人

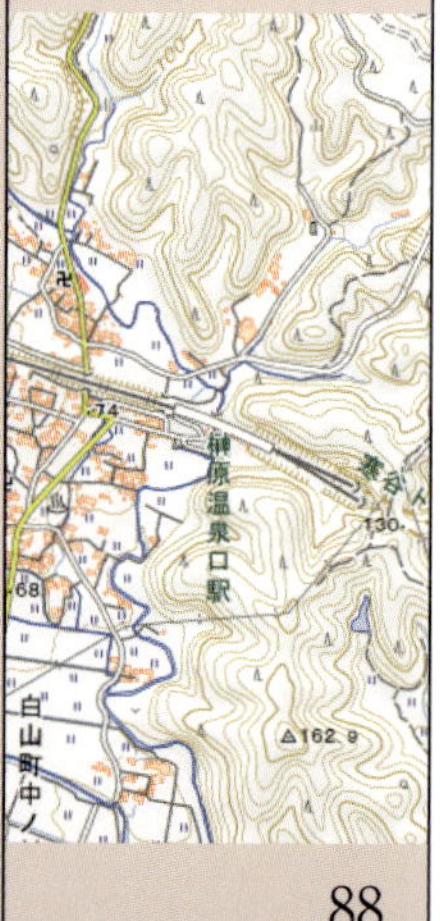

駅名の由来になる榊原温泉は、清少納言が「枕草子」に記した名湯 榊原川に沿って旅館、ホテルが並ぶ

東青山駅を出た電車は、下り勾配になっている2本のトンネルを抜け、左右に谷間が見えてくると、築堤上に設けられた「榊原温泉口」駅に着く。

駅は、清少納言の「枕草子」にも登場した名湯・榊原温泉の玄関口。1930(昭和5)年11月、参宮急行電鉄の佐田―参急中川(現・伊勢中川)間の開業時に、終着駅の佐田駅として開業した。そして同年の12月に阿保(現・青山町)方面ともつながった。現在の駅名は1965(昭和40)年に改称。駅の構造は相対式ホーム2面2線を持つ築堤上の高架駅だ。

駅名の由来となる「榊原温泉」は駅の北方にある。青山高原ふもとの田園風景の中に旅館が点在している。

「湯は七栗の湯、有馬の湯、玉造の湯」と、清少納言が枕草子で記した七栗の湯こそが榊原温泉というのが定説。しかし、かつては地上に自噴していた温泉は枯れ、温泉施設は、地下からポンプアップして維持しているという。近くには湯の神を祀る「射山神社」もある。祭神は縁結びの神様で知られる大国様だ。

昭和8年

前身の佐田駅 開業時は「佐田駅」だったが。昭和40年3月に現在の駅名に改称。

現在

榊原温泉口駅 山の傾斜面に位置し、南側の駅舎からホームへは階段を上る。

古地図探訪

昭和43年

地図に“佐田”の地名が点在するが、榊原温泉口駅の前身も「佐田駅」。駅名の改称で名実ともに榊原温泉の玄関口となった。駅の所在地である津市白山町は、町域の70%が山林でトンネルが多い。地図の“寒谷隧道”は、単線型の「寒谷トンネル」で、現在も存在している。

近隣散策 榊原温泉

さかきばらおんせん

清流と里山の風景に抱かれた榊原温泉の一帯は、古くは、七栗上村と呼ばれ、「榊」が多く自生していた。その榊が神宮の祭祀に使われていたことから、「榊が原」と呼ばれ、地名が「榊原」になった。

D58

大三 おおみつ Omitsu

開業年 1930(昭和5)年11月19日

所在地 三重県津市白山町二本木815・1

キロ程 大阪上本町から97・6km

駅構造 地上駅2面2線

乗降客 308人

町域の約70%を山林が占める
駅名はこの地にあった大三村に由来
平成25年12月から無人駅になる

津市白山町二本木にある、変わった駅名の「大三(おおみつ)」駅。地元の人以外ではなかなか読むことが出来ない難読駅の一つだろう。

駅が所在する白山町は、青山高原の東部に位置し、町の西部と南部は山地や丘陵が広がり、町域の約70%を山林が占める。

大三駅の駅名はこの地にあった大三村に由来する。1889(明治22)年4月、大村、岡村、三ヵ野村が合併して「大三村」が誕生。1955(昭和30)年3月の合併により白山町が発足するまで存在していた。

大三駅は1930(昭和5)年11月に参宮急行電鉄の駅として開業した。そして1944(昭和19)年に近畿日本鉄道の駅となる。

この駅は、相対式ホーム2面2線の地上駅で、ホーム有効長は2両。駅舎と改札口は2番ホーム側にあり、反対側の1番ホームへは構内踏切で連絡する。2013(平成25)年12月から無人駅となっている。

県指定有形文化財の「倭白山比咩(ひめ)神社」、こぶ湯などが有名だ。

大三駅

駅舎と改札口は2番ホームの上り線側にあり、反対側の1番ホームへは構内踏切で連絡する。駅舎内に待合室がある。

家城神社

かつて諏訪神社と称していたが、明治期に改称。裏手に「こぶ湯」と呼ぶ霊泉がある。写真は家城神社参道。

倭白山比咩神社

17世紀の木造建築で、春日造りの社殿が3つ並んでいる倭白山比咩神社。いずれも三重県指定有形文化財に指定されている。

古地図探訪

寒谷トンネルを抜け、狭い谷を横切り、雲出川の支流である大村川の谷間に出ると大三駅。地図の右上に見える〝静澄園〟は、昭和15年開設の三重県立結核療養所。その後、国立療養所静澄病院と改称した。地図下にある「二本木」は、初瀬街道の二本木宿で知られる。

D59

伊勢石橋《いせいしばし》

Ise-Ishibashi

開業年　1930(昭和5)年11月19日
所在地　三重県津市一志町大仰522-1
キロ程　大阪上本町から101.6km
駅構造　地上駅2面2線
乗降客　45人

雲出川が中勢鉄道跡とオーバークロス　開業当初の駅名は「参急石橋」だった　平成14年の無人化時に駅舎を撤去

トンネルを抜け、左に大きくカーブを切ると雲出川橋梁の手前に設置された「伊勢石橋」駅に到着する。雲出川の左岸でオーバークロスする細い道は、中勢鉄道の廃線跡である。

雲出川(くもずがわ)は、三重県を流れる一級水系の本流で、奈良県との県境に三峰山に源を発し、伊勢湾に注いでいる川だ。中勢鉄道は、かつて初瀬街道に沿って走っていた軽便鉄道。1929(昭和4)年に久居―中川間で開通、わずか14年後(昭和18年)には廃止されている。

伊勢石橋駅は、大三駅と同じ時期(昭和5年11月)の開業で、当初の駅名は「参急石橋」であった。その後関西急行電鉄の駅となり、「伊勢石橋」と改称。現在に至る。

駅舎のない伊勢石橋駅

昭和49年に複線化したが、終日無人駅の伊勢石橋駅。無人化の際に駅舎は撤去。

伊勢石橋駅全体

踏切から下り側を見た、伊勢石橋駅全体。

相対式ホーム2面2線の地上駅で、2002(平成14)年の無人化時に駅舎が撤去され、直接ホームに入るスタイルになった。改札口や自動券売機はないが、簡易型ICカード改札機が設置されている。上下線ホームの連絡は駅西側の踏切を使用する。

駅周辺に誕生寺(元は華香寺)がある。

ホームに簡易改札機

無人駅対応として、ホームに簡易改札機がある。

雲出川を渡る団体用車両

雲出川に架かる鉄橋を渡る20000系団体用車両「楽」。

古地図探訪

伊勢石橋駅は雲出川の西側にある。川の対岸には、三重県企業庁の高野浄水場が出来ている。駅南側の〝石橋大師〟は真言宗醍醐派の寺院で、日嶽山府道院である。

駅の北側に見える「卍」の地図記号は、天台真盛宗の寺院、来福寺で、その北には坂本神社が存在する。

伊勢中川　川合高岡　伊勢石橋　大三　榊原温泉口　東青山　西青山　伊賀上津　青山町　伊賀神戸　美旗　桔梗が丘　名張　赤目口　三本松　室生口大野　榛原　長谷寺　大和朝倉　桜井　大福　耳成　大和八木　真菅

大阪線

D60

川合高岡

かわいたかおか

Kawai-Takaoka

川合村と高岡村の境界に駅が誕生
現在は津市一志町となっている
JR名松線の一志駅が近い

開業年 1930（昭和5）年11月19日
所在地 三重県津市一志町田尻98・3
キロ程 大阪上本町から104・4km
駅構造 地上駅2面2線
乗降客 811人

川合高岡駅は、1930（昭和5）年11月の開業時には、川合村と高岡村の境界付近に存在したために命名された。両村は1955（昭和30）年1月に合併して一志町となり、現在は津市の一部となっている。

一志町は三重県中勢地方の内陸部にあり、町域の約半分が山林を占めている。観光スポットとして、「一志温泉やすらぎの湯」「とことめの里一志」などがあり、特に、とことめの里の花畑は人気がある。2・6ha休耕田を利用したもので、毎年夏にはひまわり、秋にはコスモスが植えられ、一面に花が咲き誇る。フォトスポットとして知られている。

川合高岡駅の構造は相対式ホーム2面2線の地上駅で、駅舎は上り（2番）ホームにあり、跨線橋がないため、下り（1番）ホームとは構内踏切で連絡している。この駅も、2013（平成25）年12月から無人駅となっている。

また、南へ約150メートルほど行ったところにJR名松線の一志駅がある。両駅の相互乗換も可能だ。名松線の一志駅は通学生の利用が多い。

"とことめの里"のコスモス畑

漢字で書くと万葉集の一節にある「常処女」。写真はこれを名称の由来にした、「一志やすらぎの湯」の野外施設。

伊勢中川行きの電車

相対式ホーム2面2線を持つ川合高岡駅。写真は川合高岡の下りホームを離れる伊勢中川行きの電車。

川合高岡駅

平屋の木造駅舎。以前駅舎に寄り添うように立っていた、この駅のシンボルだった桜の木は倒木の恐れがあるため伐採された。

古地図探訪

昭和7年に作成された地図なので、駅周辺の様子は、川合高岡駅が開業（昭和5年）して2年目の頃だ。南側にJR東海名松線の線路が見える。この鉄道は雲出川の渓流沿いを走るローカル線。名張と松坂を結ぶ計画の命名だったが、名張へ延伸は昭和10年に断念している。

D61

伊勢中川《いせなかがわ》

Ise-Nakagawa

開業年 1930(昭和5)年5月18日

所在地 三重県松阪市嬉野中川新町1・93

キロ程 大阪上本町から108.9km

駅構造 地上駅5面6線

乗降客 6,343人

近鉄大阪線の終点となる駅
大阪・名古屋・山田線の3線が接続
中川短絡線が大阪・名古屋線を結ぶ

いよいよ大阪線の終点「伊勢中川駅」に到着。この駅は、近鉄の主要幹線である名古屋線、山田線と接続する重要な役割も担っている。また観光地伊勢志摩を結ぶ列車がひっきりなしに行き交っている。

開業は1930(昭和5)年5月。まず、参急中川―松阪間、参急中川―久居間の開業時に、参急中川駅として誕生した。また同年11月に、佐田(現・榊原温泉口)―参急中川間が開業し、大阪方面ともつながった。そして、1941(昭和16)年3月、現駅名「伊勢中川」に改称している。

駅の構造は、島式、単線ホームを組み合わせた5面6線を有する。地上駅であり、改札口、コンコースなどは地下に設けられている。

広軌(大阪線)、狭軌(名古屋線)の両方があった時は、名古屋から大阪へ行くには乗り換えねばならなかったが、1959(昭和34)年、名古屋線の広軌化で直通運転が可能となる。

1961(昭和36)年に中川短絡線も出来、名阪ノンストップ特急が実現した。

昭和40年

撮影：荻原二郎

伊勢中川駅

地上駅舎の伊勢中川駅。駅前の水たまりやタクシーの車体に時代が現れている。

現在

伊勢中川駅

近鉄大阪線の終着駅。大阪線・名古屋線・山田線と、3つの主要路線が接続している。

ホームに「サニーカー」が

伊勢中川駅のホームに停車している特急「サニーカー」。

平成28年

現在

伊勢中川駅付近の2610系

伊勢中川付近を走る近鉄2610系。近鉄の急行列車用車両として登場。

伊勢中川 川合高岡 伊勢石橋 大三 榊原温泉口 東青山 西青山 伊賀上津 青山町 伊賀神戸 美旗 桔梗が丘 名張 赤目口 三本松 室生口大野 榛原 長谷寺 大和朝倉 桜井 大福 耳成 大和八木 真菅

伊勢中川デルタ線の空撮

伊勢中川駅手前の通称"中川デルタ"線は、名古屋線・大阪線・短絡線により形づくられる三角形の路線。

近鉄の鮮魚列車

伊勢湾の海産物を運搬する鮮魚列車（3代目）。

伊勢中川駅名標

名古屋線と山田線はこの駅が起点。大阪線は終点で駅番号は「D61」。

御城番屋敷（松阪城）

江戸末期に紀州藩士が松坂城警護のために住んだ武家屋敷が観光スポットに（国指定重要文化財）。

松坂と言えば「松阪肉」

松阪と言えば「松阪牛」。キメ細かい霜降り肉は、箸で切れる柔らかさ。

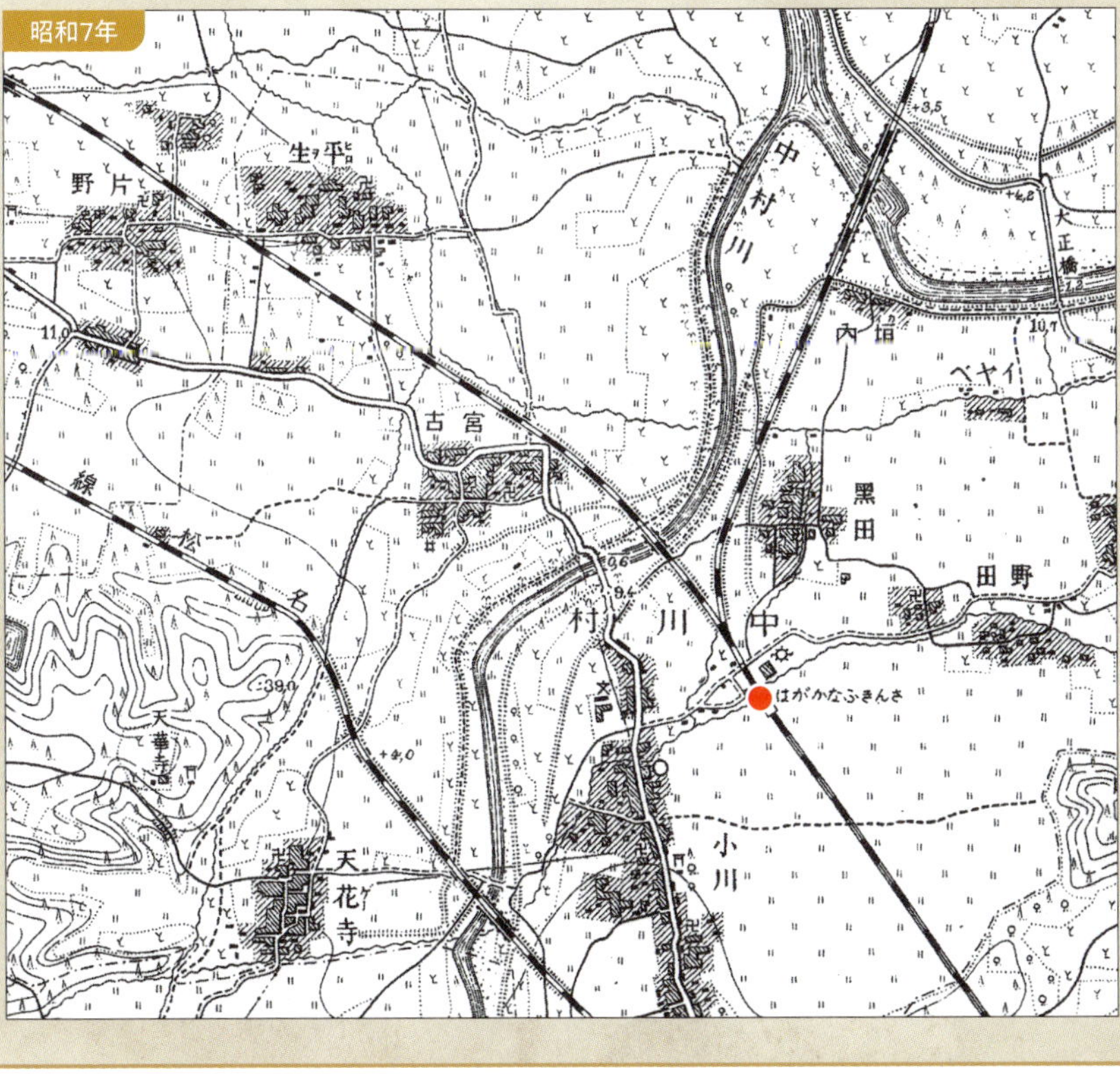

古地図探訪

大阪線は、中村川を渡ると、間もなく伊勢中川駅に到着する。伊勢中川駅は大阪、名古屋の二大都市の分岐点でもある。この駅付近からしばらくは、南西側の国鉄名松線と並んで走ることになる。名松線の最寄り（連絡）駅は、開業時にこの線の終着駅だった権現前駅だが、距離が離れており乗り換えには適さない。地図の北東（右上）には、雲出川と大正橋が見える。

yamada line
toba line
shima line

山田線《やまだせん》・鳥羽線《とばせん》・志摩線《しません》

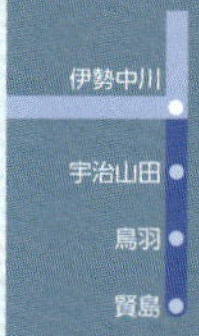

伊勢志摩特急が走る
近鉄自慢の観光路線

大阪・京都・名古屋方面から伊勢志摩方面へ向けて、直通の特急列車が頻繁に走っているが、これらは近鉄が誇る観光路線、山田線、鳥羽線、志摩線の3路線だ。

山田線は、松阪市の伊勢中川駅と伊勢市・宇治山田駅を結び、路線距離28・3キロメートルの複線路線で駅数は14駅。1930（昭和5）年、参宮急行電鉄の参急中川―山田間が開業、同年大阪線が全通。上本町（現・大阪上本町）―山田間が開業、山田線が全通した。

鳥羽線は伊勢市の宇治山田駅から鳥羽市の鳥羽駅までの路線距離13・2キロメートルの複線路線で駅数は5駅。1965（昭和40）年に近鉄の傘下に入った志摩線と山田線をつなぐ路線として建設された。当初は単線だったが、開業から5年後に複線化された。

志摩線は鳥羽―賢島間の路線で、路線距離は24・5キロメートル、駅数は16駅。1929（昭和4）年に志摩電気鉄道が鳥羽―賢島―真珠港間で開業。その後6社が合併して三重交通となり、三重電気鉄道に譲渡されたが、1965（昭和40）年に近鉄の志摩線となった。

伊勢神宮の正面鳥居と宇治橋

江戸時代から庶民の"お伊勢参り"は、二見浦で禊ぎをして身を清め、外宮と内宮を参拝、最後に朝熊岳に登るコースだったという。

賢島駅の"夢の競演"

近鉄志摩線の終点・賢島駅に並ぶ、さまざまな特急車両。まさに"夢の競演"だ。

伊勢志摩・桐垣展望台

英虞湾の東側の桐垣展望台から見た伊勢志摩夕日の絶景。時を忘れる。

路線が乗り入れる鳥羽駅

鳥羽駅には、近鉄の鳥羽線・志摩線、JR東海の参宮線の3路線が乗り入れている。

第二部

南大阪線《みなみおおさかせん》

minami osaka line

河堀口駅とモ6601形（昭和32年）撮影：亀井一男

近鉄百貨店阿倍野店からの眺め
（昭和30年）撮影：中西進一郎

奈良県葛城市「當麻寺」本堂

背景／藤井寺駅付近（昭和30年代）
提供：藤井寺市

道明寺駅—古市駅間を
走る特急「青の交響曲」

みなみおおさかせん

南大阪線

minami osaka line

【起点】大阪阿部野橋駅【距離】39・7km
【終点】橿原神宮前駅【開業】1898年3月24日
【駅数】28駅【全通】1929年3月29日

南大阪線は、大阪市阿倍野区の大阪阿部野橋駅から奈良県橿原市の橿原神宮前駅までを結ぶ近畿日本鉄道の鉄道路線である。

その歴史は、1896（明治29）年3月、資本金30万円で設立された河陽鉄道が、2年後の1898（明治31）年3月、柏原—古市間4・3キロを蒸気機関車によって営業を開始したときに始まる。現在の近鉄路線の中で最古の歴史を持つ。

1899（明治32）年5月、河陽鉄道の事業を河南鉄道が継承。富田林—長野間を開通させた。1919（大正8）年河南鉄道は社名を大阪鉄道と変更した。そして1922（大正11）年4月に道明寺—布忍間、1923（大正12）年4月に布忍—大阪天王寺間を複線開業し、大阪進出を果たした。

大阪電気軌道（大軌）を前身とする大阪線に対して、南大阪線は大阪鉄道から発展したため、両路線はライバル関係となった。

南大阪線の起点は、大阪市阿倍野区の大阪阿部野橋駅で、終点は奈良県橿原市の橿原神宮前駅。この橿原神宮前駅では、橿原線、吉野線と接続している。

南大阪線の最大の特徴は、狭軌を採用していることである。営業距離は39・7キロメートル。駅の数は起終点を含めて28駅で、大阪線に比べると約半数である。

二上山を背景に走る特急「さくらライナー」

澤田八幡神社境内

満開の高田川畔の千本桜

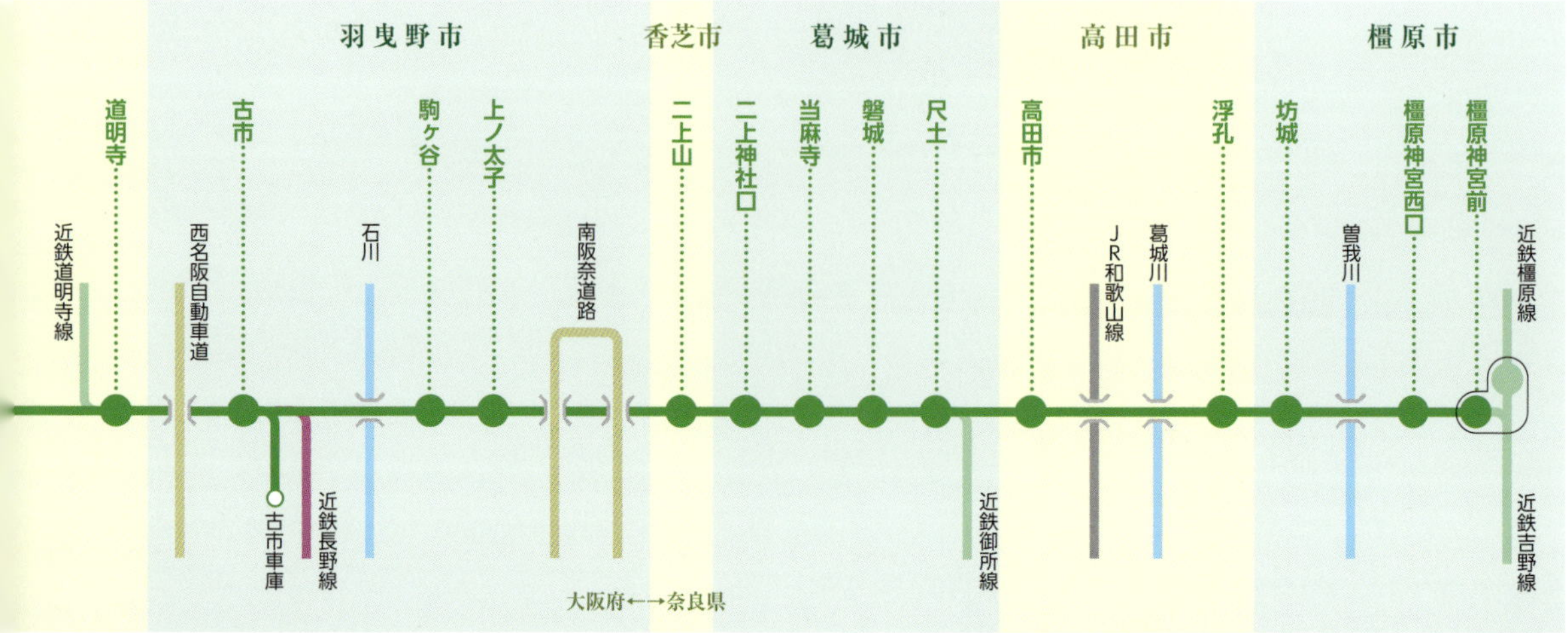

明治

31年(1898年)3月24日
柏原駅～古市駅間を河陽鉄道が蒸気機関車によって営業を開始

32年(1899年)5月11日
河陽鉄道の事業を河南鉄道が継承

大正

8年(1919年)3月8日
河南鉄道は社名を大阪鉄道と変更

11年(1922年)4月18日
道明寺駅～布忍駅間を複線開業

12年(1923年)4月13日
布忍駅～大阪天王寺駅間を複線開業
大阪天王寺駅～道明寺駅間が電化

12年(1923年)10月16日
道明寺駅～古市駅間が電化

15年(1926年)11月
南大阪電気鉄道を合併

昭和

4年(1929年)3月29日
古市駅～橿原神宮前駅間を開業し
吉野鉄道(現在の近鉄吉野線)と直通運転開始

11年(1936年)8月
大阪阿部野橋駅が移転

18年(1943年)2月1日
大阪鉄道は関西急行鉄道(昭和16年に大阪電気軌道から社名変更)と合併

19年(1944年)6月1日
関西急行鉄道と南海鉄道が合併し
近畿日本鉄道となる

40年(1965年)3月18日
大阪阿部野橋駅～吉野駅間に
定期特急の運転開始

42年(1967年)2月25日
全線複線化

51年(1976年)2月21日
針中野駅～大和川橋梁間立体交差化

61年(1986年)8月10日
大阪阿部野橋駅～あびこ筋東側間の
一部が立体交差化

62年(1987年)12月6日
大阪市内全区間の連続立体交差完成

平成

令和

二上山駅付近

大和川を渡る

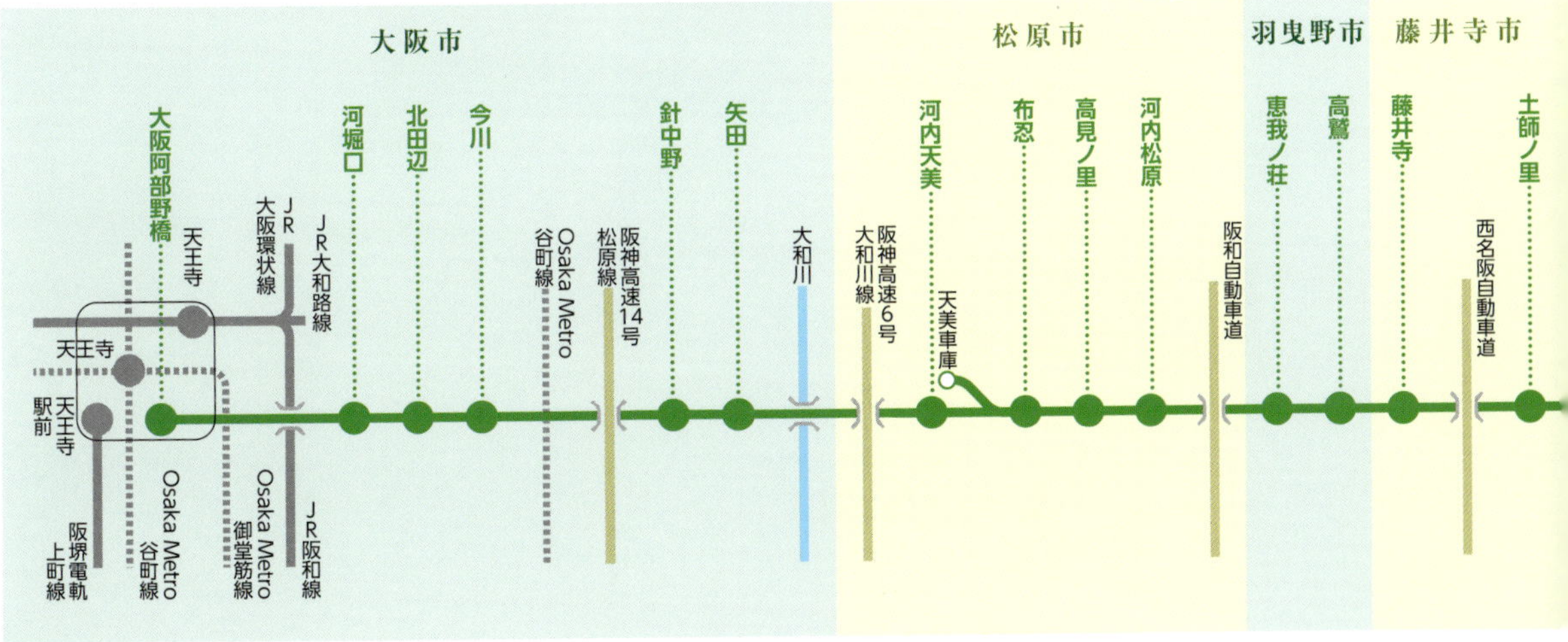

F01

大阪阿部野橋

おおさかあべのばし

Osaka-Abenobashi

開業年 1923(大正12)年4月13日

所在地 大阪市阿倍野区阿倍野筋1・1

キロ程 大阪阿部野橋から0.0km

駅構造 地上駅6面5線

乗降客 140,110人

大正12年、大阪鉄道の始発駅で開業
大阪天王寺駅から大阪阿倍野橋駅に
JR・地下鉄、上町線の駅にも連絡

大阪阿部野橋駅は、1923(大正12)年4月、南大阪線の前身・大阪鉄道の大阪天王寺—布忍間の開通時に始発駅として開業。当初の駅名は「大阪天王寺」であったが、1年後、「大阪阿部野橋」へと改称している。駅のある地名は阿倍野区阿倍野筋1丁目で、この駅以外のほとんどが「阿倍野」を使用している。

1937(昭和12)年11月、阿部野橋ターミナルビルが開業したが、このビルは太平洋戦争時の大阪空襲で2階以上を焼失した。しかし、戦後に復興し、南側に増床工事を着工。1957(昭和32)年にターミナルビル旧館が完成。1988(昭和63)年には新館もオープンしている。また2013(平成25)年には「あべのハルカス」がグランドオープンした。

駅は櫛形6面5線ホームの地上駅で、改札口は頭端部の西口改札のほか、地下にも2ヶ所の改札口が設けられている。こうした改札口を通して、JR天王寺駅やOsaka Metroの阿倍野・天王寺駅、上町線天王寺駅前駅と連絡が可能となっている。

昭和30年頃

大阪阿部野橋駅付近

写真は、昭和30年頃の阿部野橋付近の風景。左上に天王寺公園が見える。

平成28年

ターミナルビル新館(大阪阿部野橋駅)

阿部野橋ターミナルビル新館。左奥に写っているのが天王寺都ホテル。

昭和30年

大阪阿部野橋駅構内

大阪阿部野橋ー河内天美間の区間電車。車両は前面5枚窓のモ5621形。

撮影:山本雅生

ホーム停車中の6800系

停車中の6800系は南大阪線初の高性能通勤車で、日本初の高加減速車両。昭和32年に登場し、ラビットカーのニックネームが付けられている。

撮影：西尾源太郎

大阪阿部野橋駅ホーム

大阪阿部野橋駅は、櫛形6面5線のホームを持つ地上駅。ターミナル駅は地下が多いが、当駅は地上である。

国鉄天王寺駅

大阪阿部野橋駅の至近距離にある、国鉄天王寺駅。昭和37年に天王寺駅ビルが完成する。

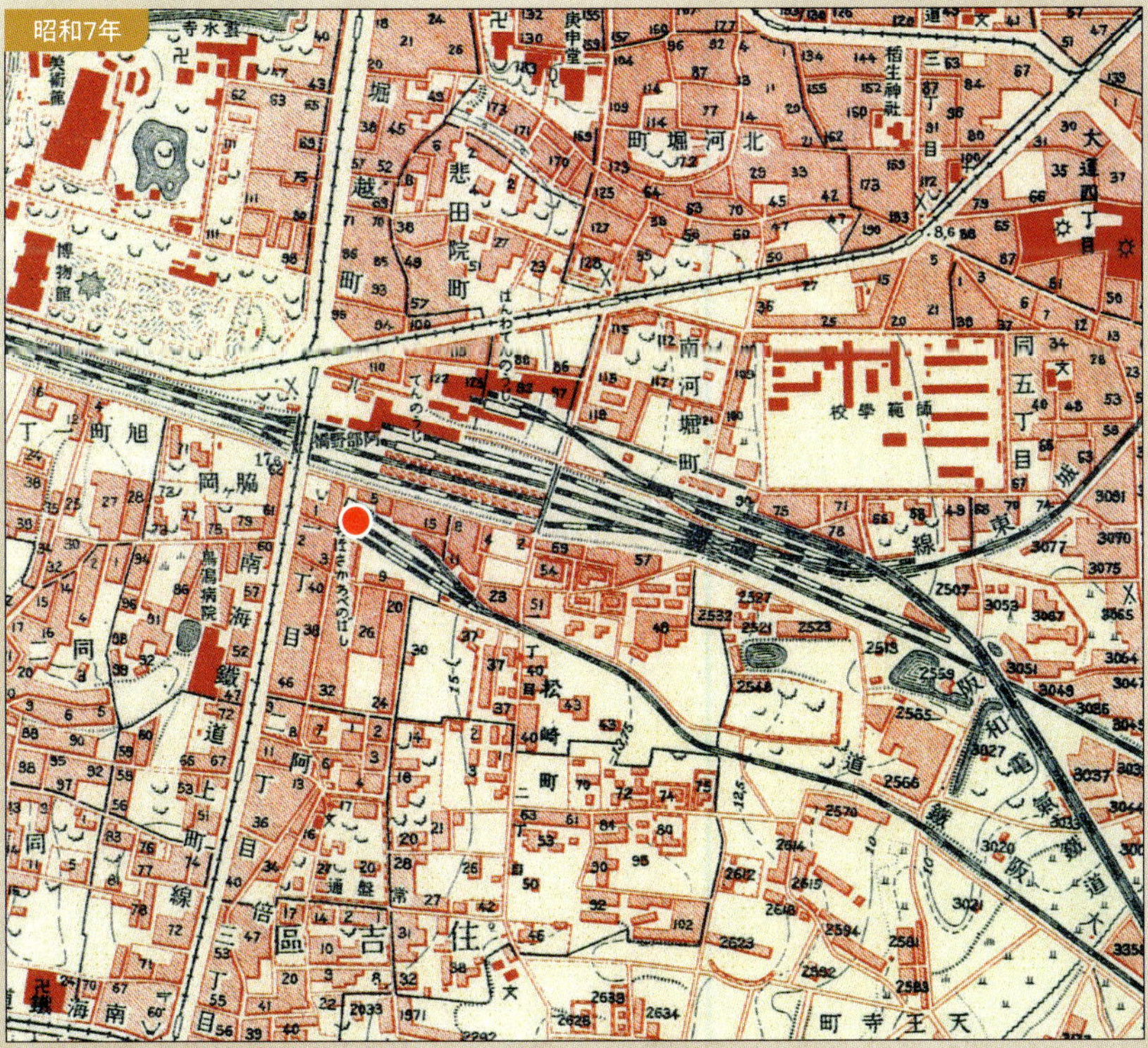

古地図探訪

玉造筋の天王寺駅前交差点の南東には、国鉄の駅と阪和電気鉄道（現・JR阪和線）の駅が存在。さらに国鉄の線路を挟んだ南側に大阪電気軌道（現・近鉄）の阿部野橋駅が。現在は、この駅前にあびこ筋を南に延びる上町線の路線も見える。この阪和電気鉄道は南海が吸収後、昭和19年に国有化されている。

天王寺駅・阿部野橋駅の北西には天王寺公園が広がっている。

天王寺・阿倍野界隈

撮影：中西進一郎

近鉄百貨店の屋上から見た天王寺・阿倍野の界隈。写真左上が天王寺公園で、右下に国鉄天王寺駅がある。

ホームに特急車両16000系

大阪阿部野橋駅ホームに停車しているのは回送表示の特急車両16000系。
撮影：笹目史郎

近鉄百貨店阿倍野店

昭和31年2月に増築工事に着手。翌年の4月に地上7階、地下2階、営業面積約28,000㎡の近代的な百貨店となった。　所蔵：西村豪

昭和40年頃

大阪阿部野橋駅ホーム

ホームに停まっているのは、近鉄南大阪線の河内長野行きの準急6512号。

撮影:広瀬和彦

近鉄百貨店阿倍野店からの眺め

近鉄百貨店阿倍野店の屋上から撮影した、屋上遊園と周辺の遠望。奥に見えているのは、新世界に建つ通天閣。　撮影:中西進一郎

昭和30年

現在

ホームの駅名標

ホームの柱に「おおさか あべのばし」と平仮名での駅名標が。駅番号は「F01」。

昭和43年

地下鉄２号線開通

昭和43年12月に谷町四丁目―天王寺駅間(3.8km)が開業。翌年、愛称「谷町線」に決まる。

所蔵:西村豪

近隣散策

あべのハルカス

駅ビルとしては日本一高い。阿倍野のランドマークになっている

あべのハルカスは、大阪市阿倍野区に立地する近鉄の超高層ビル。

大阪阿部野橋駅、近鉄百貨店あべのハルカス近鉄本店、大阪マリオット都ホテルなどを有する複合商業ビルだ。通称「ハルカス」と呼ばれる。60階建てで、58階から60階に展望台がある。

日本初の高さ300メートル以上のビル（スーパートール）では、2024年現在、東京の麻布台ヒルズ森JPタワー（325メートル）に次いで2番目に高いビルである。駅ビルとしては日本一高い。

キタやミナミに次ぐ大阪第3の繁華街である天王寺・阿倍野のランドマークになっており、近畿日本鉄道（近鉄）、近鉄グループのシンボル的な存在でもある。

近鉄南大阪線のターミナル駅、大阪阿部野橋駅に直結しており、またJR西日本・Osaka Metro の天王寺駅とも隣接している。

ビル名称の「ハルカス」は古語の「晴るかす」に由来しており、平安時代に書かれた「伊勢物語」の一節から引用、「人の心を晴れ晴れとさせる」という意味がある。ビル上層階から晴れやかな景色を見渡し、爽快感を味わえることや、充実した施設で来訪者に心地よさを感じてもらいたい、という思いが込められている。なお、ネーミングには「あべの」を全国区にしたいというねらいもある。

平成26年春に開業した超高層複合ビル「あべのハルカス」は、当時、日本初の高さ（300m）を誇った。

天王寺・阿倍野のランドマークになった、あべのハルカスの夜景。

あべのハルカスと阿倍野歩道橋。歩道橋というよりペデストリアンデッキのようだ。

60階建てのあべのハルカスは、58階から60階に展望台がある。そこから見下ろした風景。

日本一高い駅ビル、「あべのハルカス」の展望台から見た大阪の街。360度見渡せる大パノラマの絶景が楽しめる。

近隣散策

天王寺公園

てんのうじこうえん

明治36年に開かれた「第5回内国勧業博覧会」の跡地を利用

天王寺駅正面、歩いて1〜2分のところに広がる緑の公園が、天王寺公園。総面積は25万平方メートル。入口に天を仰ぎ平和を願う2人の少女像が建っている。園内には、荒陵と言われた「茶臼山古墳」や、市内3名園の一つ「慶沢園」、美術館、音楽堂、図書館、植物温室、動物園などが点在している。

天王寺公園は、1903(明治36)年に開かれた第5回内国勧業博覧会の跡地を利用して造られた。博覧会は、会場が現在の天王寺公園と新世界を含む33万平方メートルの敷地で、会期5ヶ月という大規模なもの。当時の美術館、植物温室などが受け継がれた。

新世界ゲートから入ってすぐ左にある天王寺動物園の入口ゲート。園内には約200種1000匹の動物が飼育されている。

天王寺公園全体。美術館横の"てんしば"は再整備されたエントランスエリア。レストラン・カフェ・ドッグラン・サッカーコートなどがある。

近隣散策

新世界・通天閣

しんせかい つうてんかく

やはり明治の博覧会の跡地利用で、新世界のシンボルが通天閣

「新世界」は大阪市南部の下町にある繁華街。その始まりは、明治36年に天王寺や現在の新世界がある場所で催された「第5回内国勧業博覧会」に遡る。この跡地の東半分に天王寺公園、西半分にシンボルの通天閣(初代)、有料遊園地などがつくられた。また芝居小屋や映画館も集結して発展。ジャンジャン横丁のある、いまのような新世界が形づくられた。

通天閣は新世界の観光スポットで、初代は火災の影響で解体され、1956(昭和31)年に2代目の通天閣が再建された。高さ103メートルで、5階には大阪の街を見渡せる展望台がある。

これぞ大阪!が満喫できる新世界の賑やかな繁華街。正面に見えるのはこの街のシンボル通天閣。

幸運の神様"ビリケン"さん。足を掻いてあげるとご利益があるとか。

通天閣の展望台から南西方向を見下ろすと、広々とスペースを確保した天王寺公園が一望できる。

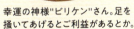

F02

河堀口《こぼれぐち》

Koboreguchi

開業年 1923(大正12)年10月16日

所在地 大阪市阿倍野区天王寺町南2・24・1

キロ程 大阪阿部野橋から1・0km

駅構造 高架駅2面2線

乗降客 3,158人

阪和線と交差する美章園駅のそば
治水工事による〝河堀〟の地名が由来
駅の構造は相対式2面2線の高架駅

河堀口駅は、阪和線と交差するところにある。同線で最も至近距離にあるのは、美章園駅だ。この駅は、駅近辺に住宅地「美章園」を建設し、駅の建設費にも寄付をした、実業家・山岡順太郎氏の父親の名前である山岡美章からとられたものという。

また、河堀口駅のほうは、環状線の寺田町付近にある河堀稲生神社が関係している。この神社は、788(延暦7)年、和気清麻呂が大和川の水を西の海へ引こうとして河を掘ったときに祈願した神社。河堀口はこの神社の参道入口に当たっていたことから名付けられた。もともと「古保礼」と呼ばれた地で、治水工事で「河堀」という地名が当てられた。

河堀口駅は、1923(大正12)年10月、大阪鉄道の大阪天王寺(現在の大阪阿部野橋)―針中野間に開業した。その後、1943(昭和18)年2月、関西急行鉄道が大阪鉄道を合併。また関道(現在の南海電気鉄道の前身で後に再独立)とも合併、近畿日本鉄道南大阪線の駅となる。現在の駅は、相対式2面2線の高架駅である。

昭和32年

ホームにモ6601形停車

大阪鉄道時代に製造されたモ6601形。日本の電車で初めて20m級の車体を採用した。

撮影:亀井一男

現在

河堀稲生神社

続日本紀によれば、788(延暦7)年、農業の振興と水害の防止を目的に建立されたという古社。

現在

河堀口駅

駅西側で阪和線の高架を越えるため、改札口が3階、ホームが4階にある。

古地図探訪

昭和4年

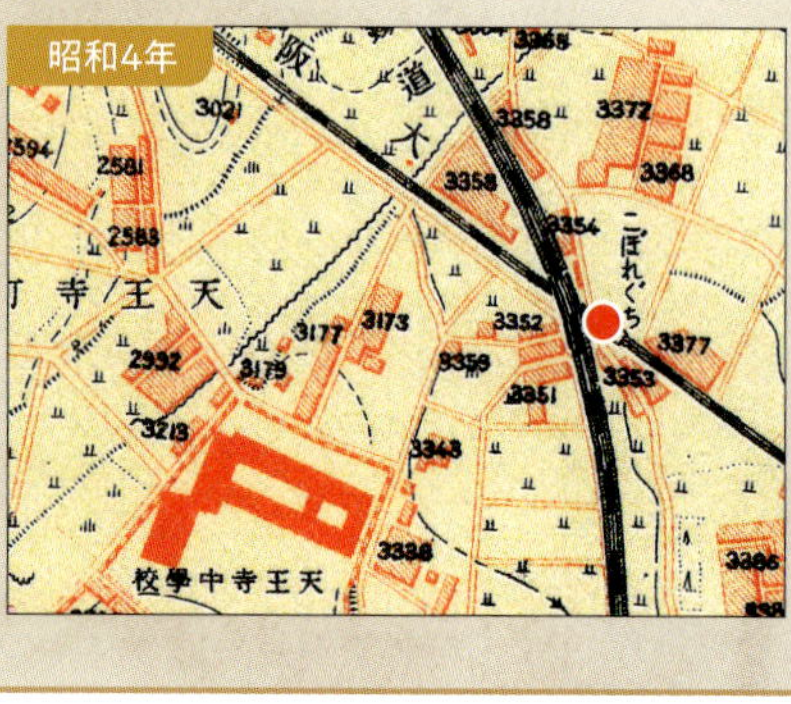

地図上で交差している路線は大阪鉄道(現・近鉄)と阪和電気鉄道(現・JR阪和線)である。交わる地点に河堀口駅が存在する。起終点駅の天王寺駅が近いこともあり、この地域は天王寺町が広がっている。地図下に〝天王寺中学校〟の文字が見える。

F03

北田辺《きたたなべ》

Kita-Tanabe

南大阪線

開業年 1923(大正12)年12月28日
所在地 大阪市東住吉区北田辺4・16・29
キロ程 大阪阿部野橋から2・1km
駅構造 高架駅2面2線
乗降客 4、945人

駅前に作家・開高健の文学碑がある
4路線が利用できる、交通至便な街
住民が守った〝北田辺の大楠〟が有名

阿倍野区から東住吉区に入った最初の駅で、この駅も相対式ホーム2面2線の高架駅になっている。

駅前に北田辺で青年時代を過ごした作家・開高健の文学碑がある。文学碑には「開高健が北田辺に住んだのを記念して、有志の募金により建立(平成17年)した」旨が書かれている。

実際、商店街を歩いて2〜3分のところに開高健の旧宅があったが、2011年頃にこの旧宅は解体された。開高ファンによる最後のお別れ会(一夜限りのトリスバー)も開かれた。

開高健文学碑

少年、青年時代に北田辺に住んだ開高健。実家のある北田辺駅前に有志により文学碑が建立された。

北田辺は、南大阪線以外に地下鉄谷町線の田辺駅、御堂筋線の昭和町駅、JR阪和線の美章園駅と4つの路線が利用できる交通の便が良い街。天王寺へは自転車で行ける距離だ。

駅名は、古くからこの付近に北田辺村が存在したことに由来する。北田辺村は、田辺村となり、田辺町を経て、1925(大正14)年に大阪市に編入された。市道の計画で撤去されそうになったクスノキの大木を地元の人たちが立ち上がって守るなど、もともと人情が厚い地域なのだ。

北田辺の大楠

写真は樹齢300年の大楠。市道計画で移転が決定したが、地元民の運動で保存された。

北田辺駅　高架駅の北田辺駅。ホームは3階、改札口は2階にある。

ホームに準急6621号　北田辺駅ホームに停車中の電車は、御所行きの準急6621号車。
撮影:広瀬和彦

古地図探訪

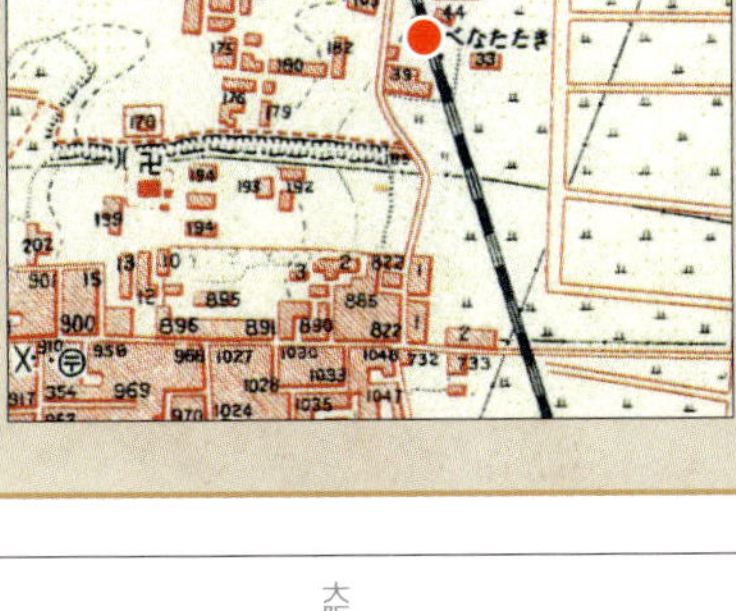

昭和初期のこの地域、北田辺駅の東側はほとんど田園地帯だ。今川がほぼ直線状態で流れている。地図の〝北田辺町〟は、北田辺村から田辺町、そして田辺町となり、大正14年に大阪市に編入されてからの地名だ。駅の南西方向に見える「卍」の地図記号は黄檗宗豊運寺。

F04

今川《いまがわ》

Imagawa

開業年 1931(昭和6)年6月1日

所在地 大阪市東住吉区駒川3・4・55

キロ程 大阪阿部野橋から2.7km

駅構造 高架駅2面4線(内側2線は通過線)

乗降客 3、639人

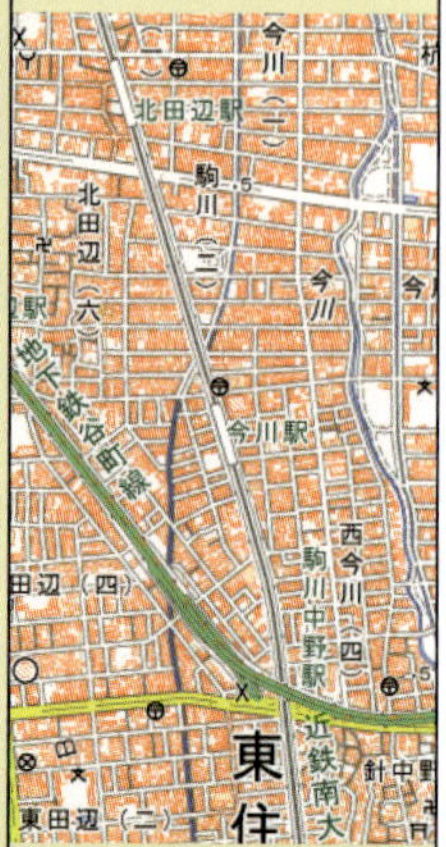

駒川駅として開業。2年後に改称。付近を流れる「今川」が駅名の由来 南に〝田辺のお不動さん〟の法楽寺が

今川駅は、1931(昭和6)年、大阪鉄道の北田辺—針中野間に「駒川」駅として開業。2年後に現駅名に改称した。この駅は、相対式2面2線のホームを有する高架駅で、複数の通過線を持つ。

「今川」の駅名は、付近を流れる平野川の支流、今川に由来している。今川は、大和川の付け替えで水源が断たれ、水量が乏しくなった。それでも沿岸一帯が田園地帯の頃は、フナ、ナマズ、トンボ、シラサギなどが生息していたという。その後、住宅開発が進み、生活排水などで水質が汚濁。魚類が住めなくなり、ついに「どぶ川」と呼ばれるまでに汚染が進む。しかし昭和30年代にほぼ現在の形に改修され、駒川と合流して平野川にそそぐ1級河川となった。

今川から南へ約1キロメートルのところに数カ所の寺が点在する。その一つである南田辺の法楽寺は、本尊が不動明王で、〝田辺のお不動さん〟として親しまれている。不動尊や十三仏などの霊場札所でもある。この地域は田辺大根の生産地でもあった。

今川駅

昭和62年12月、路線の高架化により高架駅となる。駅西側に阪神高速14号松原線が、その側道にかつての南海平野線跡がある。

今川駅のホーム

今川駅のホームは、複線の通過線を挟む相対式ホーム2面2線。いわゆる"新幹線型"と言われる構造を有している。

ラッピング車と特急が

ホームに停車しているのは、「吉野線100周年」のラッピング車と、特急16000系回送列車。

今川改修の碑

大雨や台風などの治水対策で改修工事が行われ、それを記念して建立された今川改修の碑。

古地図探訪

昭和6年開業の今川駅は、この地図にはない。かつての田辺は純然たる近郊農村で、天王寺などの都市へは徒歩が主流だった。しかし大正3年に南海電鉄平野線田辺駅が開業。大正12年に大阪鉄道が天王寺に乗り入れ、この時に今川の隣駅となる北田辺駅が出来た。

F05

針中野《はりなかの》

Harinakano

南大阪線

開業年 1923(大正12)年4月13日

所在地 大阪市東住吉区駒川5・24・8

キロ程 大阪阿部野橋から3・8km

駅構造 高架駅2面2線

乗降客 8、352人

弘法大師ゆかりの鍼灸院が話題 "中野鍼灸院"の名が駅名になる 道標「はりのみち」が今も残る

針中野駅は1923(大正12年)4月、大阪鉄道の大阪天王寺―布忍間の開通時に開業。その後関西急行鉄道の駅となり、1944(昭和19)年に近畿日本鉄道の駅になった。相対式ホーム2面2線の高架駅である。

駅名の「針中野」は、文字通り、この駅近くの「中野鍼灸院」の存在を知らしめているもの。この鍼灸院は延暦年間、弘法大師によって伝えられて以来の歴史を持つというからすごい。現在、弘法大師ゆかりの鍼灸師の末裔である中野一さんは43代目。41代目から家業を小児鍼一本に絞り、鍼の普及につとめている。

そして、中野家の41代当主が、南大阪線の前身である大阪鉄道の開通に尽力したので、中野家の最寄り駅が「針中野駅」となったという。

1914(大正3)年に南海平野線が開通した際には、中野駅から中野鍼灸院までの角々に道標「はりのみち」が7基も建てられたそうだ。その後平野線は廃線になったが、その名残りの道標が、針中野駅から中野鍼灸院までの間に2ヵ所残っている。

ホームを通過する急行 針中野駅を通過する急行6020系車両。6051編成で、ラビットカー塗装だ。

停車中の古典的な電車 手荷物室を備えた5162がホームに停車している。当時はこんな古典的な電車も走っていた。

所蔵:フォト・パブリッシング

中野鍼灸院 「針中野」の地名や駅名の由来となった中野鍼灸院。平安時代から続く鍼灸院で、建築的にも貴重な遺構となっている。

道標「はりのみち」 中野鍼に向かう道沿いに建てられた道標「はりのみち」。当初は7基あったが現在は2基だけ残る。

古地図探訪

ほぼ中央の大阪鉄道に針中野駅が見える。その北東には中野町の集落がある。集落のそばを東に走っているのは南海平野線。最寄り駅として中野駅が存在する。

現在、近鉄南大阪線(前身は大阪鉄道)の東に今里筋、西に府道26号が通るが、当時は整備されていなかった。

大阪阿部野橋 ― 河堀口 ― 北田辺 ― 今川 ― **針中野** ― 矢田 ― 河内天美 ― 布忍 ― 高見ノ里 ― 河内松原 ― 恵我ノ荘 ― 高鷲 ― 藤井寺 ― 土師ノ里

F06

矢田《やた》

Yata

開業年 1923(大正12)年4月13日

所在地 大阪市東住吉区矢田2・25・27

キロ程 大阪阿部野橋から5・1km

駅構造 高架駅2面2線

乗降客 8、868人

「矢田」の駅名は矢田村に由来する都市計画道路と立体交差化の一環で1976年に駅が高架化された。

矢田駅の開業は、針中野駅と同じ1923(大正12)年4月である。大阪鉄道の大阪天王寺(現在の大阪阿部野橋)―布忍間開通時に開業した。その後、関西急行鉄道天王寺線の駅となる。1944(昭和19)年6月、戦時統合により関西急行鉄道が南海鉄道(現在の南海電気鉄道の前身。後に再独立)と合併、この時、近畿日本鉄道南大阪線の駅となる。

1972(昭和47)年から1976(昭和51)年にかけて南大阪線の当駅前後の区間と、大阪市の都市計画道路との立体交差化工事が行われ、その一環で駅が高架化された。

現在の駅は相対式ホーム2面2線の高架駅である。「矢田」の駅名は、この辺りが矢田村であったことに由来する。1955(昭和30)年4月に大阪市に編入されて、東住吉区の一部となった。矢田駅から東へ徒歩15分、中臣須牟地(なかとみのすむち)神社がある。境内は昼間でもこんもりと暗く静かである。ちょっと距離はあるが、あびこ観音や瓜破遺跡周辺なども散策することができる。

平成28年

矢田駅付近の空撮

北東方向から見た矢田駅付近。家々がぎっしりと建ち並んでいる。写真の上にみえるのは大和川だ。

現在

矢田駅西口

昭和47年からの都市計画の一環で矢田駅も高架化工事に着手され、昭和51年には高架工事が完了。

昭和32年

地上駅時代の矢田駅

現在、高架化された矢田駅。地上駅時代とはすっかり様子が変わった。

古地図探訪

昭和4年

大阪鉄道の矢田駅東には「矢田村」、西には「矢田部」の地名が表示されている。矢田村は、明治22年の町村制の施行により、丹北郡住道村、矢田部村、枯木村、富田新田が合併して矢田村が発足。昭和30年に大阪市に編入され、東住吉区の一部となっている。

南大阪線

F07

河内天美《かわちあまみ》

Kawachi-Amami

開業年 1923(大正12)年4月13日

所在地 大阪府松原市天美南3・15・41

キロ程 大阪阿部野橋から7・3km

駅構造 地上駅(地下駅舎)2面2線(他に通過線として2線)

乗降客 14、890人

開業時は天美車庫前、昭和8年に改称
副駅名として「阪南大学前」が付く
駅南東に古市検車区天美車庫がある

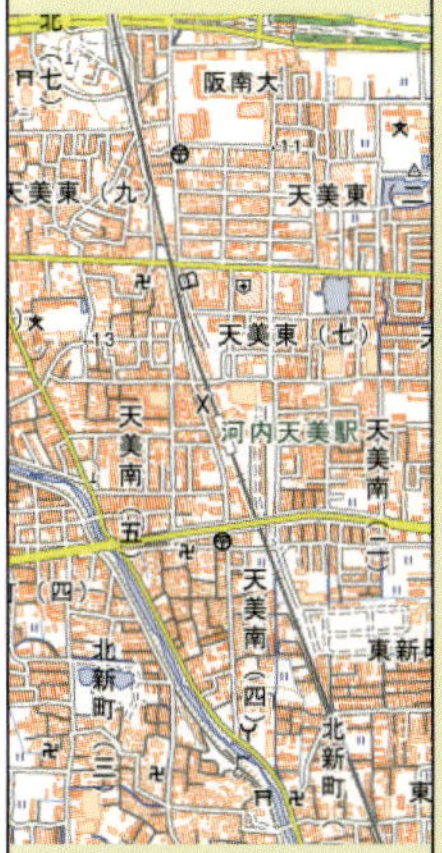

矢田駅を出た電車は、しばらくすると大和川を渡り、大阪東住吉区から松原市へ入る。進行方向左手には、阪南大学のキャンパスが見え、それを過ぎるとまもなく河内天美駅に着く。この駅には、副駅名「阪南大学前」が付いている。

河内天美駅の南東には、古市検車区に属する天美車庫がある。この車庫は、南大阪線の始発・終着列車が多数存在している。収納能力は多くはないが、南大阪線の起点である大阪阿部野橋に近い車庫なので、特急列車も含めて頻繁に列車が入出庫している。建設されて100年を超えるが、敷設時の様子と変わらず、赤煉瓦造りの倉庫も1棟残っている。

河内天美駅は、1923(大正12)年4月、大阪鉄道の大阪天王寺(現・大阪阿部野橋)―布忍間の開通時に、「天美車庫前」駅として開業。1933(昭和8)年4月に現在の駅名になった。相対式ホーム2面2線の地上駅で、複数の通過線を持つ。

駅から北へ徒歩6分のところに阪南大学(本キャンパス)がある。

現在

河内天美駅 地下駅舎化され、踏切横に駅出入口が。出入口横にエレベーターも付いた。

平成28年

通過する準急電車

河内天美駅は普通車のみが停車する。写真は踏切を通過する6600系車両の準急河内長野行き。

現在

駅に隣接して天美車庫が

開業時は「天美車庫前」だった河内天美駅。現在も駅に隣接して「古市検車区天美車庫」がある。

現在

副駅名は「阪南大学前」

副駅名に「阪南大学前」とあるように、この駅は徒歩6分の阪南大学本キャンパスの最寄り駅。

古地図探訪

昭和6年

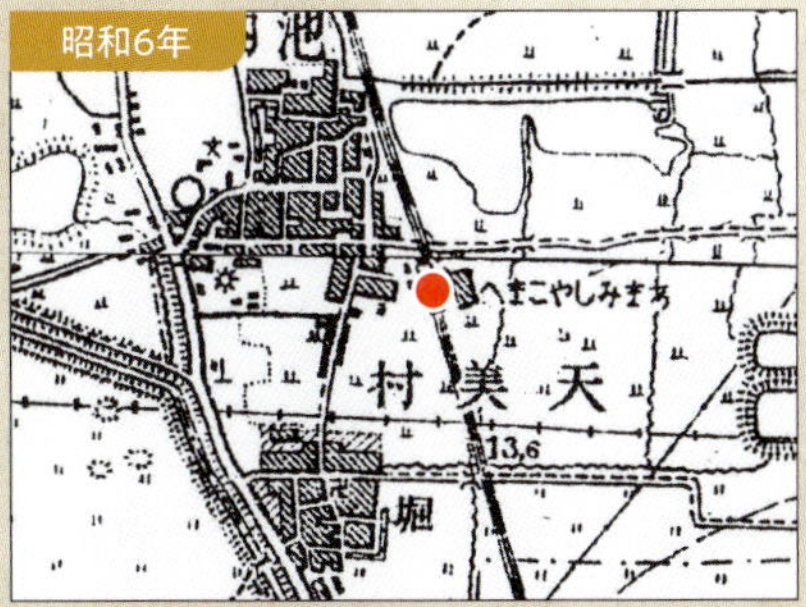

地図の中央に天美村が存在。周辺には、池内、掘、高木などの集落が点在する。田圃に必要な溜池も多く見られる。これら天美村の最寄り駅となるのが河内天美駅の前身「天美車庫前」駅だ。この地図作成の2年後、昭和8年には、現在の駅名となり、いまに至る。

大阪阿部野橋 河堀口 北田辺 今川 針中野 矢田 河内天美 布忍 高見ノ里 河内松原 恵我ノ荘 高鷲 藤井寺 土師ノ里

F08

布忍《ぬのせ》

Nunose

開業年 1922(大正11)年4月18日
所在地 大阪府松原市北新町1・2・1
キロ程 大阪阿部野橋から8・3km
駅構造 地上駅2面2線
乗降客 4、721人

平安時代の豪族の名前が駅名の由来
ホーム上屋の支柱に大正期のレール
ユニークなおみくじの布忍神社が人気

布忍と書いて「ぬのせ」と読む。平安時代の豪族の名前だったとかで、日本書記にも記載が見られ、この地域の歴史の古さが偲ばれる。駅近くに長尾街道という古い道が残っているが、この街道は堺市から延びる古道で、堺と大和を結んでいた。

布忍駅は、1922(大正11)年4月、大阪鉄道の布忍—道明寺間の開業時には終着駅だった。そして翌年の4月、大阪天王寺(現・大阪阿部野橋)駅までの延伸で中間駅となった。1944(昭和19)年6月、関西急行鉄道が南海鉄道(南海電気鉄道の前身で後に再独立)と合併。その後、近鉄南大阪線の駅となる。

相対式ホーム2面2線の地上駅。上りホームの上屋を支えている支柱はレール建築で、4本は大正期などの古いレールが使われているという。レールには「1923年、テネシー社製造」などの刻印が示されており、大阪鉄道時代のものと見られる。

駅のそばを流れる西除川に沿ったところに、ユニークなおみくじで知られ、人気のある布忍神社がある。

布忍駅

駅舎(改札口)は、2番上りホーム側の古市寄りにある。1番下りホームへは地下道かエレベーターで高架橋に連絡。

ホーム6020系の電車

ホームに停車中なのは通勤車の6000系(6020)通勤形電車。狭軌用車両である。

布忍神社

恋みくじが引けるので人気の布忍神社。室町、江戸時代の小絵馬など文化財や美術品も残る。

古地図探訪

この地図の当時、大阪鉄道の布忍駅の南側には、八尾街道が走っていた。現在は、南大阪線の南側に大阪府道・奈良県道12号堺大和高田線が整備されている。地図の西側には、西除(にしよけ)川が流れており、川に沿った向井の辺りには、布忍神社(布忍村の氏神)がある。

F09

高見ノ里

たかみのさと

Takaminosato

南大阪線

開業年 1932(昭和7)年9月1日
所在地 大阪府松原市高見の里3・1・1
キロ程 大阪阿部野橋から9・1km
駅構造 地上駅2面2線
乗降客 5、752人

周辺の各駅より遅く昭和7年に開業 駅は高見ノ里だが、地名は〝高見の里〟 上りホームに手押しポンプが残る…

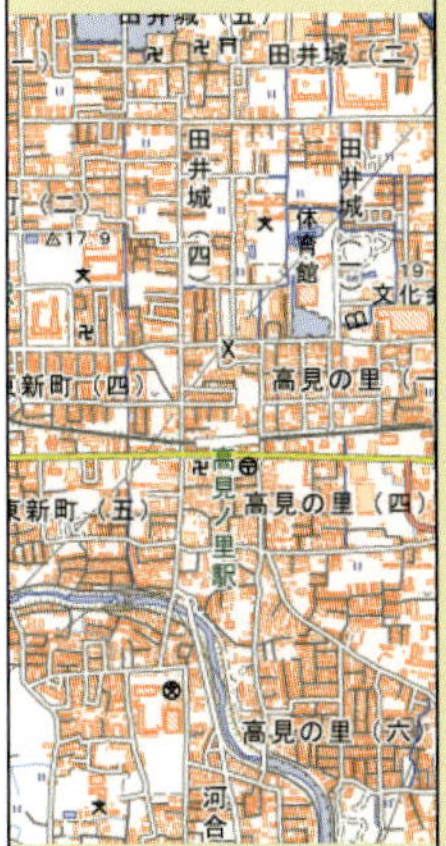

近鉄南大阪線は、近鉄の前身の河陽鉄道が1898(明治31)年3月に柏原—古市間を走り、翌年5月には、河陽鉄道を継いだ河南鉄道が富田林—長野間を開通させたのが始まりだ。

しかし、この時期、松原ではまだ鉄道はなく、市域にレールが敷かれるのは、河南鉄道が大阪鉄道へと名を変えた1922(大正11)年4月。道明寺—布忍間が開通してからだ。そして、翌年4月に、布忍—大阪天王寺(現大阪阿部野橋)が開通。この時に河内松原や天美車庫前(現・河内天美)の各駅が設けられたが、高見ノ里駅の開業は1932(昭和7)年まで待たなければならなかった。

上りホームに、今は使われていない手押しポンプが残されている。かつては地下の井戸水をこのポンプで駅員が毎日ホームに水を撒いていたとか。しかし水道の設置と共に、井戸水やポンプの利用もなくなった。

駅の構造は相対式ホーム2面2線の地上駅で、普通のみが停車する。駅名は「高見ノ里」だが、駅付近の地名は「高見の里」となっている。

平成28年

通過する特急22600系
高見ノ里駅の下りホームを通過する特急車両22600系。愛称は「Ace(エース)」。

現　在

高見ノ里駅
高見ノ里駅舎は2番ホームの上り線側に設けられている。下りホームには地下で連絡。

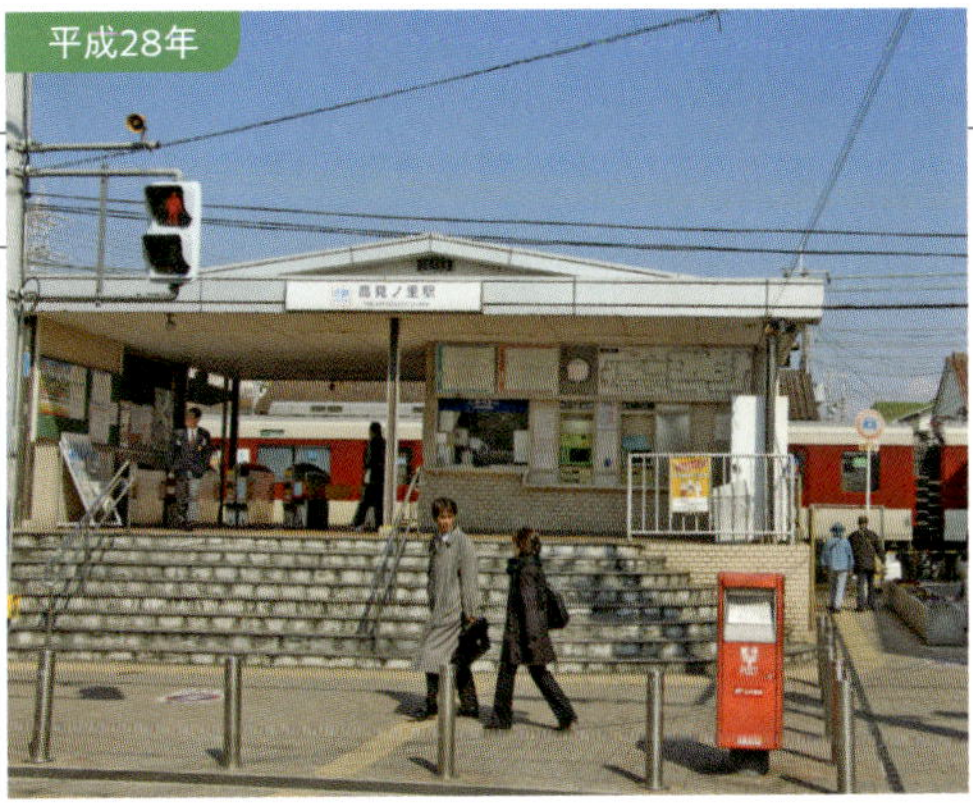

平成28年

高見ノ里駅前
高見ノ里駅は、ホームの高さに合わせた駅舎なので、改札口へは階段を上る。

現　在

高見ノ里駅の手押しポンプ
高見ノ里駅の上りホームに残されている手押しポンプ(津田式ケーボー号)。

古地図探訪

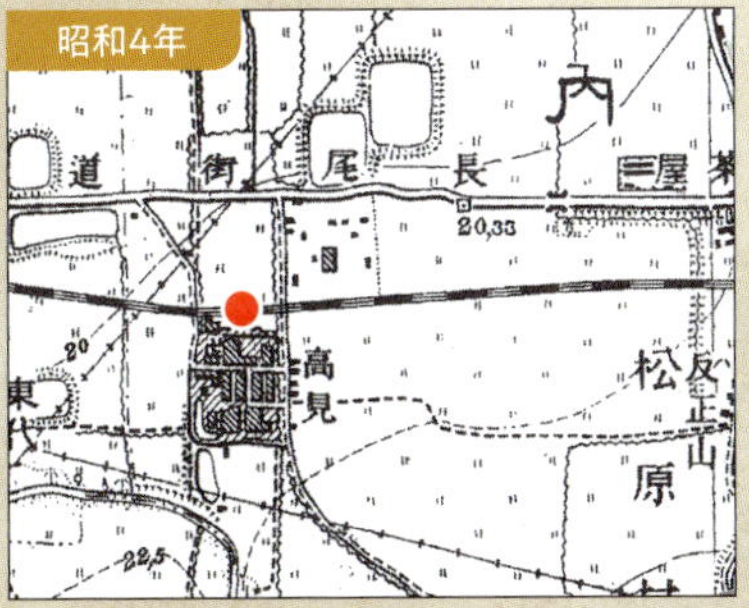

昭和4年

一面が田畑のこの地図は、昭和4年作成のもの。昭和7年開業の「高見ノ里駅」はまだ載っていない。駅が置かれる場所は丹北郡高見村の家々が集まる真上辺り。この一角には、明治初期の農家建築で国登録有形文化財の田中家住宅や、高見村惣道場の敬念寺などがある。

F10

河内松原《かわちまつばら》

Kawachi-Matsubara

開業年 1922(大正11)年4月18日

所在地 大阪府松原市上田3・5・1

キロ程 大阪阿部野橋から10.0km

駅構造 地上駅(橋上駅)2面4線

乗降客 26,250人

竹内・長尾街道など大和路の要衝地
鉄道は近鉄南大阪線のみが走る
大塚山古墳や柴籬神社の最寄り駅

河内松原駅は、松原市の中心駅である。大阪市のベッドタウンとして発展してきた。現在、鉄道は近鉄大阪線のみが走っている。

駅の開業は、1922(大正11)年4月で、当時は大阪鉄道の駅であった。駅の構造は島式2面4線のホームを持ち、1993(平成5)年に橋上駅舎となった。

かつて大和への交通路として知られた竹内街道、長尾街道とこれに交差した中高野街道が通り、交通の要衝地であった。そして古代の歴史を集めているのが、駅から東へ15分の河内大塚山古墳だ。全国で5番目に大きい前方後円墳とされている。

大塚山古墳の西に位置する柴籬神社も古い。日本書紀には、第18代反正天皇がこの地に丹比柴籬宮を置き、日本の政治・経済・文化の中心地となった。その後丹比柴籬宮跡は、「松生いし丹比の松原」と言われ、これが松原の地名の由来と伝わる。

駅から北へ800メートル、歩いて15分のところに阿保親王ゆかりの地、阿保神社が鎮座している。

現在

阿保神社 祭神は菅原道真(本殿)、阿保親王(阿保親王社)、市杵島姫命(厳島神社)の三神。境内にご神木のくすの木3本がそびえる。

現在

柴籬神社 18代天皇である反正天皇の都跡(丹比柴籬宮)とされている。境内に井原西鶴の歌碑がある。

現在

河内松原駅 平成5年に橋上駅舎化された河内松原駅。

昭和44年

発車する普通列車 準急に追い抜かれた後に発車する、古市行き普通列車(最後尾はモ5203)。

撮影：笹目史郎

昭和4年

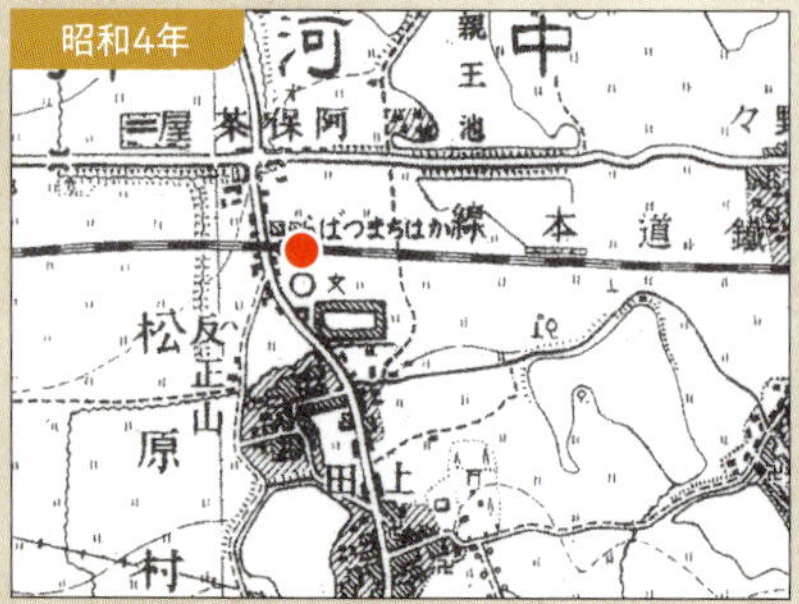

古地図探訪

地図を見ると、河内松原駅の北側には「阿保(あお)」「阿保茶屋」の地名が見える。この地名は、平城天皇の皇子、阿保(あぼ)親王(在原業平の父)がここに住んだことに由来する。現在、阿保神社が残っている。また、沿線には多くの溜池が存在していることがわかる。

F11

恵我ノ荘《えがのしょう》

Eganosho

南大阪線

羽曳野市に入って最初の駅となる
駅名は古代、中世の荘園・会賀荘から
国指定重要文化財の吉村家住宅も近い

開業年 1924(大正13)年6月1日

所在地 大阪府羽曳野市南恵我之荘8・1・23

キロ程 大阪阿部野橋から11・6km

駅構造 地上駅2面2線

乗降客 9、071人

恵我ノ荘駅からは羽曳野市内の駅となる。羽曳野市は、1956(昭和31)年9月に南河内郡古市町・高鷲町・埴生村・西浦村・駒ヶ谷村・丹比村の2町4村が合併して南大阪町が発足。1959(昭和34)年に市制を施行し、羽曳野市となった。

地名の羽曳野は、「羽を曳く野」という意味で、日本武尊が白鳥となり、この地に飛来したという伝説が由来。市内には白鳥神社がある。

恵我ノ荘駅は、1924(大正13)年6月、大阪鉄道の駅として開業。その後、1944(昭和19)年に近畿日本鉄道南大阪線の駅となる。

駅の構造は、相対式ホーム2面2線を持つ地上駅。「恵我ノ荘」の駅名は、古代、中世の荘園・会賀荘から来ている。古墳時代には多くの古墳が造営され、恵我ノ荘駅からも歩いていける大塚山古墳は、松原市との市境に跨がっている。

また、駅から徒歩15分(高鷲駅からも同じ)のところに、民家として初めて重要文化財に指定された古民家の「吉村家住宅」がある。

平成28年

恵我ノ荘駅

駅の改札口は上下線で別々にあり、古市駅寄りに設けられている。

現　在

付近を走る観光特急「青の交響曲」

歴史的資産の多い南大阪線・吉野線を走る観光特急16200系「青の交響曲」。

現　在

吉村家住宅

元和の役の直後に建築された、桃山期の書院造りの建築様式を一部にとどめる代表的な大庄屋の民家。昭和12年に、国の重要文化財に指定されている。吉村家の祖先は、鎌倉時代初期、当地付近に土着した佐々木高綱の子孫と伝わる。

古地図探訪

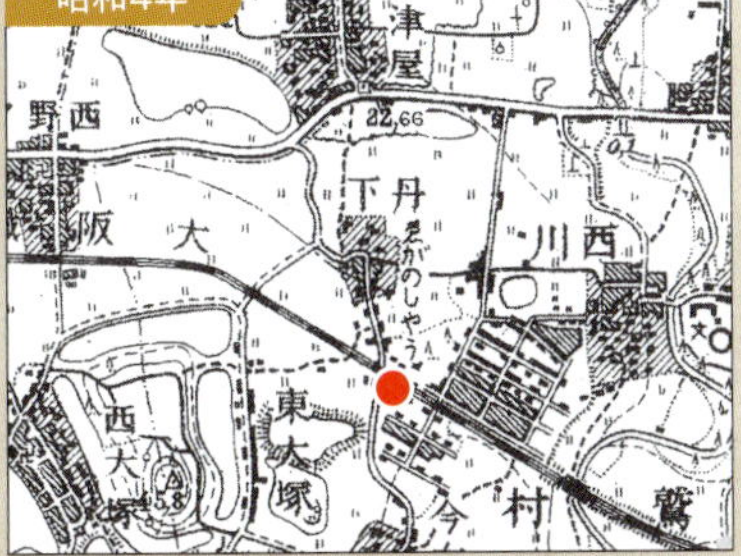

昭和4年

現在、河内松原駅と恵我ノ荘駅の中間付近をほぼ南北を貫く形で、中央環状線が通っているが、この時代には建設されていない。

駅名は「恵我ノ荘」だが、地名は「恵我之荘」と表記される。平安～鎌倉期の河内国丹北郡の内にあった荘園の名前から来ている。

F12

高鷲

たかわし

Takawashi

開業年 1922(大正11)年4月18日

所在地 大阪府羽曳野市高鷲1・1・12

キロ程 大阪阿部野橋から12・6km

駅構造 地上駅2面2線

乗降客 5、881人

雄略天皇丹比高鷲原陵が駅名の由来
雄略天皇陵は2つの古墳が1つの陵に
大津神社の社殿は江戸時代に建立

高鷲駅は、1922(大正11)年4月、大阪鉄道の道明寺―布忍間延伸時の開業である。当初は島式ホーム1面2線の地上駅であったが、現在は相対式ホーム2面2線を有する。ホーム有効長は6両。地下に改札・コンコース、地上にホームがある。恵我ノ荘駅と共に普通のみが停車。

駅付近は住宅地となっており、アパートやマンションも建つが、田畑もわずかに残る静かな住環境だ。

駅名は、駅の北にある「雄略天皇丹比高鷲原陵」から来ている。この雄略天皇の陵は、古事記では「河内の多治比の高鸇(たかわし)にあり」と記される。現在は直径75メートルの円墳(島泉丸山古墳)と、その東側にある一辺約50メートルの方墳(島泉平塚古墳)の2つが1つの陵(前方後円墳)として治定されている。

駅南側の住宅地には、平安時代に式内社と認定された「大津神社」が鎮座する。境内にある羽曳野市の説明板によると、「社殿は寛永17年に建てられた本殿、拝殿、弊殿からなる」とある。由緒ある神社だ。

高鷲駅 地下に改札・コンコース、地上にホームがある高鷲駅。写真は南側の出入口。

大津神社 駅から南に3分ほど歩いたところに鎮座。別名「丹下の大社」として親しまれている。

雄略天陵古墳 雄略天皇陵は、島泉丸山古墳と、隣接する島泉平塚古墳の2基で構成された特殊な天皇陵として知られている。

古地図探訪

地図上で、大阪鉄道本線(現・近鉄南大阪線)がカーブする辺りに「高鷲村」の文字が見える。高鷲町が町制施行される以前の、丹南郡高鷲村である。その後、所属郡は南河内郡に変わり、昭和30年に高鷲町となる。そして翌年、高鷲町は近隣の町村と合併して、南大阪町に発展している。

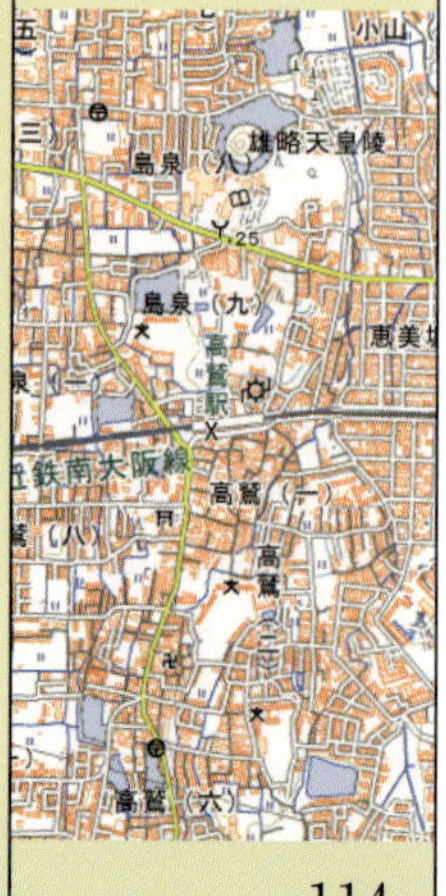

近隣散策

前方後円墳《ぜんぽうこうえんふん》

四角（方墳）と円（円墳）をつないだ形状の古墳は巨大古墳に多い形

「前方後円墳」とは、古墳の形式の一つで、文字通り、四角（方墳）と円（円墳）をつないだ形状の古墳のことを言う。上から見ると鍵穴の形をしているのが特徴だ。この形状は日本独自のもので、代表的なのは、日本最大の仁徳天皇陵古墳がある。また巨大古墳の多くが前方後円墳で、古墳時代に築造されている。なぜこのような形になったのかはわかっていない。

「前方後円墳」という名称は、江戸時代後期の儒学者・蒲生君平が19世紀初めに著した「山陵志」において初めて使われている。

蒲生は前方後円墳を牛車にたとえ、方形部分が車の前だとした。しかし、古墳時代にそのような車は存在していなかったということで、本当はどちらが前なのか、長い間わからなかった。その後、いろいろな学説が生まれたが、現在は、円形をしている後円部に石棺が収められ、前方部は祭壇の意味を持つとされている。

近鉄南大阪線沿線に存在する前方後円墳としては、藤井寺市にある「仲津山古墳」、「岡ミサンザイ古墳」、羽曳野市の誉田にある「誉田御廟山古墳」、羽曳野市と松原市に跨がる「河内大塚山古墳」などがある。いずれも世界遺産となった約４キロメートル四方に広がる古市古墳群を構成する古墳だ。

仲津山古墳

古市古墳群で2番目、全国でも9番目の大きさを誇る。墳丘は三段築成で、葺石と埴輪が確認される。

大塚山古墳

実際の被葬者は明らかではないが、宮内庁により"被葬候補者：第21代雄略天皇"として陵墓参考地に治定されている。

誉田御廟山古墳

宮内庁により"恵我藻伏崗陵"として第15代応神天皇の陵に治定されている。一部は国の史跡。

岡ミサンザイ古墳

被葬者は明らかではないが、宮内庁により「恵我長野西陵」として第14代仲哀天皇の陵に治定されている。全国では第16位の規模の古墳。

F13

藤井寺
ふじいでら
Fujiidera

開業年 1922(大正11)年4月18日
所在地 大阪府藤井寺市岡2・7・18
キロ程 大阪阿部野橋から13・7km
駅構造 地上駅(橋上駅)2面4線
乗降客 32、714人

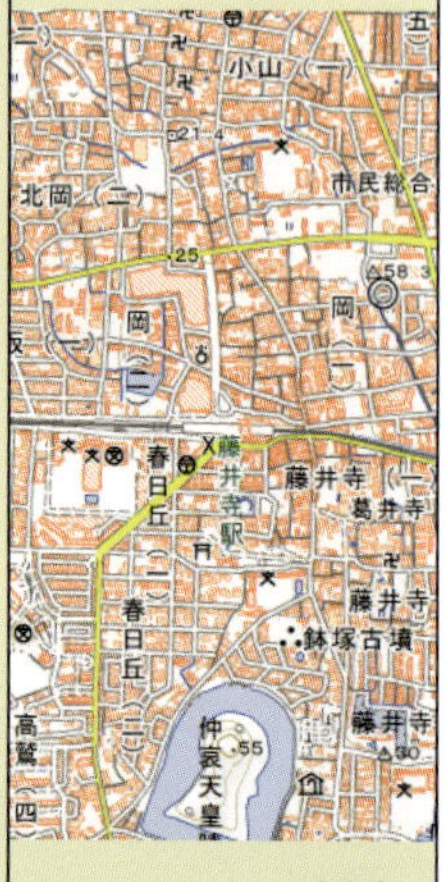

藤井寺市の玄関口である藤井寺駅
かつては近鉄バッファローズの本拠地
地名・駅名の由来は駅そばの葛井寺

藤井寺市は、大阪のベッドタウンでありながら、古市古墳群や葛井寺の門前町としても知られている。かつては近鉄バッファローズの本拠地、藤井寺球場もあった。藤井寺球場は1928(昭和3)年に開場、2005(平成17)年に閉場されている。跡地は四天王寺学園に売却され、小学校や中学校が建ち、南側には大規模マンションが誕生している。

藤井寺市の玄関口である藤井寺駅は、1922(大正11)年4月、大阪鉄道の布忍—道明寺間の開通時に開業。現在は島式ホーム2面4線を持つ橋上駅で、準急、普通が停車する。

地名・駅名でもある「藤井寺」は、駅から徒歩5分の「葛井寺」が由来。真言宗御室派の寺院で、奈良時代に行基が創建。国宝の乾漆千手観音坐像がある。藤の花でも有名で、毎年4月に「藤まつり」が行われている。

また古墳から出た舟形埴輪をモチーフした個性ある外観の「アイセルシュラホール」(市立生涯学習センター)も観光スポットで、メインの考古学・歴史系博物館が人気だ。

昭和30年代

藤井寺駅付近 写真は昭和30年代の藤井寺駅付近の空撮。中央に藤井寺球場が見える。

提供:藤井寺市

現在

藤井寺駅

昭和49年に橋上駅舎化。近鉄藤井寺球場の最寄り駅だったが、球場は平成18年に解体された。

現在

アイセルシュラホール

正式名称は「藤井寺市立生涯学習センター」。1994(平成6)年に開館した。

道明寺 古市 駒ヶ谷 上ノ太子 二上山 二上神社口 当麻寺 磐城 尺土 高田市 浮孔 坊城 橿原神宮西口 橿原神宮前

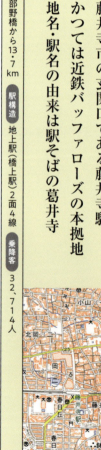

昭和48年

千日まいりで賑わう商店街

千日まいりは観音信仰に由来する行事で、この日参拝すれば4万6千日お参りしたのと同じご利益があるとか。

提供:藤井寺市

昭和48年

千日まいりの駅周辺

藤井寺市の夏の祭りは、毎年8月9日に行われる葛井寺の「千日まいり」のこと。

提供:藤井寺市

昭和30年頃

藤井寺駅前北商店街

藤井寺駅を降りてすぐ目の前にある商店街。写真は昭和30年頃の様子だが、現在も"昭和"が息づく商店街だ。

提供:藤井寺市

昭和44年

藤本酒造付近から葛井寺南大門

写真は、葛井寺南大門南の巡礼街道。手前の建物が藤井寺唯一の蔵元・藤本酒造。大正2年創業のこの蔵元は、令和4年3月で閉店した。

提供:藤井寺市

昭和47年

藤井寺駅北側道路工事

藤井寺市の玄関口、藤井寺駅北側の道路工事の様子。

提供:藤井寺市

昭和40年代

藤井寺駅南側の風景

昭和40年代の藤井寺駅南側に広がる風景。学校や寺院、古墳跡などが点在する地域。

提供:藤井寺市

古地図探訪

この地図では、大阪鉄道の藤井寺駅と土師ノ里駅の中間に、大正13年に開業した「御陵前駅」が存在する。その南側には、応神天皇陵（誉田御陵山古墳）が見える。この駅はその後廃止された。一方、藤井寺駅は大正11年、道明寺―布忍間延伸時に開業。昭和3年に大阪鉄道が藤井寺球場を開場した。駅の南側には、〝野球場〟の文字が見える。また仲哀天皇陵も確認できる。

近隣散策

葛井寺 ふじいでら

7世紀後半の白鳳期に建立された古刹。文化財の宝庫でもある

藤井寺の地名由来となる葛井寺は古代氏族葛井氏の氏寺として、7世紀後半の白鳳期に建立されている。西国三十三箇所観音霊場の第五番札所として信仰を集め、多くの参詣者が訪れる。

境内には1776（安永5）年に建てられた本堂のほか、護摩堂、宝蔵、大師堂などがあり、弘法大師手掘井戸や弁財天も有名だ。本尊の国宝乾漆千手観音坐像は、大阪府下唯一の天平仏で、1,043本もの手を持つ珍しい仏像だ。また、四脚門は、桃山様式を伝える建造物として、国指定の重要文化財となっている。春の開花期には境内の藤棚に紫や白の藤の花が咲き誇る。

葛井寺は真言宗御室派の寺院。本尊は日本最古の十一面千手観世音菩薩。聖武天皇の勅願寺で725（神亀2）年に創建、開山は行基と伝わる。

藤の花の名所として知られる葛井寺。毎年4月中旬から5月上旬にかけて、千年前から咲き続けている藤の開花に合わせ、"藤まつり"も開催されている。

F14

土師ノ里《はじのさと》

Hajinosato

南大阪線

開業年 1924(大正13)年6月1日

所在地 大阪府藤井寺市道明寺1・1・28

キロ程 大阪阿部野橋から15・6km

駅構造 地上駅(掘割駅)2面2線

乗降客 6、513人

駅名は古代豪族・土師氏に由来する
駅近くに市野山古墳や仲津山古墳が
近鉄大阪線が横切る澤田八幡神社も

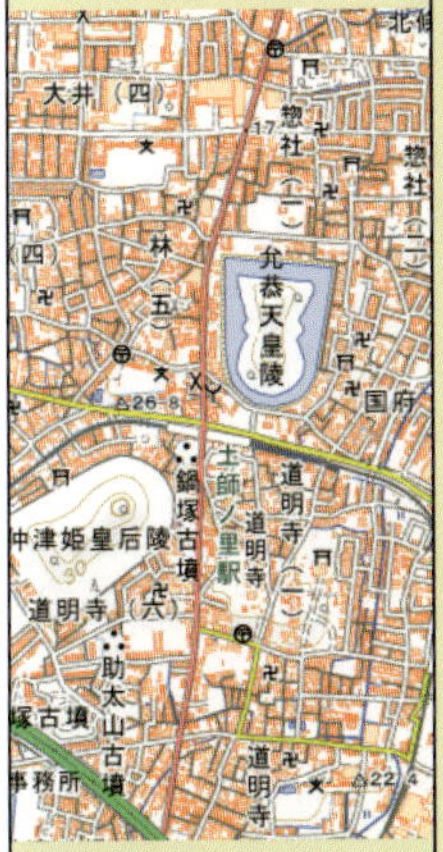

大阪阿倍野橋駅から準急で20分ほどで着く土師ノ里は、1924(大正13)年6月の開業である。駅名の「土師ノ里」は地名でなく、古代の有力な豪族だった土師氏に由来する。土師氏とは、古代古墳に副葬する埴輪を作った氏族。埴輪を造る工人たちを「はにし」と呼び、これに土師の漢字が当てられ、「はじ」という読み方に変化したのではないか、とみられている。確かに、この地域には、古市古墳群と呼ばれる多くの古墳が点在している。

現在の駅は、2008(平成20)年10月にリニューアルされた橋上駅舎。相対式ホーム2面2線を持つ半地下の駅となっている。国道170号線の旧道に面しており、ホーム有効長は8両。準急、普通が停車する。

駅の北側には允恭天皇陵とされる前方後円墳(市野山古墳)、南西には同じく前方後円墳で、応神天皇の皇后だった仲姫命(仲津姫命)を埋葬したとされる仲津山古墳がある。

境内を近鉄南大阪線が横切る澤田八幡神社もよく知られている。

土師ノ里駅ホーム名標

掘割のホームに建つ土師ノ里駅名標。駅番号は「F14」と記されている。

土師ノ里駅

ホームは掘割の半地下に位置し、国道170号線の旧道に面して橋上駅舎が建つ。

土師ノ里駅名

古墳時代の豪族土師氏に由来するが"土師ノ里"という名は駅と交差点のみで地名はない。

澤田八幡神社

境内を近鉄南大阪線が横切っており、踏切が設けられている。

古地図探訪

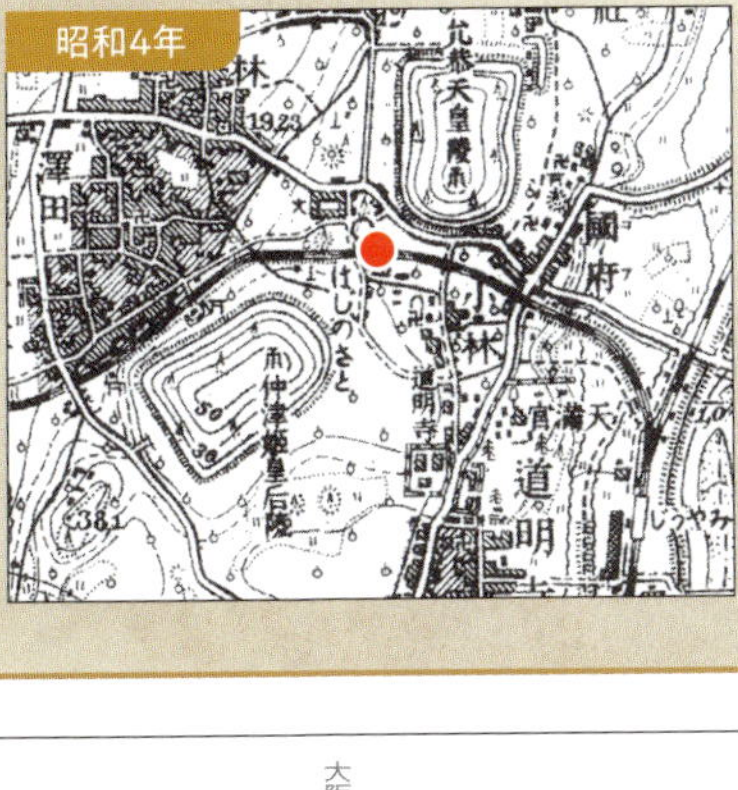

大正13年開業の土師ノ里駅。駅北側に允恭天皇陵が見え、南西には同じく前方後円墳で、応神天皇の皇后だった仲姫命(仲津姫命)を埋葬した仲津山古墳が見える。この仲姫皇后陵の堤に沿って走らせた大阪鉄道は結果的に澤田八幡神社の境内を横切ることになってしまった。

土師ノ里 藤井寺 高鷲 恵我ノ荘 河内松原 高見ノ里 布忍 河内天美 矢田 針中野 今川 北田辺 河堀口 大阪阿部野橋

F15

道明寺《どうみょうじ》

Domyoji

開業年 1898(明治31)年3月24日

所在地 大阪府藤井寺市道明寺3・1・55

キロ程 大阪阿部野橋から16・3km

駅構造 地上駅2面3線

乗降客 5,854人

南大阪線の中で最も古い歴史を持つ駅
土師氏の氏寺・土師寺が道明寺に改称
駅そばに道明寺と道明寺天満宮がある

現在

道明寺駅

道明寺駅前には、「大坂夏の陣・道明寺合戦」の記念碑がある。

道明寺駅は1898(明治31)年3月、河陽鉄道の駅として開業した。南大阪線の中でも最も古い歴史を持つ駅である。河陽鉄道は柏原—古市間が開通し、道明寺駅は唯一の途中駅だった。その後、河南鉄道を経て、大阪鉄道の路線になり、1922(大正11)年4月、道明寺—布忍間が開通した。道明寺線との分岐点であり、単式、島式の複合型2面3線のホームを持つ地上駅で、準急、普通が停車。またこの駅に連絡している道明寺線はすべて各駅停車である。

道明寺駅から西へ徒歩4分で「道明寺」、道路を隔てて道明寺天満宮がある。この地域はもともと、菅原道真の祖先に当たる土師氏の根拠地で、道明寺はその氏寺だった土師寺から道真の没後に名称が改められた。

平安時代、土師寺には道真の叔母に当たる覚寿尼公が住んでおり、明治維新の神仏分離で、道明寺と道明寺天満宮が分かれ、ここに道真と覚寿尼公が祀られている。天満宮は菅原道真ゆかりの国宝が多く、境内には梅や桜も多い。門前に土師窯跡の碑がある。

昭和30年頃

ぶどうの出荷風景

柏原市は昔からぶどう栽培が盛んなところ。写真は家族総出の出荷風景。

所蔵:フォト・パブリッシング

昭和30年頃

柏原市の貝ボタン

かつては洋服に使用する貝ボタンの生産地としても知られていた。

所蔵:フォト・パブリッシング

古地図探訪

昭和4年

現在の近鉄に属する駅の中では、柏原駅や古市駅と並び河陽鉄道の駅として明治31年開業と、最古の歴史を有する道明寺駅。この地図が作成される1年前の昭和3年に駅舎が改築されている。駅周辺には、地名・駅名の由来となった道明寺、道明寺天満宮がある。

道明寺 — 古市 — 駒ケ谷 — 上ノ太子 — 二上山 — 二上神社口 — 当麻寺 — 磐城 — 尺土 — 高田市 — 浮孔 — 坊城 — 橿原神宮西口 — 橿原神宮前

domyoji line

道明寺線《どうみょうじせん》

近鉄で最も歴史が古い路線 軌間は1、067ミリを採用

道明寺線は、南大阪線との接続駅である道明寺駅から分岐して大和川を渡り、JR西日本の関西本線（大和路線）との接続駅である柏原駅へと至る。支線ではあるが、柏原市と羽曳野市、藤井寺市方面を直接結ぶ唯一の路線で、通勤・通学の重要な足となっている。

この道明寺線が近鉄の路線の中で最も歴史が古いことは意外に知られていない。もともとは、南河内独自の鉄道として誕生した河陽鉄道（後に河南鉄道から大阪鉄道に社名変更）が、1898（明治31）年3月、柏原―古市間に開通させたのが始まりだ。その目的は、大阪市と南河内を結び、また高野山参詣客を見込んでのことだった。当時は電車ではなく、蒸気機関車だった。道明寺線が電化されたのは1924（大正13）年のことだ。

河陽鉄道は、関西本線とは直通輸送を計画していたため、軌間は1、067ミリを採用した。これが現在、近鉄の主体が1、435ミリ軌間であるのに対し、南大阪線を中心とする天王寺や吉野線などの路線が1、067ミリであることの要因になっている。

昭和40年頃

鉄橋を渡る2両編成の5626号車。この鉄橋は歴史が古く、イギリス製と銘板に記載されている。

撮影：広瀬和彦

現 在

奈良県・大阪府を流れ、大阪湾に注ぐ一級水系の本流の大和川。写真はこの大和川を快晴の日に渡る近鉄電車。

平成28年

行き止まり式の道明寺線用のりばに停車する6432系。ワンマン対応の車両だ。

昭和41年

JR西日本の関西本線（大和路線）・柏原駅の近鉄道明寺線のりばに停車中の、前面5枚窓が特徴的な5621形車両。

撮影：荻原二郎

F16

O16

古市《ふるいち》

Furuichi

開業年 1898(明治31)年3月24日

所在地 大阪府羽曳野市古市1・1・22

キロ程 大阪阿部野橋から18.3km

駅構造 地上駅(橋上駅)2面4線

乗降客 17,992人

南大阪線の主要駅で市役所の最寄り駅 遺跡が点在、古市誉田古墳群を成す 長野線の分岐駅としても知られる

南大阪線は、藤井寺—古市間でU字形にカーブしているため、古市駅は再び羽曳野市に所在する駅となる。この駅は羽曳野市役所の最寄り駅だ。

駅は1898(明治31)年3月、河陽鉄道の柏原—古市間の開通時に終着駅として開業。現在の長野線が富田林駅まで延伸した。また1929(昭和4)年3月に、古市—久米寺(現・橿原神宮前)間が開通した。

現在の駅は島式ホーム2面4線を有する地上駅で、1969(昭和44)年から橋上駅舎が使用されている。一部の特急と共に急行、区間急行なども停車する、南大阪線の主要駅だ。

道明寺駅と共に古い歴史を持つ駅で、現在は、長野線の分岐駅としても知られている。急行だと阿部野橋の次の停車駅という便利さから、大阪のベッドタウンとして急激に発展した。

周辺は、住宅地に混じって古代の遺跡が至るところに点在しており、古市誉田古墳群を成している。

駅から北へ徒歩10分の誉田八幡宮は由緒ある歴史があり、社宝も多く、文化財の一大宝庫となっている。

市制施行前の古市駅

昭和34年1月に市制が施行され羽曳野市が誕生する。写真は施行前の古市駅。 提供：羽曳野市

古市駅 古市駅は、羽曳野市の主要駅で、南大阪線と長野線の2路線が乗り入れている。

撮影：荻原二郎

地上駅舎時代の古市駅

写真は、地上駅舎時代の古市駅。駅舎に日章旗が掲げられた祝日、駅が賑わっている様子。昭和44年に駅は北側へ移設され橋上駅舎化された。

古市車庫(古市検車区)

南大阪線古市駅の南西に設置された車輌基地。南大阪線・長野線・吉野線・御所線・道明寺線を含む南大阪線系統を走行するすべての車両が所属する。写真は入庫中の湘南顔車両。

撮影：芝野史郎

古地図探訪

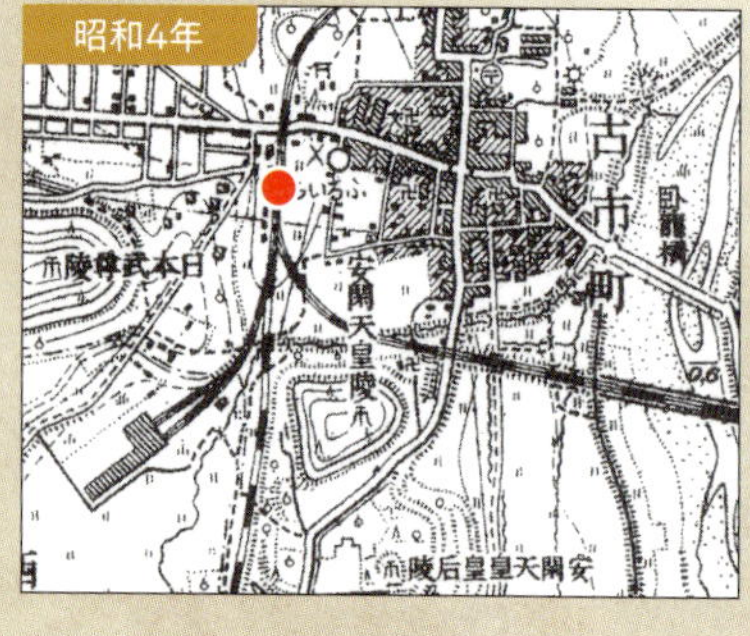

古市駅で長野線と分かれた大阪鉄道本線(現・近鉄南大阪線)は南西方向に進む。古市駅の南西には、古市車庫があり、現在も南大阪線車両が所属する一大車両基地(古市検車区)だ。

この駅周辺にも古墳(御陵)が点在。日本武尊陵(白鳥陵古墳)、安閑天皇陵(高屋八幡山古墳)などが知られている。

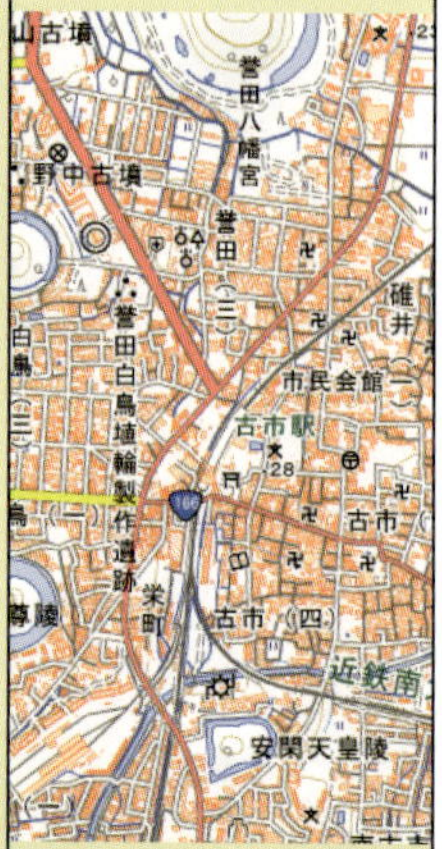

道明寺 — 古市 — 駒ヶ谷 — 上ノ太子 — 二上山 — 二上神社口 — 当麻寺 — 磐城 — 尺土 — 高田市 — 浮孔 — 坊城 — 橿原神宮西口 — 橿原神宮前

F17

駒ヶ谷

こまがたに

Komagatani

南大阪線

開業年　1929(昭和4)年3月29日

所在地　大阪府羽曳野市駒ケ谷159・1

キロ程　大阪阿部野橋から20・0km

駅構造　地上駅2面2線

乗降客　1、315人

平成25年12月からは無人駅となる
上ノ太子にかけてブドウ畑が広がる
駅近くに古社の杜本神社が鎮座する

駒ヶ谷駅は1929(昭和4)年3月、古市―久米寺(現在の橿原神宮前)間の開通時に開業。そして1943(昭和18)年2月、関西急行鉄道が大阪鉄道を合併して、関西急行鉄道天王寺線の駅となる。また1944(昭和19)年6月、戦時統合により関西急行鉄道が南海鉄道(現在の南海電気鉄道の前身で後に再独立する)と合併。近鉄南大阪線の駅となる。

現在の駅は相対式2面2線の地上駅で、急行などは通過し、準急と普通が停車する。2013(平成25)年12月から無人駅となっている。

羽曳野市東部を中心とする地域はブドウの産地で、駒ヶ谷駅から上ノ太子駅の沿線にはブドウ畑が広がり、地元ワインも製造している。

駅から東へ約10分ほど歩いた、宮山頂上付近に古社・杜本神社が鎮座。境内には、楠木正成公が戦死したとき、「敵の目を逃れるために公の御首をひそかに隠した」という「大楠公首塚」や、獣面人身を刻んだ一対の珍しい石像「隼人石」など、由緒ある遺跡が残っている。

駒ヶ谷駅

駒ヶ谷駅の駅舎(改札口)は、橿原神宮前方面行きホームの尺土寄りにあり、反対側のホームへは構内踏切で連絡している。

駒ヶ谷駅構内

終日無人駅となった駒ヶ谷駅には、自動改札・精算機が設置されている。写真奥は構内踏切。

杜本神社

創建年代は不詳。社伝によると伊波別命に縁の一族が神社の祭祀を行い、平安時代には"矢作忌寸"を称したという。

駒ヶ谷駅上りホーム

長い木製ベンチが備わっている駒ヶ谷駅上りホーム。

古地図探訪

駒ヶ谷駅の南東には駒ヶ谷村が存在、杜本神社と願永寺を示す地図記号がある。駒ヶ谷村は昭和31年に古市・高鷲町なども合併して南大阪町になった。また、杜本神社は駒ヶ谷駅から東へ10分の延喜式内の古社。願永寺は駅から5分、願永寺は真宗大谷派の寺院だ。

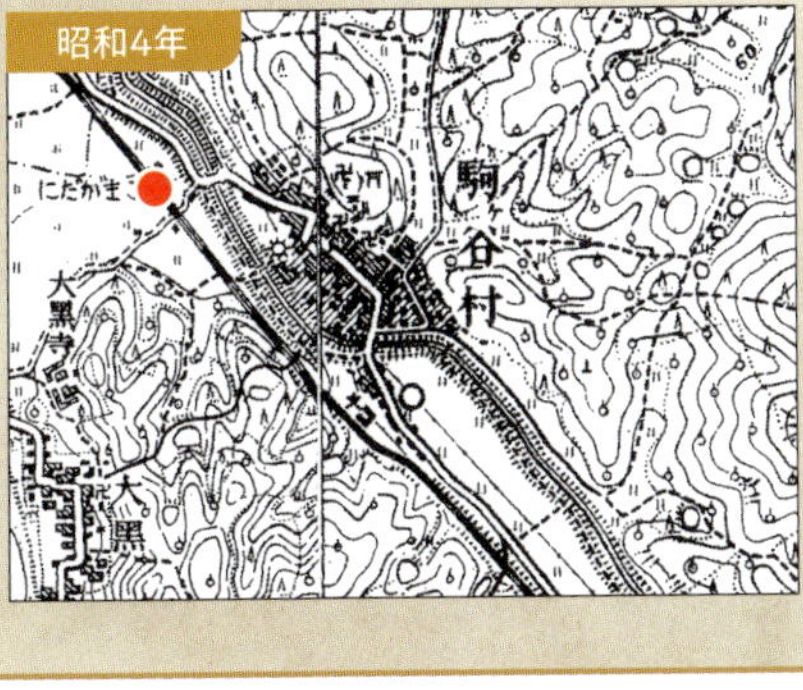

F18

上ノ太子《かみのたいし》

Kaminotaishi

開業年 1929(昭和4)年3月29日
所在地 大阪府羽曳野市飛鳥816・1
キロ程 大阪阿部野橋から22・0km
駅構造 地上駅2面2線
乗降客 3,678人

駅名は叡福寺の別名「上之太子」から
駅前に聖徳太子像が建てられている
源氏三神社の1つ壺井八幡宮も鎮座

上ノ太子周辺は、後に鎌倉幕府を開いた源頼朝の先祖・河内源氏の本拠地として知られている。

その玄関口を担う上ノ太子駅は、聖徳太子の墓所「叡福寺北古墳」があり、古墳は叡福寺の中にある。

太子町内で一段と目立つ南大門をくぐると奥の原生林の森が聖徳太子の御廟。そこには太子と妃、母親も埋葬され、三骨一廟と言われている。この霊廟守護のため造営されたのが叡福寺で、河内三太子の一つ「上之太子」と言われている。駅から徒歩15分のところには、源氏三神社の1つである壺井八幡宮も鎮座する。

駅名は、太子宗を名乗る真言宗系の単立寺院、叡福寺の別名「上之太子」から採られている。

駅は1929(昭和4)年3月の開業で、相対式ホーム2面2線を持つ地上駅である。駅舎は2つのホームにあり、南(下り)駅舎は2004(平成16)年、南阪奈道路開通に伴い新設された。その時にロータリーもつくられ、その後、駅前に聖徳太子像が建てられている。

上ノ太子駅(北側)
上ノ太子の玄関口として設けられた上ノ太子駅。写真は北側に建てられた最初の駅舎。

壺井八幡宮
河内源氏発祥の中世の面影が残る神社。境内に天然記念物の楠の巨木がそびえる。

叡福寺
叡福寺は、大阪府太子町にある聖徳太子の御廟を守る、四天王寺、法隆寺と並んで太子信仰の中核となった寺院。

上ノ太子駅(南側)
南阪奈道路開通に伴い2004(平成16)年に新設された南側の駅舎。バスロータリーも造られた。

古地図探訪

古市駅で長野線と分かれた大阪鉄道本線(現・近鉄南大阪線)は、南西方向に進んで、駒ヶ谷駅を過ぎ、石川を渡り、上ノ太子駅に至る。途中、石川を渡り、飛鳥川と寄り添いながら進むことになる。市川を越える地点の北側には、石川に架かる道路橋の臥龍橋がある。石川は北へ流れ、大和川と合流。

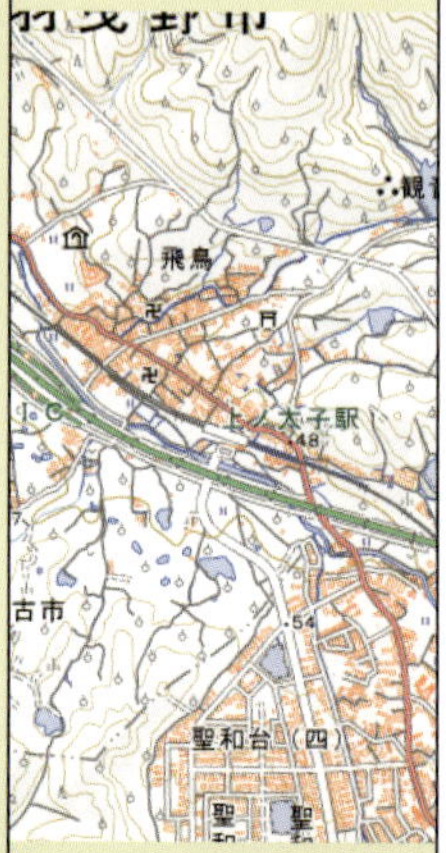

F19

二上山《にじょうざん》

Nijozan

南大阪線

開業年 1929(昭和4)年3月29日
所在地 奈良県香芝市畑四丁目106・2
キロ程 大阪阿部野橋から27・3km
駅構造 地上駅2面2線
乗降客 1,926人

歴史ある山で、万葉集にも詠まれる
ザクロ石の産地としても知られる
近くの大阪線にも「二上」駅がある

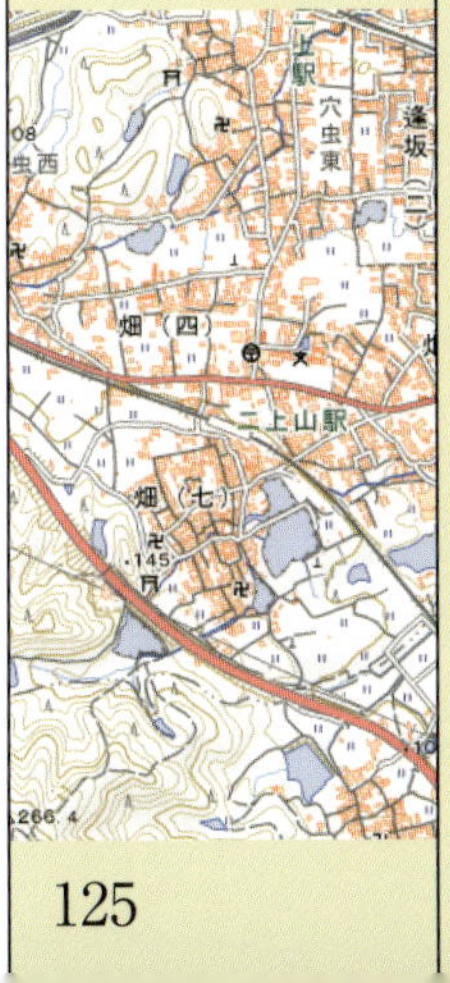

近鉄南大阪線の二上山駅は香芝市内にあるが、この駅から800メートル離れたところに大阪線の二上駅が存在する。両駅は戦前まではライバル会社の駅であった。また、次駅の二上山神社口駅は葛城市となる。

二上山は、大阪府と奈良県の境に雄岳、雌岳の二峰が並ぶ標高517メートルの山。約1500万年前の火山活動で生まれ、それにより生じたサヌカイト、凝灰岩、金剛砂(ザクロ石)などの岩石類は、旧石器時代から現在まで、さまざまな形で利用されている。遠方からは松林に多くの鶴が屯(たむろ)しているように見えることから「屯鶴峯(どんづるぼう)」と名前がついた。美しい山容は万葉集にも詠まれ、また石の産地として、現在もザクロ石を産出し、サンドペーパーや研磨材などに使われている。

二上山駅は、1929(昭和4)年3月に大阪鉄道の駅として開業し、1944(昭和19)年6月、会社合併により近鉄南大阪線の駅となった。相対式ホーム2面2線の地上駅で、準急、普通が停車する。

現 在

疾走する近鉄特急26000系

二上山をバックに疾走する近鉄特急26000系さくらライナー。桜の名所吉野がモチーフだ。

平成28年

二上山駅 相対式2面2線のホームを持つ地上駅で、改札・コンコースも地上にある。

古地図探訪

昭和4年

地図上に斜めに走るのは大阪鉄道本線(現・近鉄南大阪線)だ。そのほぼ中央に存在しているのが二上山駅。この地図が作成された時と同じ、昭和4年、大阪鉄道の古市—久米寺(現・橿原神宮前)間開通時に開業した。畑の集落のそばにある神社記号は春日神社(現・香芝市畑)。

近隣散策

屯鶴峯《どんづるぼう》

県指定天然記念物。香芝市にある奇岩群で、二上山で起きた火山活動で火砕流や火山灰などが堆積。地殻変動によって隆起した現在の断崖の様子が鶴の群れに見えることから、そのように名付けられた。

F20

二上神社口

にじょうじんじゃぐち

Nijojinjaguchi

駅名は「葛木二上神社」に由来する
山麓に加守神社や倭文神社も鎮座する
牡丹で有名な石光寺(染寺)も徒歩圏内

開業年 1929(昭和4)年3月29日
所在地 奈良県葛城市加守544
キロ程 大阪阿部野橋から28.4km
駅構造 地上駅2面2線
乗降客 744人

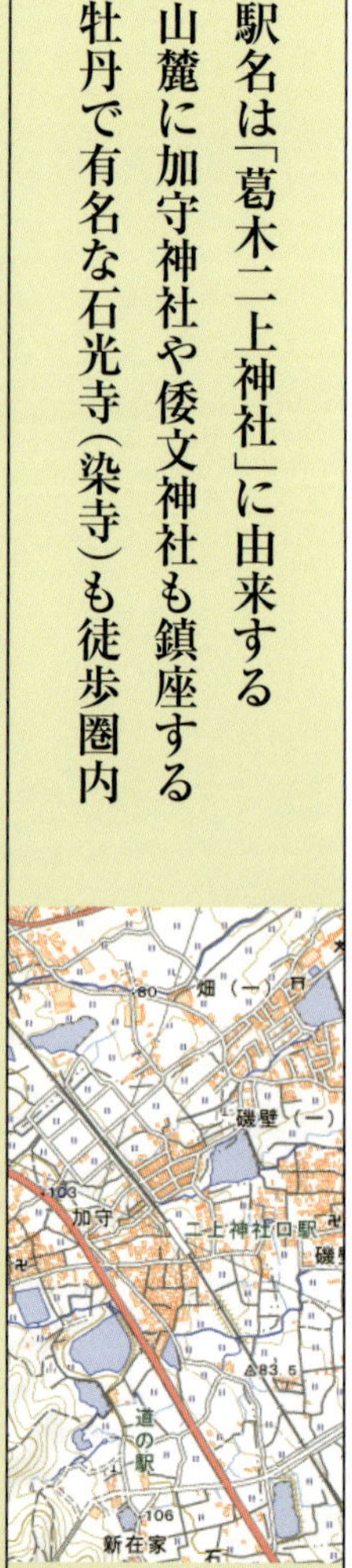

駅名にある"二上神社"とは、二上山の雄岳山頂付近にある「葛木二上神社」のことだ。この神社は、大国魂神、豊布都霊が主祭神で、創建などは不詳。現在の社殿は、1974(昭和49)年の二上山大火で焼失し、翌年に再建されたもの。本社の東側に大津皇子の墓がある。

また、二上山の登山口に加守(かもり)神社が鎮座し、葛木倭文座天羽雷命神社(倭文神社)・葛木二上神社の三社が祀られている。ここは、地名も「加守」といい、かつては、葛木倭文座天羽雷命神社も「加守明神」と呼ばれていた。この加守神社の南側からは本格的な山道に入る。

二上神社口駅は二上山駅と同じく1929(昭和4)年3月に開業した。2013(平成25)年12月からは、無人駅となっている。駅の構造は、相対式ホーム2面2線の地上駅。1日の利用者は少な目だが、休日は二上山を目指すハイカーで多くなる。

駅から徒歩15分の石光寺(染寺)は牡丹でも有名で、春や冬の開花期は急行が臨時停車し、臨時列車も出る。

葛木倭文神社

二上神社口駅近くの丘陵上に東面して鎮座。神域の背後はすぐ二上山麓に接した延喜式内社である。

二上神社口駅

2番線ホーム側にある駅舎(改札口)。牡丹の開花時期には急行が臨時停車することもある。

葛木二上神社

駅名の由来となった神社で、創建の年代などは不詳。現在の社殿は昭和50年に再建された。

二上神社口駅~当麻寺駅間

場所は二上神社口駅と当麻寺間。黄色の稲穂が揺れ、彼岸花も咲く秋の大和路を行く電車。

石光寺(染寺)

飛鳥時代後期の創建とみられる古寺で、中将姫伝説ゆかりの寺院。"染寺"とも言われる。

古地図探訪

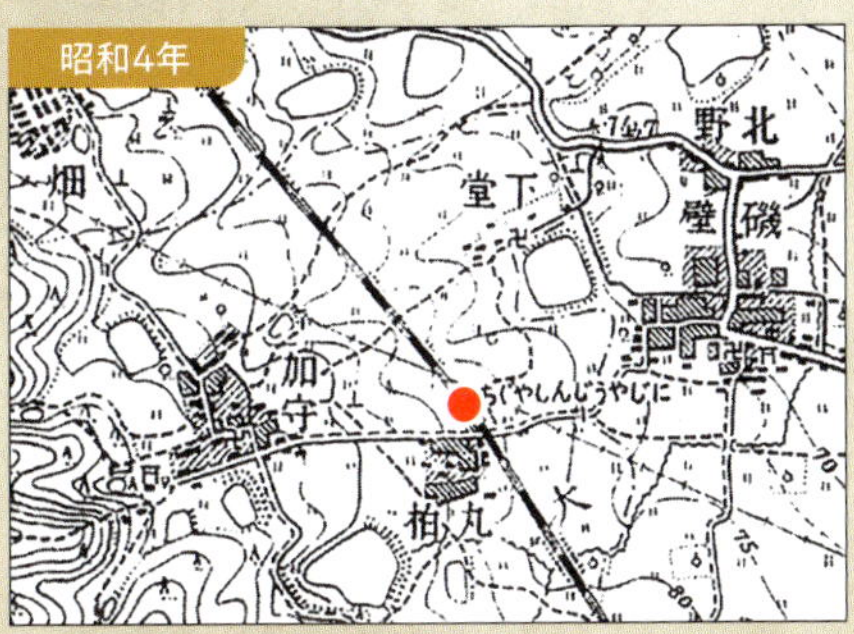

地図を改めて見ると、左上(北西)から右下(南東)へと斜めに路線が走っている。これは大阪鉄道本線(現・近鉄南大阪線)である。大阪鉄道は2年前の昭和4年に古市―久米寺(現在の橿原神宮前)間の延伸時に開業したばかりだった。その後、昭和18年には、関西急行鉄道と合併している。

まだ田園地帯が広がる中に、磯壁・加守・丸柏などの集落が点在している。加守のところにある神社記号は、二上山の登山口に鎮座する「加守神社」だ。参道からは二上山がのぞめる。

近隣散策

二上山

にじょうさん

雄岳と雌岳の二峰から成り、その美しい山容は万葉集にも詠まれた

奈良と大阪の境にある「二上山」は、かつては〝ふたかみやま〟とも言われた。金剛山地の北部に位置し、大和川を隔てて生駒山地が続くという、山間の地に当たる。

517メートルの雄岳(おだけ)と、474メートルの雌岳(めだけ)の二峰から成り、その美しい山容は万葉集にも詠まれている。絶好のハイキングコースで、毎年多くの登山客が訪れる。雌岳からは、奈良盆地と大阪平野が一望できる。

また、二上山は1400万年前の火山で、世界でも希少な「サヌカイト」の産地。古代では石器の材料となり、叩くと高く澄んだ音がするので楽器にも使われている。

二上山北西にある景勝地・屯鶴峯(どんづるぼう)も火山活動の名残り。凝灰岩の奇岩が遠くから見ると松林に鶴が屯(たむろ)しているように見えたので、その名が付いた。このほか山中の至るところに神社や旧跡があり、大和の歴史と権威を象徴する山になっている。

夕暮れの二上神社口付近を走る近鉄特急80000系「ひのとり」背景にあるのは二上山。

奈良県北葛城郡、金剛・葛城山脈の北端に位置する二上山は、いかにも山らしい親しみのわく山容が特徴。

写真は、金剛生駒紀泉国定公園。この公園は大阪府と奈良県の境にある金剛生駒山脈と和泉山脈の一帯。

F21

当麻寺《たいまでら》

Taimadera

開業年 1929(昭和4)年3月29日

所在地 奈良県葛城市當麻54・2

キロ程 大阪阿部野橋から30・4km

駅構造 地上駅2面2線

乗降客 1、305人

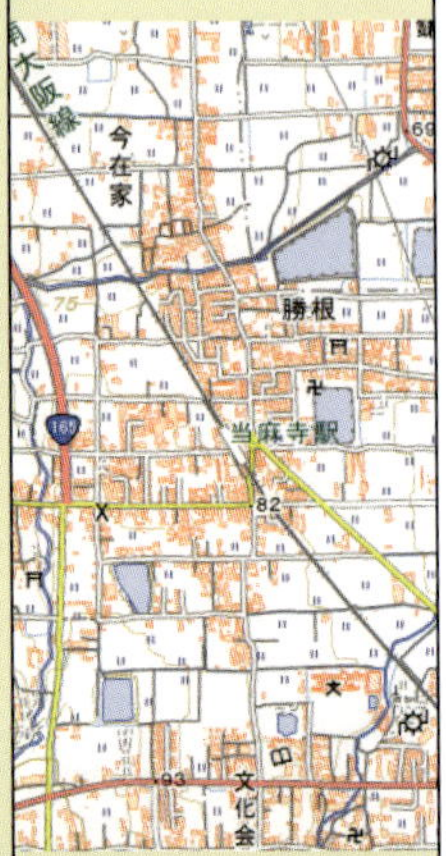

中将姫伝説で知られる當麻寺や相撲館・けはや座などの最寄り駅 當麻寺はボタンの名所でもある

当麻寺駅で降りると、西方に二上山の雄岳と雌岳という2つの峰を持つ美しい山容が望める。その東麓にあるのが、中将姫伝説と當麻曼荼羅で知られる當麻寺だ。

當麻寺は、飛鳥時代に創建され、白鳳・天平様式の大伽藍を有し、東西で一対となる三重塔(国宝)が唯一残っている寺院。西方極楽浄土を表し、本尊として祀られている「當麻曼荼羅」は、中将姫が織り上げたものとされている。国宝の本堂(曼荼羅堂)など、歴史上の貴重な建造物や寺宝も多く、練り供養には大勢の参拝客で賑わう。ボタンの名所でもある。また當麻寺への参道途中には、相撲の開祖と言われる「當麻の蹶速(けはや)」を祀る五輪塔(塚)があり、隣りに相撲館「けはや座」もある。

当麻寺駅は、當麻寺はもちろん、當麻の蹶速や相撲館の最寄り駅で、相対式ホーム2面2線を持つ地上駅。観光客が多く利用する駅であるため、普段停車するのは準急、普通のみだが、ボタンの開花シーズンには、急行も臨時に停車する。

現在

当麻寺駅 駅舎は大阪阿部野橋行きホームの尺土寄りにあり、反対側の橿原神宮前行きホームへは構内踏切で連絡する。

現在

ホームと電車 ホームに停車中の電車。普段停車するのは準急、普通列車のみだが、ボタンの時期は急行列車も臨時停車。

現在

當麻蹶速塚 當麻寺の参道にある當麻蹶速塚は、相撲の始祖として知られる。鎌倉時代の様式である五輪塔が有名。

古地図探訪

この付近の奈良盆地にも、集落の間に小さな溜池が点在している。そして、地図右上の今在家という集落近くに「当麻寺駅」が出来たのは地図作成と同じ昭和4年のことだった。この駅は當麻寺の最寄り駅で、参道付近の神社記号は平田春日神社、その下は春日神社だ。

近隣散策

當麻寺《たいまでら》

広大な境内には、有名な當麻曼荼羅や日本最古の塑像である弥勒仏坐像など貴重な寺宝が多数。古代の三重塔が東西2基とも現存する唯一の寺で、牡丹の名所としても知られる。

中将姫の伝説や牡丹の花で知られる當麻寺。

道明寺 古市 駒ヶ谷 上ノ太子 二上山 二上神社口 当麻寺 磐城 尺土 高田市 浮孔 坊城 橿原神宮西口 橿原神宮前

F22

磐城《いわき》

Iwaki

南大阪線

開業年 1929（昭和4）年3月29日
所在地 奈良県葛城市長尾220・2
キロ程 大阪阿部野橋から31・1km
駅構造 地上駅2面2線
乗降客 1,067人

葛城市役所當麻庁舎の最寄り駅 周辺は竹内街道や長尾街道、初瀬街道の起点で、古来より交通の要衝

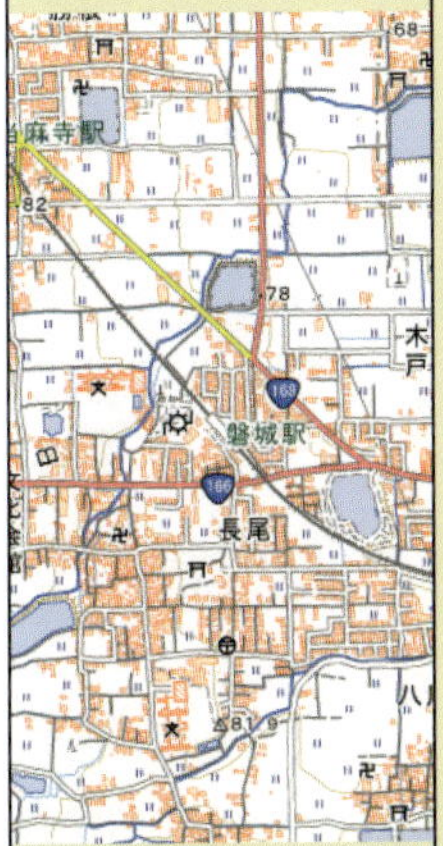

磐城駅は、葛城市役所當麻庁舎（旧當麻町役場）の最寄り駅。当麻寺駅と同じ1929（昭和4）年3月に開業した。駅の構造は、相対式ホーム2面2線を有する地上駅で、下りホーム側には保守車両用の側線がある。駅舎（改札口）は大阪阿部野橋方面行ホームの尺土寄りにあり、反対側の橿原神宮前方面行ホームへは構内踏切で連絡。準急、普通が停車する。

無人駅で、自動改札機や自動精算機（回数券カード・ICカードのチャージ対応）が設置されている。

駅周辺は、竹内街道や長尾街道、初瀬街道（横大路）の起点で、古来より交通の要衝としてにぎわった場所。特に竹内街道は、推古天皇の時代に開通したとされる日本最古の官道で、長尾神社から、大阪府堺市へ続く。その距離は約26キロメートルで、沿道には今も風情ある古民家が散在。散策する観光客の姿が目につく。

磐城駅下車1分の長尾神社は、延喜式にも記される古社。交通・旅行安全にご利益があるとされる。駅から徒歩20分の綿弓塚も観光名所だ。

磐城付近の6400系電車

写真は、磐城付近を走る南大阪線の一般車両（通勤形電車）6400系の電車。

竹内街道・道標

河内と大和を結ぶ竹内街道には、随所に行き先などを示す石道標が建つ。

磐城駅

相対式2面2線のホームを有する地上駅。平成25年12月より終日無人駅化。下りホーム側には保守車両用の側線がある。

長尾神社

延喜式にも名がある古社で、竹内街道、初瀬街道（横大路）、長尾街道の起点にあたる。

古地図探訪

地図には文字が記されていないが、磐城駅の南側には竹内街道が走っている。現在の国道166号線だ。竹内街道は、わが国で最も古い官道、街道の一つで、大和と河内を結ぶ街道である。磐城駅付近から西へ向かい、現在の府県境にある竹内峠を経て、富田林に至る道だ。

F23

尺土

しゃくど

Shakudo

開業年 1929(昭和4)年3月29日
所在地 奈良県葛城市尺土228
キロ程 大阪阿部野橋から32.3km
駅構造 地上駅(橋上駅)2面4線
乗降客 4,017人

平成16年に誕生した葛城市の玄関口 地域の〝赤い土〟から「尺土」の地名に 尺土駅から近鉄御所線が分岐している

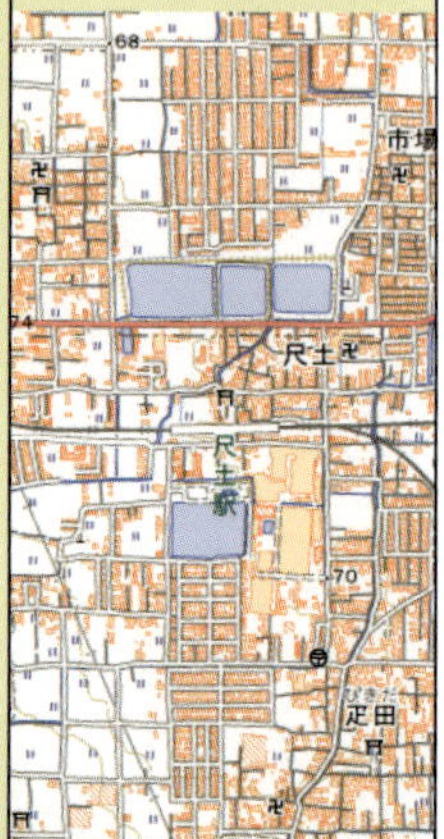

尺土駅は、2004(平成16)年10月に新庄町と當麻町が合併して誕生した葛城市の玄関口。市名は、両町が属していた北葛城郡に由来する。市の中央部を東西に近鉄南大阪線が通り、そのほぼ真ん中に位置する尺土駅からは近鉄御所線が南に分岐している。尺土駅は特急や急行も停車する南大阪線の主要駅だ。

地名であり、駅名の「尺土」は、この地域から赤い土が出たということで、「赤土」から「尺土」に変わったと伝えられる。

駅の開業は、1929(昭和4)年3月、大阪鉄道の古市—久米寺(現・橿原神宮前)間の開通時である。1930(昭和5)年12月には、南和電気鉄道(現・近鉄御所線)の尺土—南和御所町(現・近鉄御所)間が開業、連絡駅となった。現在は、島式ホーム2面4線を有する橋上駅で、改札口は高架通路(2階)に設けられている。1994(平成6)年までは、単式・島式の2面3線のホームであった。

駅北側には春日神社が鎮座。一帯は昔ながらの店や古民家が散在する。

尺土駅名標 ホームの上屋から下がる尺土駅の駅名標。駅番号は南大阪線が「F23」、御所線が「P23」。

尺土駅 平成28年に撮影された尺土駅。この頃、駅前の整備が進められていた。

尺土駅 昭和40年に撮影された尺土駅。御所線の分岐駅で、ホームに人が大勢待っている様子。

撮影:荻原二郎

尺土駅ホーム 御所線の接続駅で特急・急行が停車。写真右は急行吉野行きで、6020系6136編成ラビットカー塗装。

古地図探訪

尺土駅からは、昭和5年に開業した南和電気鉄道(現・近鉄御所線)が分かれているのが見える。南の方向に向かうこの路線は、南和御所町(現・近鉄御所)駅が終点になっていた。現在の御所線は、通勤路線としての役割のほか、葛城山へ向かうルートも担っている。

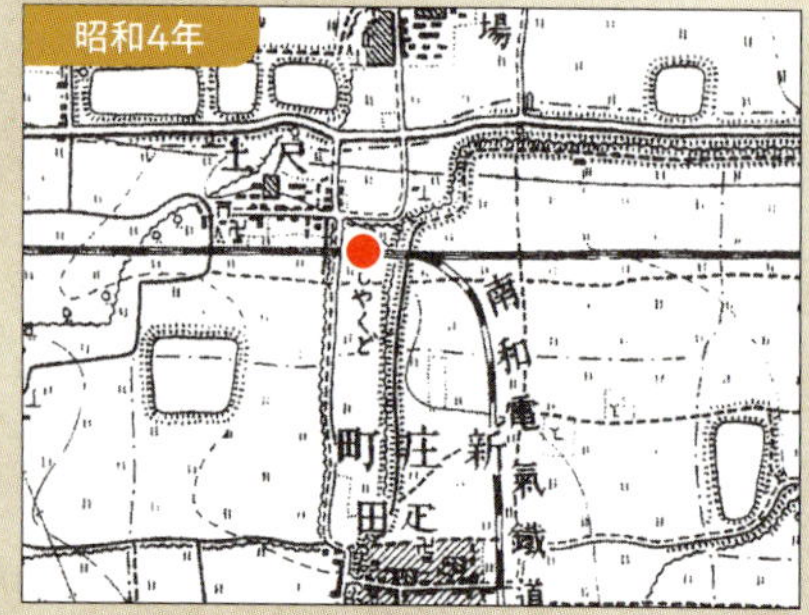

道明寺 古市 駒ヶ谷 上ノ太子 二上山 二上神社口 当麻寺 磐城 **尺土** 高田市 浮孔 坊城 橿原神宮西口 橿原神宮前

gose line

御所線《ごせせん》

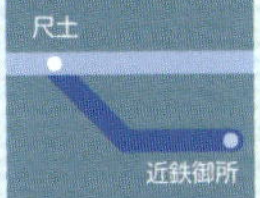

総延長5・2キロの単線で葛城山へのアクセス路線

御所線(ごせせん)は、奈良県葛城市の尺土駅から奈良県御所市の近鉄御所駅間を結ぶ近鉄の路線で、総延長5・2キロの単線路線。軌間は1、067ミリで、駅数は4駅(起終点駅を含む)。途中駅は近鉄新庄、忍海(おしみ)の2駅で、どちらも葛城市に属する。

運行形態は、朝のラッシュ時には1時間に5往復、それ以外の時間帯は4往復が運転されている。準急・急行を含めて全列車が各駅に停車。線内の折り返し列車は、一部を除いてワンマン運転を行っている。

南大阪線と接続している尺土駅から阿部野橋や古市への直通運転もあることから、大阪への通勤路線として人気がある。

開業は1930(昭和5)年で、南和電気鉄道が尺土―南和御所町間(現・近鉄御所)を開通させた。開業当初は五條・橋本方面まで南進させる計画があったが、実現には至らなかった。近鉄御所が終点でありながら、中間駅のような構造をしているのは、計画の頓挫によるものだと言える。

近鉄御所駅からは、近鉄が運営している「葛城索道線(葛城山ロープウェイ)」に連絡する奈良交通のバスが接続している。

昭和40年

御所駅 ホームの上屋風の屋根が付く近畿日本御所駅。写真は駅前広場を前にした人々の様子。 撮影：荻原二郎

昭和40年

撮影：荻原二郎

御所駅ホーム 昭和45年、近鉄御所駅に改称される前の近畿日本御所駅ホーム。停車している車両は、モ5621形2両。

昭和40年

新庄駅 昭和45年に「近鉄新庄駅」へ改称される前の近畿日本新庄駅。 撮影：荻原二郎

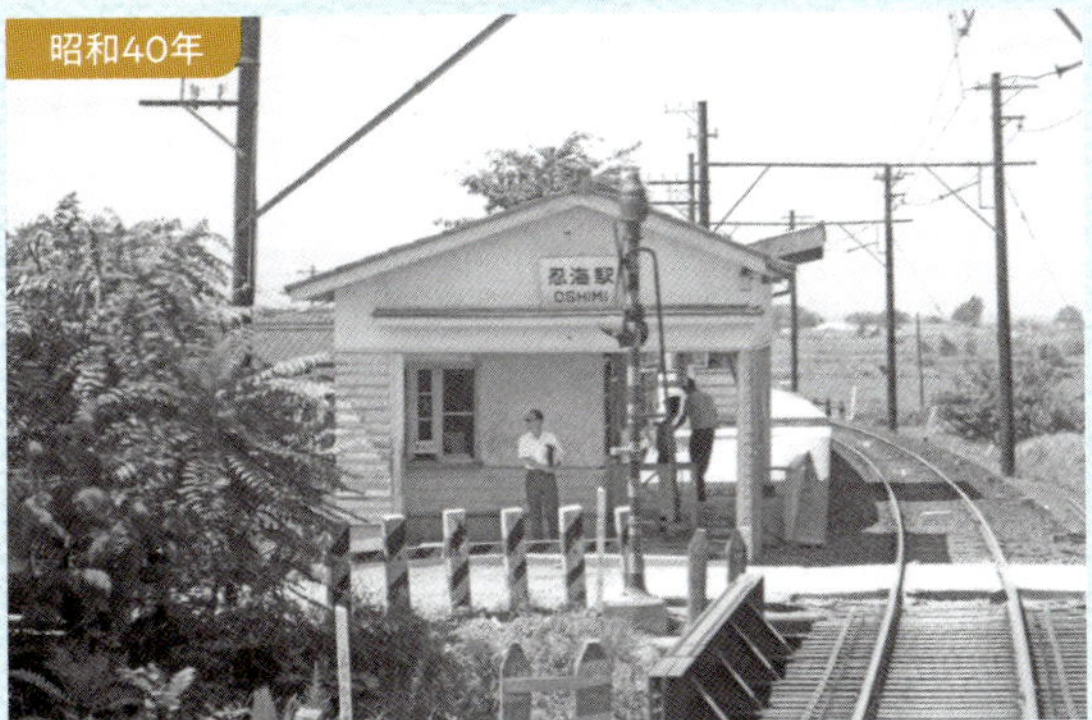

昭和40年

忍海駅 旧時代の忍海駅。現在の駅は、これよりも南に移設される。

平成28年

御所線ワンマンカーの行き先表示

御所線は尺土～近鉄御所間の路線。写真はワンマンカーの行き先表示。

近隣散策

大和葛城山

やまとかつらぎさん

赤いツツジが山を染め、一面ススキに覆われる景観が見事…

大和葛城山は、奈良県御所市と大阪府南河内郡千早赤阪村との境に位置する、標高959・2メートルの山である。

古くは竹内峠から水越峠までの山脈全体の名称であった。また、今の葛城山は「天神山」の別称も持っている。その理由は、山頂東方の肩付近(ロープウェイの終点)に「天神ノ森」と呼ばれるブナ林があり、天神社が祭られているからだという。

山頂付近は、葛城高原と呼ばれる草原状の広々とした台地。5月中旬頃はツツジが真っ赤に山一面を染め、9月下旬から11月上旬にかけては、一帯がススキに覆われる。また、1月下旬頃の樹氷も見応えがある。

山腹には空海が開いたと伝えられる「戒那千坊」跡の礎石や石垣など、史跡も多い。葛城山ロープウェイを利用すれば、徒歩10分ほどで山頂に着く。歩いて登っても1時間40分ほどだ。

山頂付近にツツジが群生、5月上旬から咲き始め中旬に見頃を迎える。

秋の気配を感じると葛城山一帯がすすきの大海原に大変身。

畝傍山から見る"日本三百名山"にも選定された葛城山。

登山口から山頂付近まで葛城山ロープウェイが運行されており、櫛羅の滝コースはほぼロープウェイに沿っており、道中で櫛羅の滝や行者の滝が見られる。

ロープウェイからは金剛生駒紀泉国定公園内にある絶景が満喫できる。山頂付近は葛城高原と呼ばれ、ツツジやススキの季節は観光客が多い。

F24

高田市《たかだし》

Takadashi

南大阪線

開業年 1929（昭和4）年3月29日

所在地 奈良県大和高田市片塩町17・4

キロ程 大阪阿部野橋から34・2km

駅構造 高架駅（盛土駅）2面2線

乗降客 6、212人

高田町駅から高田市駅へ。記念植樹の〝高田川畔の千本桜〟が名所になる近鉄大阪線の「大和高田駅」も近い

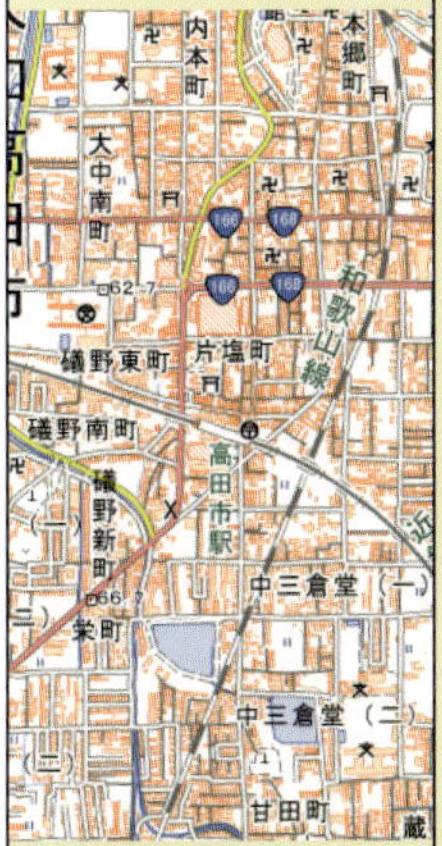

高田市駅から大和高田市に入る。この駅の近くには、近鉄大阪線の大和高田駅やJRの高田駅もある。

大和高田市の前身は、1889（明治22）年4月に誕生した高田町で、1948（昭和23）年1月に市制を施行し、現在の市名となった。これを記念して、高田川畔に植えられた桜が現在見事な桜並木になっている。春の開花期には大中小公園を中心に、川の両岸南北2・5キロメートルにわたり咲き誇り、「高田川畔の千本桜」として近鉄沿線の名所にもなっている。

高田市駅は、1929（昭和4）年3月、大阪鉄道の「高田町」として開業。そして、昭和23年の市制施行と同時に現在の駅名に改称した。

駅の構造は相対式2面2線のホームを有し、1951（昭和26）年9月に盛土の上の高架駅となった。駅には特急以下すべての列車が停車する。

駅前大通りに面して、境内に「安寧天皇片塩浮孔宮跡」の石碑が建つ古社・石園座多久虫玉神社（龍王宮）がある。近くには平安期からの貴重な仏像が多い長谷本寺も鎮座する。

昭和39年

高田市駅 盛土の高架駅のため、駅舎前には長い階段が。遠足の児童たちが並んで上っていく。 提供：大和高田市

現 在

高田市駅

盛土・高架駅の段差が解消されて、階段を上らなくてもよくなった高田市駅駅舎。

現 在

高田川畔の千本桜

市内の高田川沿いに南北2.5kmにわたり桜が植樹され、春には満開の桜が楽しめる。

古地図探訪

大阪鉄道は、高田町（現・大和高田市）駅の東側で、国鉄和歌山線と交差している。すぐ東側は当時の浮孔村で、葛城川を渡った先に浮孔駅がある。高田町を東西に貫くのは現在の国道166号の前身。現在、大和高田市となった高田町は、葛城地域の中核都市に発展している。

昭和4年

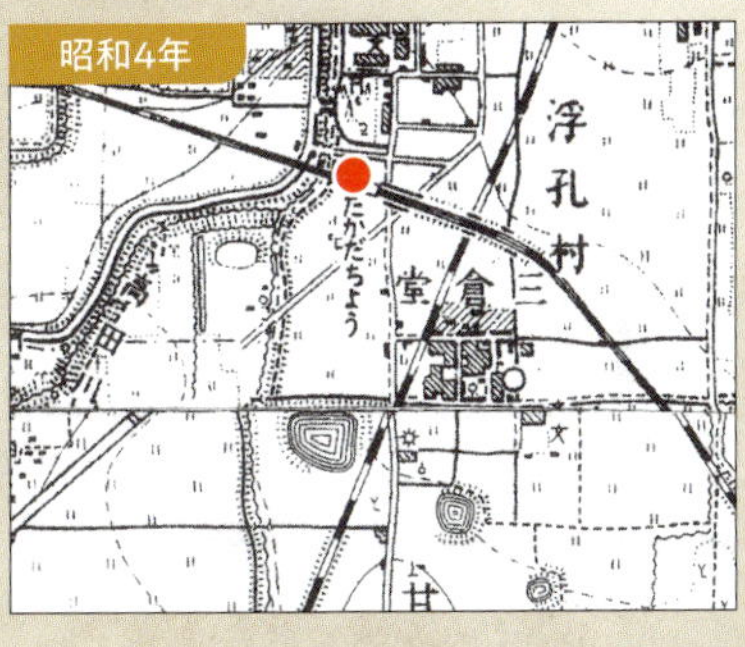

F25

浮孔《うきあな》

Ukiana

開業年 1929(昭和4)年3月29日

所在地 奈良県大和高田市田井11

キロ程 大阪阿部野橋から35・6km

駅構造 地上駅2面2線

乗降客 1、285人

駅名は浮孔村の片塩浮穴(孔)宮に由来
徒歩圏内に奥田蓮池公園(捨篠池)が…
その近くに福田寺「行者堂」もある

「浮孔」の駅名は、駅誕生時に存在していた浮孔村に由来するが、もともとは安寧天皇の皇居「片塩浮穴(孔)宮」によるものとされている。浮孔村は1889(明治22)年4月に誕生し、1941(昭和16)年1月に高田町に編入されるまで存在した。

駅は1929(昭和4)年3月、大阪鉄道の古市―久米寺(現在の橿原神宮前)間延伸時に開業した。その後、関西急鉄道天王寺線の駅となり、1944(昭和19)年6月に近鉄南大阪線の駅となる。駅の構造は相対式ホーム2面2線の地上駅で、急行は通過し、区間急行や、準急などは停車。2013(平成25)年12月から無人駅となり、ICカード対応の自動改札・精算機が設置されている。

徒歩20分のところに「奥田蓮池公園(捨篠池)」がある。役行者の母・刀良売(とらめ)が療養した場所で、近くに「役の行者生誕伝承地」の石碑が建つ。一帯は公園になっており、ハスの花はもちろん、春は桜が見事。近くに、刀良売の住地と伝わる福田寺「行者堂」や刀良売の墓もある。

浮孔駅

駅舎は上りホームの古市寄りにあり、下りホームへは構内踏切で連絡している。

奥田捨篠池

大和高田市の奥田捨篠池は修験道の開祖・役行者が産湯に浸かったと伝わる。毎年7月に"蓮取り行事"が行われている。

踏切を通過する準急

浮孔駅を発車したばかりの、上り電車「大阪阿部野橋行き」の、準急6130車両。

古地図探訪

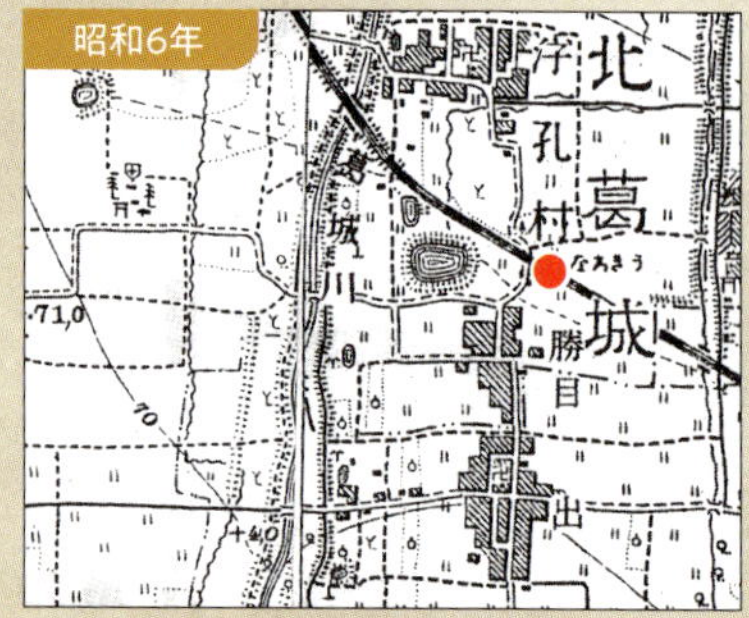

地図を見ると、葛城川を渡った先に浮孔駅が存在している。葛城川は大和川の支流・曽我川のさらに支流。奈良盆地西部の田園地帯を潤しながら北上して曽我川に注ぐ。駅周辺の浮孔村は、昭和16年に磐園村とともに高田町へ編入された。現在の大和高田市の南部周辺だ。

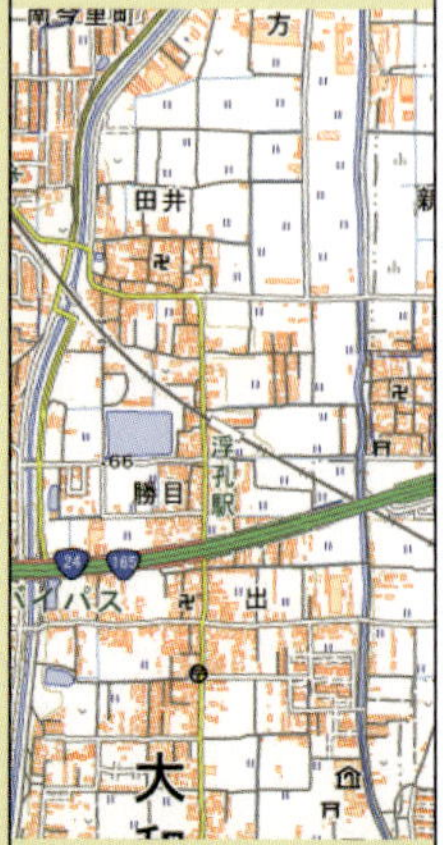

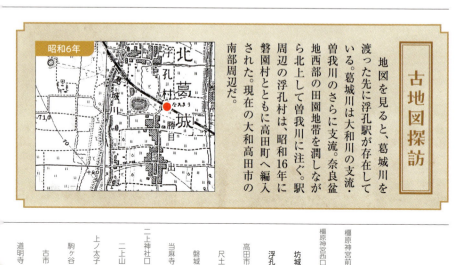

F26

坊城《ぼうじょう》

Bojo

開業年 1929(昭和4)年3月29日
所在地 奈良県橿原市東坊城町281・2
キロ程 大阪阿部野橋から36・8km
駅構造 地上駅2面2線
乗降客 2、570人

駅名は、豪族・坊城氏に由来する 橿原運動公園の最寄り駅で、八幡・春日神社は"ほうらんや火祭"の舞台

近鉄南大阪線の電車が橿原市に入って、最初の駅が「坊城」である。駅名は、中世にこの地を支配していた豪族・越智氏の一族、坊城氏に由来するとされる。

坊城駅も、1929(昭和4)年3月、大阪鉄道の古市―久米寺(現・橿原神宮前)間の延伸時に開業した。現在の駅は相対式ホーム2面2線の地上駅で、改札口、コンコースは地下、ホームは地上にある。急行は通過し、区間急行、準急などが停車する。

橿原運動公園の最寄り駅で、特に休日はクラブ活動の学生らで賑わう。夏季は橿原総合プールがオープンし、利用者数も急増する。

坊城駅に近い東坊城町に鎮座する八幡神社や春日神社は、毎年8月15日に行われる盛大な「ほうらんや火祭」の舞台。この祭りは江戸時代に始まったと言われるが、由来などは不明。しかし、毎年祭りの季節になると、若者も里帰りして大たいまつを担ぐほど盛んで、当日は県内外から観光客たちが大勢やってくる。県無形民俗文化財に指定されている。

坊城駅南出口
相対式2面2線のホームを持ち、改札・コンコースは地下にある。

曽我川堤の桜並木
橿原市曽我川沿いの桜並木の全景を上空から撮影。

坊城駅ホーム
区間急行が停車するため、ホーム有効長は6両分まで確保されている。奥に北出口が見える。

八幡神社
東坊城町に鎮座する古社。夏の"ほうらんや火祭"で知られる。

古地図探訪

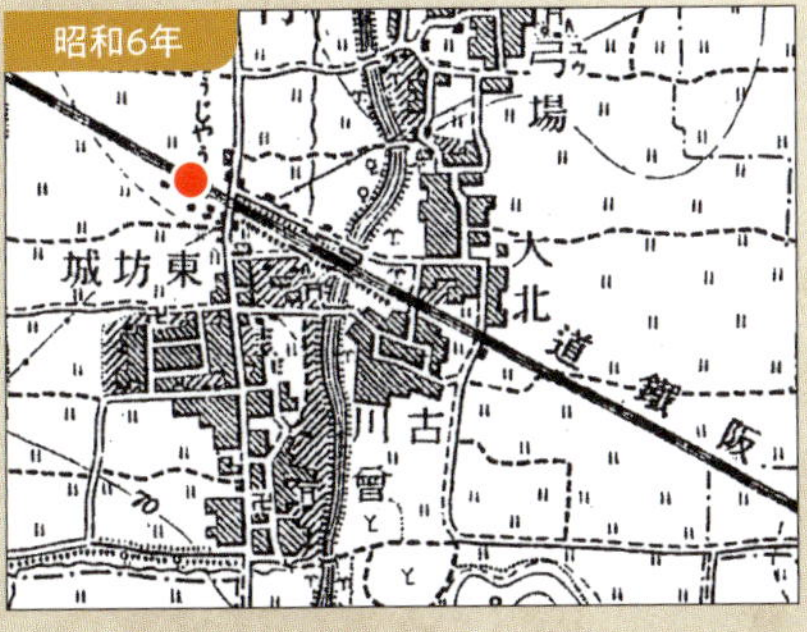

地図上を斜めに横切る大阪鉄道。坊城駅はこの地図作成2年前の昭和4年に開業した。近辺には、弓場・大北・東坊城・古川などの集落が点在する。地図下の南側には忌部山が存在している。また地図には載っていないが、北側に大和三山の一つ、畝傍山が見える。

F27

橿原神宮西口

かしはらじんぐうにしぐち

Kashiharajingu-nishiguchi

開業年 1929(昭和4)年3月29日

所在地 奈良県橿原市西池尻町376・2

キロ程 大阪阿部野橋から38・5km

駅構造 地上駅2面2線

乗降客 1,764人

昭和4年、「大和池尻駅」として開業 駅北側には大和三山の畝傍山が望め、橿原神宮や神武天皇陵もすぐそばに

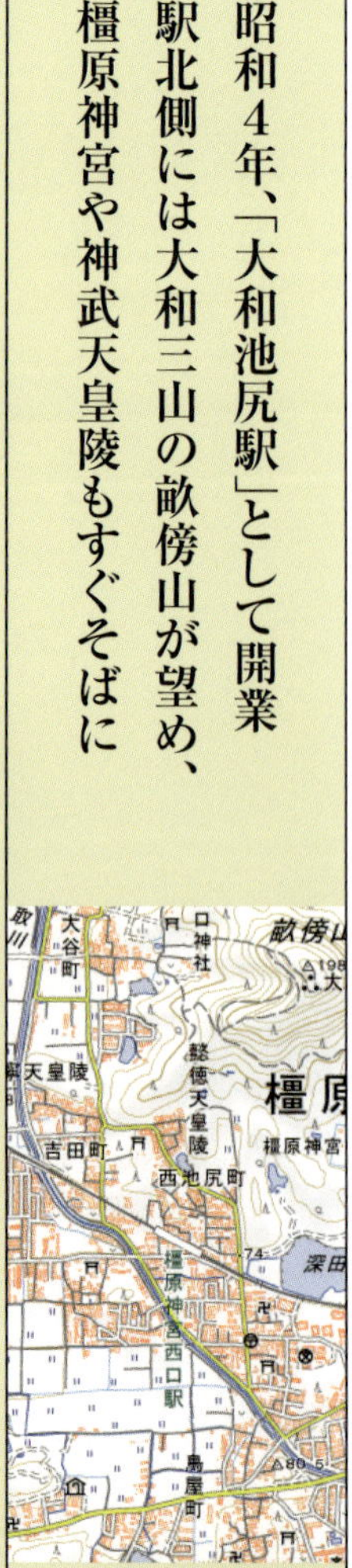

橿原神宮西口駅は、1929(昭和4)年3月、大阪鉄道(現・南大阪線)の古市—久米寺(現・橿原神宮前)間の開通時、「大和池尻駅」として開業。このとき大和池尻駅と久米寺駅の間にあった橿原神宮駅は、同年の8月に廃止されている。その後、1940(昭和15)年4月、大和池尻駅は現在の「橿原神宮西口」に駅名を改称。久米寺駅は変わった名前と言われた「橿原神宮駅」となった。

橿原神宮西口駅の構造は、相対式ホーム2面2線のホームを有する地上駅で、改札口は地下にある。区間急行が停車するため、ホーム有効長は6両分となっている。準急も停車するが、現在は無人駅だ。

橿原神宮西口駅の北側には畝傍山が望め、橿原神宮や神武天皇陵も近い。畝傍山は、大和三山のひとつで、万葉集では、「瑞山」とも呼ばれていた。標高は198・8メートルで、三山の中では最も高い。この山の北東の麓に神武天皇陵があり、神武天皇はこの付近の山林を伐り開いて畝傍橿原宮を造ったと言われている。

現在

橿原神宮西口駅 平成11年の改修で現在の地下駅舎に。橿原神宮を模した建物が特徴的。

現在

神武天皇陵 神武天皇陵は畝傍山北東の麓に位置し、正式には"畝傍山東北陵"と言う。

昭和51年

橿原神宮西口駅

写真は、昭和51年に撮影された「橿原神宮西口駅」。木製の改札口が、今とは違う時代を現している。

提供:橿原市

古地図探訪

昭和6年

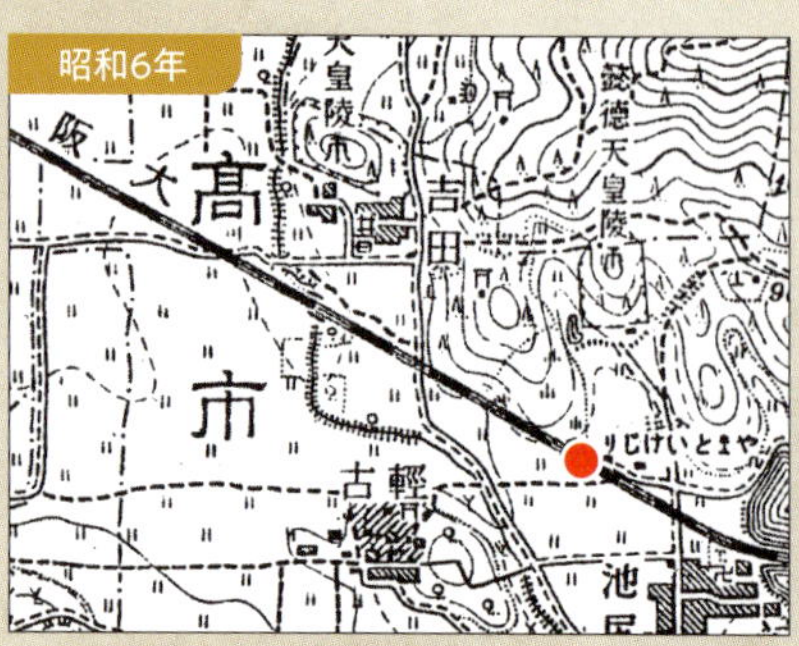

地図上、橿原神宮西口駅は、開業時の「大和池尻」として存在している。地図作成(昭和6年)の2年前、昭和4年には、隣の久米駅との間にあった「橿原神宮駅」が廃止され、久米寺は「橿原神宮駅」となった。この地域は、初期大和朝廷の天皇陵が集中している。

しばし見入ってしまう、まほろば大和の風景…

飛鳥を研究する会
中林 秀夫（橿原市在住）

大和は国のまほろば…。よく耳にする「古事記」に出てくる有名なフレーズだ。大和は、幾重にも重なりあった山々に囲まれた、国の中で一番美しくいいところ、と言った意味合いらしい。

確かに大和は、織りなす山並みは美しく、朝焼けに煙る風景には、しばし見入ってしまうだけの魅力がある。

橿原は初代神武天皇が即位した地、飛鳥は大和朝廷という国家が始まった地、という「始まり」が共通点なのだ。1400年以上も前の話だが、今の日本ともしっかりと繋がっている。

年配の人なら「高松塚古墳」や「石舞台古墳」、若い人なら「キトラ古墳」――。飛鳥は古いイメージで語られることが多いが、最近では、遊歩道が整備され、オシャレな店もそこここに。散策するにはもってこいの場所となっている。ただ、エリアが広いので、歩くよりはレンタサイクル…坂道が多いので電動タイプでの移動をお勧めする。

近年、穴場になっているのが、飛鳥を舞台としたミステリー。大洪水の際に動くと伝わる「亀石」や他にも謎の石造物が多数ある。何のために作られたのか分からず、そこに知的好奇心を触発される。歴史異聞では聖徳太子は居なかった説など、古代史とミステリーは意外と相性がいい。

また飛鳥時代には奈良時代も含めて、女性天皇を6人、8代輩出している。なぜそうなったのか？など、思索に耽るひとときも楽しい。飛鳥の魅力はひと言で語り尽くせないが、外国人ツアー客に占拠される前に、ぜひ現地で橿原・飛鳥の魅力を確認して欲しい。

奈良盆地と明日香村が一望できる「甘樫丘」にある散策路から、畝傍山と二上山を望む。いにしえから変わらぬ風景と出会える。

ゴールデンウィーク限定ではあるが、「岡寺」の境内にある華の池に奉納された天竺牡丹（ダリア）。手水社や鉢などにも浮かべ、境内が華やかに彩られる。

飛鳥時代に名を馳せた蘇我馬子の墓と言われる「石舞台古墳」。桜の季節は見事。菜の花との共演も楽しめる。

橿原神宮の境内にあり、歴史ある溜池の「深田池」。遠くに大阪府との府県境となる葛城山と金剛山が見える。季節折々の花々が参拝者を迎えてくれる憩いの場所。

大和三山の一つ「畝傍山」をシルエットにした夕景。悠久の時を感じさせるひとときも…。大和三山で一番高い畝傍山は、古来より人々に親しまれてきた国の名勝だ。

「乙巳の変」立役者の一人、藤原鎌足公を祭っている「談山神社」。新緑もいいが紅葉も素晴らしい。少し高度の高い所にあるので、夏は涼しく気持ちがいい。

F42

橿原神宮前

かしはらじんぐうまえ

Kashiharajingu-mae

開業年 1929(昭和4)年3月29日(南大阪線)

所在地 奈良県橿原市久米町618

キロ程 大阪阿部野橋から39.7km

駅構造 地上駅計4面8線

乗降客 17,139人

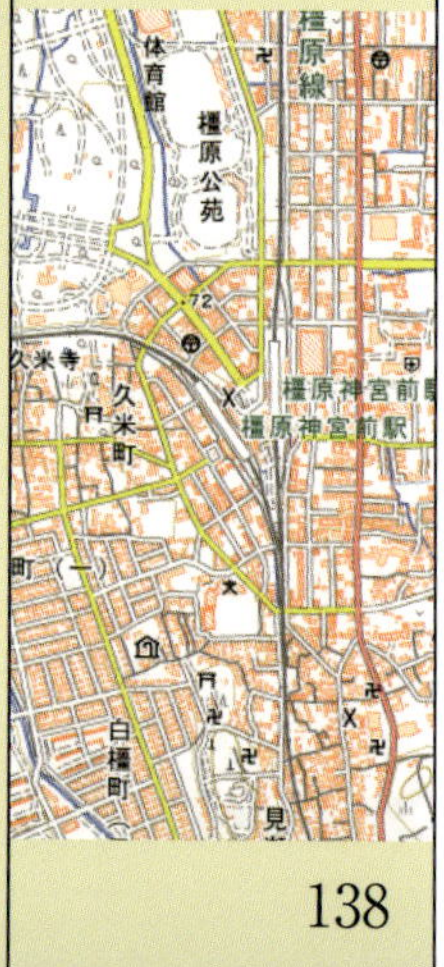

近鉄南大阪線の終点の駅であり、吉野線や橿原線の接続駅でもある 昭和45年に「橿原神宮前」に改称

近鉄南大阪線の終点である橿原神宮前駅は、吉野線や橿原線の接続駅でもある。この3路線合流の歴史は複雑である。まず1923(大正12)年3月、大阪電気軌道(大軌)に属する畝傍線(現・橿原線)の終着駅として、旧「橿原神宮前」駅が開業。同年12月には、吉野鉄道(現・吉野線)が乗り入れている。この旧「橿原神宮前駅」は、1939(昭和14)年7月まで存在していた。

一方、1929(昭和4)年3月、大阪鉄道(現・南大阪線)が延伸し、「橿原神宮駅」と「久米寺駅」が開業。この時、吉野鉄道も接続駅として「久米寺駅」を開設し、これが現在の「橿原神宮前駅」の前身である。

この複雑な路線と駅は、昭和14年7月に整備される。畝傍線と吉野線が合流して橿原線となり、八木西口—久米寺間の新線が誕生して「橿原神宮駅」が廃止。大軌の「久米寺駅」が「橿原神宮駅」となって発展した。さらに1970(昭和45)年には、現在の「橿原神宮前駅」に駅名が改称されている。

駅の構造は、中央改札口を挟んで2つの島式2面4線のホームを持つ地上駅である。また、標準軌(広軌)の橿原線と狭軌の南大阪線・吉野線が接続する関係で、敷地内に台車交換用の「振替場」が設けられている。

駅名の由来になっている「橿原神宮」は、1890(明治23)年に、神武天皇を祀るために創建された。

昭和39年

橿原神宮前駅駅中央口駅舎

写真は建築家村野藤吾氏による神明造りの中央口駅舎。当時は"駅駅"が付き、昭和45年に現在名に改称。 撮影：荻原二郎

平成28年

ホームに並ぶ急行と特急

橿原神宮前—京都間を結ぶ急行と特急車両。南大阪線の狭軌に対し、橿原線は広軌(標準)の路線である。

昭和41年

ホームの吉野行き

モ5651形の急行吉野行き。モ5601形では側面窓が2段、こちらは1段になっている。 撮影：荻原二郎

近隣散策 橿原神宮

かしはらじんぐう

橿原神宮は、1890(明治23)年、明治天皇が官幣大社として創建した神社である。この地は、初代神武天皇が畝傍橿原神宮を置いたと言われ、北側は神武天皇陵が存在している。橿原神宮には、明治政府が京都御所から賢所と神嘉殿を移築、社殿とした。

その後、宮城の拡張及び社殿の造営などが続けられ、鉄道の駅も整備された。そして、1940(昭和15)年に神武天皇即位(皇紀)2600年を迎え、奉祝記念事業として新たな建設・整備が計画され、建国奉仕隊が作業に従事した。

昭和15年2月11日の紀元節(現・建国記念日)には約70万人が参拝し、6月11日には昭和天皇が参拝している。

橿原神宮前駅西口

改札口は3ヵ所あり、写真は南大阪・吉野線ホーム西側地下の改札口。

ホームに停車中のモ5613

モ5601形の5613車両。南大阪線の前身、大阪鉄道のデイ12で、事故で破損後に鋼製車体化され、「モ5601形5613」になった。

撮影：荻原二郎

駅前に黄色いポスト

平成28年10月、宮崎市との姉妹都市盟約締結50周年を記念し、駅中央口前に幸せを願う黄色いポストが設置された。

橿原神宮前駅駅（西）

撮影：荻原二郎

駅舎の駅名標は、本来なら"駅駅"になるところだが、「橿原神宮駅」になっている。

古地図探訪

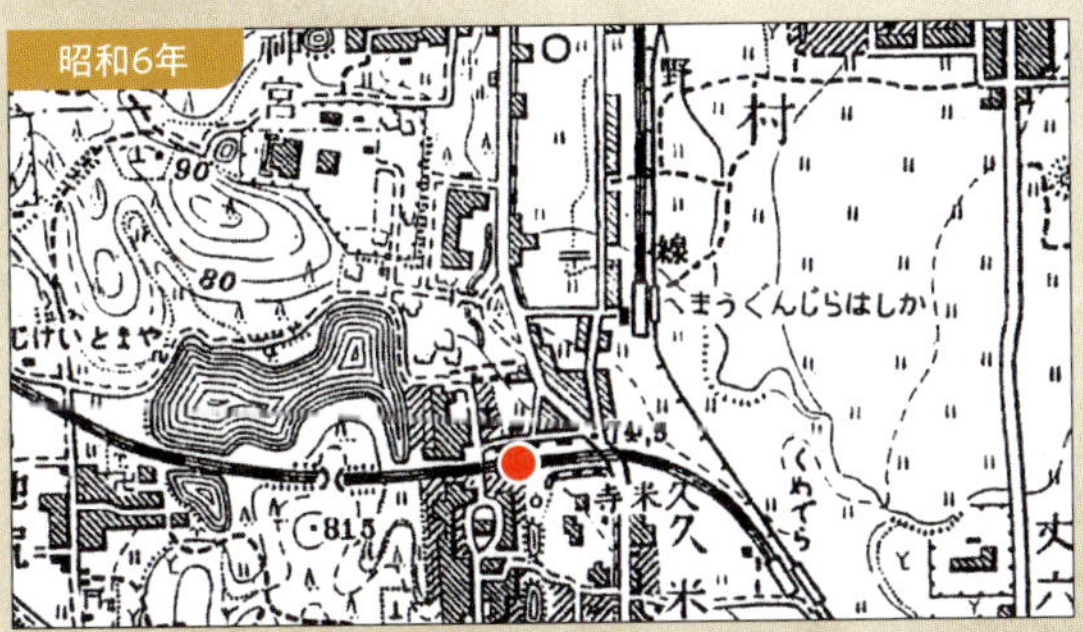

現在の近鉄南大阪線、橿原線、吉野線が成立する前の地図である。大阪鉄道本線（現・近鉄南大阪線）や大阪電気軌道（大軌）畝傍線、吉野線が見える。

吉野軽便鉄道に起源を持つ吉野線は、昭和4年に吉野鉄道から買収され、大軌の所属となっている。地図上に見える駅としては、大阪鉄道は、大和池尻（現・橿原神宮西口）駅、橿原神宮駅（後に廃止）、久米寺（現・橿原神宮前）駅がある。

昭和の神社建築の粋ともいうべき豪壮さがうかがわれる橿原神宮の外拝殿。

橿原神宮本殿はもとは京都御所の内侍所。宮殿建築としの典雅な趣の建物で国の重要文化財。

橿原神宮表参道の鳥居。形状は明神鳥居で、木の風合いを生かした素木造り。

yoshino line

吉野線《よしのせん》

橿原神宮前から吉野まで駅数は起終点を含む16駅

吉野線は、南大阪線と橿原線に接続する橿原神宮前から吉野までを結ぶ総延長25・2キロメートルの路線。駅数は起終点を含む16駅である。

全線単線区間で、列車は最大4両編成。ほぼすべての列車が南大阪線と直通運転で、日中は特急と全駅停車の急行が運転されている。

その歴史は、1912（大正元）年に吉野軽便鉄道（翌年、吉野鉄道に社名変更）が吉野口―吉野（現・六田）間で開業。1923（大正12）年には橿原神宮前（旧）―吉野口間を全線電化で開業した。そして大阪電気軌道（大軌）畝傍線（現・近鉄橿原線）と連絡。1928（昭和3）年には従来の吉野を六田に改称して、六田―吉野間を開業して全通させた。さらに翌年には久米寺（現・橿原神宮前）駅を開業し、同駅までの路線を開業した大阪鉄道（現・近鉄南大阪線）との直通を開始する。1940（昭和15）年、久米寺を橿原神宮（現・橿原神宮前）駅に統合した。

その後、1965（昭和40）年に大阪阿部野橋―吉野間に特急の運転を開始し、1970（昭和45）年には駅名を橿原神宮駅から橿原神宮前に改称。また1990（平成2）年には吉野特急の30分間隔での運転を開始して、現在の運行体制を確立した。終点駅の吉野からは、吉野山旅客索道（吉野ロープウェイ）の千本口駅に接続している。

日本最初のやくよけ霊場としても知られている岡寺。本尊の如意輪観音菩薩坐像は、重要文化財で、日本最大の塑像。春には約3,000株のシャクナゲが境内を彩り、秋は紅葉が美しい。

吉野川を渡る吉野線（狭軌線）の観光特急16010系車両。塗装変更後のおしゃれな車体だ。

吉野線の終着駅・吉野駅。駅正面前方に吉野ロープウェイがある。

吉野線の飛鳥駅。県内、大手私鉄の駅で唯一村にある駅（令和4年現在）。

吉野川橋梁の上を走るのは、南大阪線のエース6020系に冷房装置を付けて、昭和49年に登場した6200系車両。

近隣散策

吉野山

よしのやま

春には大峰連山北端約8キロメートルにわたる尾根で桜の花が咲き誇る

吉野山は、奈良県の中央部に当たる、吉野郡吉野町にある吉野川（紀の川）の南岸から大峰山脈へと南北に続く約8キロメートルに及ぶ尾根続きの山稜の総称を言う。また金峯山寺を中心とした社寺が点在する地域の地名でもある。

古くから桜の名所として有名で、開花期には、大峰連山北端約8キロにわたる尾根で桜の花が咲き誇る。谷や尾根を埋める桜は3万本とも言われ、4月上旬から下旬が見ごろとされる。麓から下千本、中千本、上千本、奥千本と順に山を染めて行く。

この桜は、役行者が金峯山寺を開くにあたり、桜の木に感得した蔵王権現を彫って本尊とし、御神木として保護され、相次ぐ寄進を受けたことを発端とする。種類は約200種とされるが、多くがシロヤマザクラだ。

この地は宗教都市として修験者が集まり、南北朝時代に南朝の都が置かれた場所でもある。

写真は、吉野ケーブルの山上にある吉野山駅。
近鉄吉野駅近くの千本口から約300mの距離。

吉野山のシンボル「金峯山寺」。東大寺大仏殿に次ぐ
木造大建築で蔵王権現像（重文）が祀られている。

全国屈指の桜の名所・吉野山には下千本から奥千本まで約3万本の桜が密集。写真の上千本エリアの桜は展望台から見られる。

吉野ケーブルの山上、吉野山駅に着いた紅葉マークのケーブルカー。

kashihara line

橿原線《かしはらせん》

奈良盆地を横断する幹線
沿線には歴史上の名所が

橿原線は、奈良市の大和西大寺駅と橿原市の橿原神宮前駅を結ぶ23・8キロメートルの路線。奈良盆地を縦断する幹線で、奈良近郊と橿原を結んでいる。また、京都線の延長線として京都と橿原、さらに大和八木駅で大阪線とも接続しており、京都・奈良・三重県中部・伊勢志摩方面をつなぐ役割を担っている。

沿線には歴史上の名所が多い。西ノ京付近には唐招提寺や薬師寺があり、八木西口付近には今井町の環濠集落、橿原神宮前付近には畝傍山がある。いずれも最寄り駅からは近い。

もともと橿原線は近鉄の前身・大軌が奈良線の次に設けた路線で、1921(大正10)年に西大寺(現・大和西大寺)―郡山(現・近鉄郡山)間で畝傍線として開業。南へ延長して1923(大正12)年3月に全通した。これにより、大阪上本町―西大寺―橿原神宮前間が直通になったが、1927(昭和2)年に八木線ができると、西大寺経由のルートは衰え、以後は大阪線と奈良線を補完する路線となっている。

橿原線の西ノ京付近を走る近鉄の電車(先頭は603号車)。後ろは唐招提寺の森。

撮影:広瀬和彦

西ノ京、薬師寺西塔前を通過する近鉄電車。青空のもと、緑の樹木、赤白の車体、色鮮やかな三重塔の対比が美しい。

新ノ口駅付近をさっそうと通過する観光特急「しまかぜ」。青と白の車体、ネーミングもさわやかだ。

写真は、昭和51年に写された橿原線の新ノ口駅。当時は、ホーム、駅入口、改札口も地上にあった。

提供:橿原市

河内長野駅停車中の準急(昭和44年)撮影:笹目史郎

第三部
長野線《ながのせん》
nagano line

大阪府富田林市瀧谷不動明王寺

喜志駅ホーム

富田林駅(昭和30年頃)
提供:富田林市

背景／昭和中期の空撮　提供:河内長野市

長野線

ながのせん

nagano line

【起点】古市駅
【終点】河内長野駅
【駅数】8駅
【距離】12・5km
【開業】1898年4月14日
【全通】1902年12月12日

長野線は、羽曳野市の古市駅から河内長野市の河内長野駅までを結ぶ、12・5キロの路線である。道明寺線や南大阪線（一部）と同じように河陽鉄道の手で、1898（明治31）年4月14日、古市─富田林間で開業。その後、河南鉄道の手で1902（明治35）年3月25日、富田林─滝谷不動間が開通。同年12月12日、河内長野まで全通した。周辺の近鉄各線よりも古い歴史を持つ。

昭和30年代まではのどかだった沿線も、金剛ニュータウンなどの住宅地や多数の大学、高校などが立地し、南大阪線と共に南河内エリアの主要な通勤・通学路線となっている。現在は、ほぼ全域が大阪市のベッドタウン化している。

沿線には、眼病平癒で名高い日本三不動のひとつである滝谷不動明寺や、花火大会や高校野球で有名になったPL教団の本部などもある。また奈良県内の各線と同じく、歴史上の名所も多い。世界文化遺産「百舌鳥・古市古墳群」の古市古墳群、江戸時代の風景が残る富田林寺内町のほか、太平記の英雄・楠木正成の史跡も点在する。

利用客の多い古市─喜志間は、1957（昭和32）年10月、喜志─富田林間は1987（昭和62）年10月に複線化され、朝のラッシュ時には8両編成の列車が運行されている。

富田林駅

明治

31年（1898年）4月14日
河陽鉄道により古市駅～富田林駅間で営業を開始

32年（1899年）5月11日
河陽鉄道の事業を河南鉄道が継承

35年（1902年）3月25日
河南鉄道により富田林駅～滝谷不動駅間が開業

35年（1902年）12月12日
滝谷不動駅～河内長野駅が開業し全通

大正

8年（1919年）3月8日
河南鉄道が大阪鉄道に社名変更

12年（1923年）10月16日
古市駅～長野駅間が電化

昭和

18年（1943年）2月1日
関西急行鉄道が大阪鉄道を合併

19年（1944年）6月1日
関西急行鉄道と南海鉄道が合併し近畿日本鉄道となる

32年（1957年）10月18日
古市駅～喜志駅間複線化

62年（1987年）10月25日
喜志駅～富田林駅間複線化

平成

令和

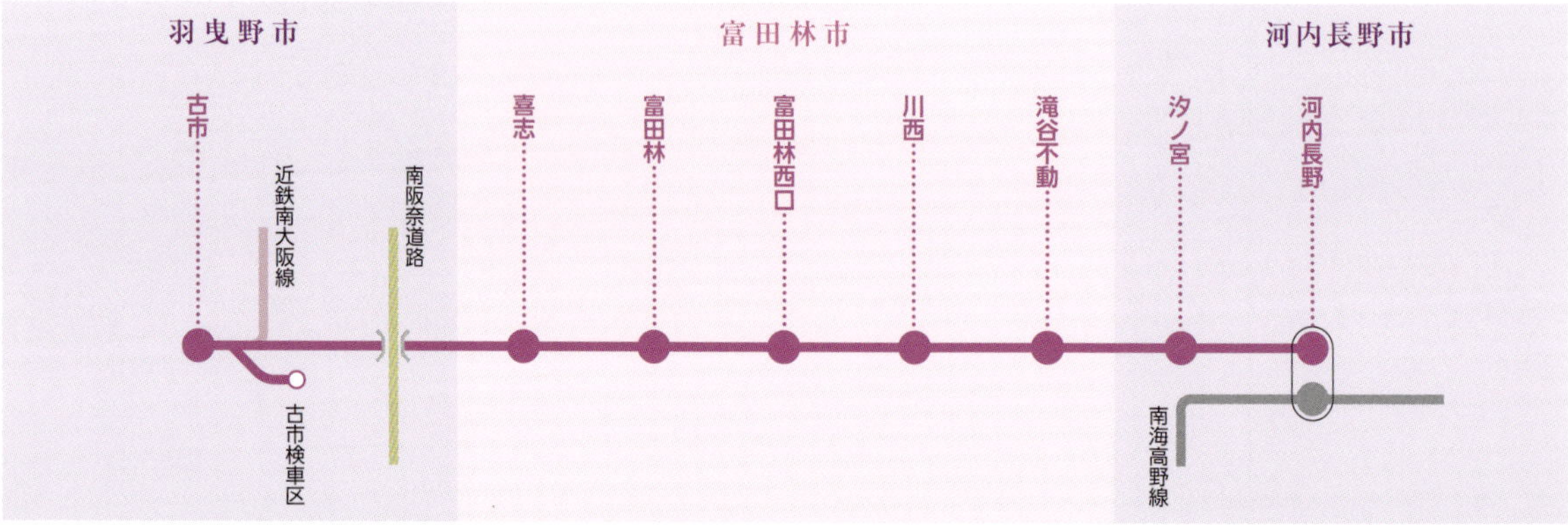

017

喜志《きし》

Kishi

開業年 1898(明治31)年4月14日
所在地 大阪府富田林市喜志町3・4・32
キロ程 古市から3.4km
駅構造 地上駅2面2線
乗降客 15,019人

駅名はかつて存在した喜志村の名から
古参駅で、駅名が2度も変わっている
大阪芸術大河南キャンパスの最寄り駅

貴志駅は、1898(明治31)年4月、河陽鉄道時代に「喜志」駅として開業した古参の駅である。その後、1919(大正8)年1月に、「太子口」「太子口喜志」と駅名が二度変わり、1933(昭和8)年4月には元の「喜志」駅に戻っている。

この辺りには、1942(昭和17)年4月に富田林町に合併されるまで、喜志村が存在し、駅名はかつての喜志村の名から採用されている。

貴志駅の東側に当たる河南町には、大阪芸術大学河南キャンパスがあり、このキャンパスに向かうスクールバスの発着場が駅前にある。このほか、太成学院大学や、上宮太子高等学校の最寄り駅でもあり、多くの学生が通学のために乗り降りする。

駅の構造は、相対式ホーム2面2線の地上駅で、駅舎は地下にある。改札口は1ヵ所のみ。地下化される前は2面3線あった。

駅から徒歩約10分のところに楠木正成も信仰したという「美具久留御魂神社」がある。神社の裏山には古墳群があり神体山となっている。

ホームに6422系電車

市内の駅で最も乗降客が多い喜志駅。ホームに停車中は平成5年登場の6422系電車。

平成28年

現在

美具久留御魂神社

この神社の名は、水を司り、山からの水を土地に配分する神を祭るということに由来している。

古地図探訪

地図下に「たいしぐらきし(太子口喜志)」とあるのが、大正8年に改称された現在の喜志駅。開業時は今と同じ〝喜志〟だった。この地名へのこだわりは、中世岐子庄の地であったからか。岐子庄(きしのしょう)とは、近世の喜志村域一帯に比定される庄園(豪族の私有地)のこと。

昭和4年

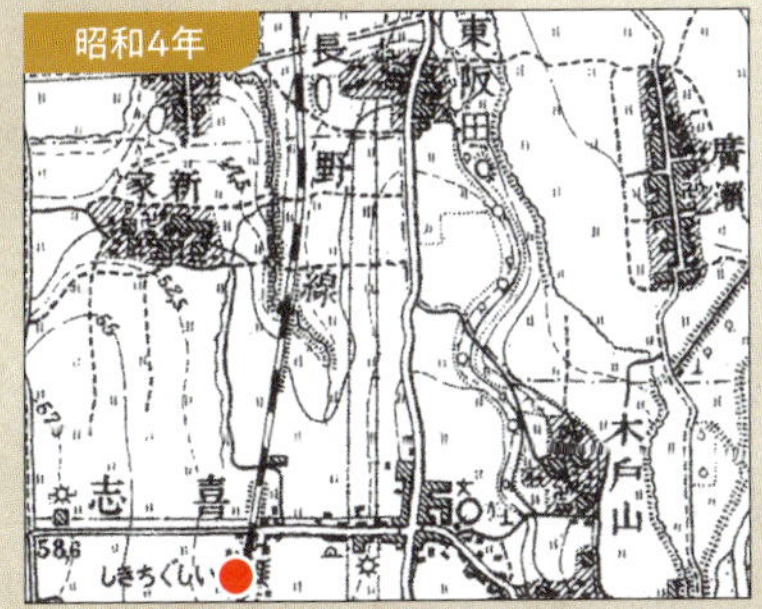

近隣散策 PL花火

関西の夏の風物詩として定着しているPL花火は、昭和28年から始められた「教祖祭PL花火芸術」の通称。約2万発の花火が打ち上げられ、国内有数の規模を誇る。ここ数年はコロナ対策で中止が続く。

018

富田林

とんだばやし
Tondabayashi

開業年 1898(明治31)年4月14日
所在地 大阪府富田林市本町18・17
キロ程 古市から5・7km
駅構造 地上駅2面2線
乗降客 11、227人

古市方が複線、河内長野方が単線に 開業も古いが、町並みも歴史がある 寺院中心で形成された寺内町で有名

富田林駅も歴史は古く、1898(明治31)年4月、河陽鉄道の古市―富田林間開通時に終着駅として開業した。そして翌年にこの路線は河南鉄道が継承、同社の駅となる。その後、滝谷不動駅まで延伸。1919(大正8)年3月、社名変更により大阪鉄道の駅となる。さらに1943(昭和18)年に大阪鉄道は関西急行に合併され、翌年の6月、会社合併により近鉄長野線の駅となっている。

1987(昭和62)年10月には、喜志―富田林間が複線化されたが、富田林西口方向の路線は現在も単線のままである。駅の構造は、相対式2面2線の地上駅。古市方が複線、河内長野方が単線の行き違い駅だ。

富田林の町も歴史がある。代表的なのが「富田林御坊」と言われる興正寺別院を中心にした寺内町である。現在も江戸時代の民家、商家が昔のままの姿をとどめ、伝統的建造物に特定されている。〝御坊さん〟と呼ばれる興正寺別院は、町の中心で堂々たる構えだ。古い町並みの間からPL教団の大平和塔が見えるのも面白い。

現在

富田林駅南口

近鉄長野線の富田林駅南口。南北に駅舎・改札口があり、南口は下りホームに直結。

平成28年

富田林駅前

駅前には、遺跡顕彰事業の一環として建立された"楠氏遺跡里程標"が建つ。

現在

喜志～富田林駅間の6200系

喜志～富田林間を走る、6200系の電車。この車両は狭軌(軌間1,067mm)用の一般車両で新製冷房車。

富田林駅

写真は、昭和30年頃の旧駅舎の富田林駅。駅前を行き交う人々の服装や停車している車のデザインにも昭和を感じる。

昭和30年頃

提供:富田林市

古市 喜志 富田林 富田林西口 川西 滝谷不動 汐ノ宮 河内長野

提供:富田林市

富田林駅前

前ページ下の旧駅舎と同じ頃の写真。少し引いて撮っているので駅全体が分かる。

富田林駅ホーム

ホーム有効長は8両分。準急や普通の折り返し電車も設定されている。

新富田林駅改札口

リニューアルされた富田林駅の改札口付近。平成25年3月には駅前広場も整備完了。

寺内町の町並み

江戸時代の町並みが残る寺内町。閑静な佇まいの寺や町家を巡り、歴史散歩を楽しむ観光客も多い。

古地図探訪

現在の富田林市は、近鉄長野線に沿って南北に長い地域として存在している。

明治29年に富田林村が町制施行して富田林町となり、さらに昭和17年に、地図に見える新堂村や喜志村などの6村が合併して、改めて富田林町として発足した。

そして、昭和25年に市制施行で富田林市となる。

大阪府の東南部に位置する富田林市は、南北に流れる石川を挟んで平野が広がり、古くから開けていた。現在も市内の寺内町には歴史的に貴重な町並みが残る。

019

富田林西口

とんだばやしにしぐち

Tondabayashi-nishiguchi

かつて「学校前駅」として開業
富田林市役所の最寄り駅となる
旧杉山家住宅や興正寺別院も近い

開業年 1904(明治37)年10月12日

所在地 大阪府富田林市寿町1・1・34

キロ程 古市から6・3km

駅構造 地上駅1面1線

乗降客 5、818人

富田林西口駅は、1904(明治37)年10月、河南鉄道の富田林―滝谷不動間に「学校前駅」として開業した。その後、1912(明治45)年3月に営業廃止となり、1917(大正6)年に再開された。そして、2年後に大阪鉄道(現・近鉄)の駅となり、1933(昭和8)年に現在の駅名に改称。1943(昭和18)年に会社合併により長野線の駅になる。翌年には、近鉄長野線の駅となった。

駅の構造は、単式1面1線ホームで、河内長野行きと大阪阿部野橋方面行きの列車が同一ホームに発着する。ホーム有効長は5両分。駅舎(改札口)はホームの古市寄りにある。

隣りの富田林駅とは0・6キロメートルの短い距離で、市役所の最寄り駅になっている。また、かつて「学校前駅」という駅名が付いただけあり、現在も、市立小・中学校や府立富田林中学・高等学校、府立河南高等学校など公立学校が点在する。富田林寺内町の中心的存在の旧杉山家住宅や興正寺別院(いずれも重要文化財)に行くには、この駅からのほうが近い。

富田林西口駅

単式1面1線ホームで、棒線駅のため上下線は同じホームで発着する。

西口付近を走る電車

長野線は古市～富田林間が複線になっており、それ以外は単線区間となっている。

提供:富田林市

富田林西口駅前

開業の駅名は「学校前駅」。現在も、公立の小・中学校、府立富田林中学・高等学校、府立河南高校が点在する。

古地図探訪

富田林駅の手前にある〝学校前駅〟は、現在の富田林西口駅である。線路西側の高女校(富田林高等女学校)、河内紡績会社の文字が見える。高等女学校はその後移転。跡地には富田林第一中学校が出来ている。東側に見える中学校の文字は、現在の府立富田林高校である。

古市　喜志　富田林　富田林西口　川西　滝谷不動　汐ノ宮　河内長野

020

川西《かわにし》

Kawanishi

開業年 1911（明治44）年8月15日
所在地 大阪府富田林市甲田3・2・29
キロ程 古市から7.3km
駅構造 高架駅1面1線
乗降客 3、645人

難解な駅名「廿山（つづやま）」を改称 国道との交差で単式1面1線の高架駅 駅のそばに「錦織（にしこおり）神社」が

長野線

川西駅は1911（明治44）年8月、河南鉄道の学校前（現・富田林西口）―滝谷不動間に川西駅として開業した。

1919（大正8）年3月、河南鉄道が大阪鉄道に社名変更したため同社の駅となるが、翌年の4月に一旦営業を廃止。そして9月に再開するが、駅名は何故か「廿山（つづやま）」を名乗った。難解な駅名のためか、1933（昭和8）年4月には、再び「川西」に改称、現在に至っている。「廿山」は川西村の前身、廿山村に由来したものと思われる。

1943（昭和18年）2月、関西急行の長野線の駅となり、翌年には再度の合併で近鉄長野線の駅となる。

駅の構造は、南側の国道309号と交差させるため、単線区間ながら、単式1面1線の高架駅となった。

高架駅になったため、2019年まで毎年8月に行われていたPL花火大会の見物客がホームにあふれ、対応に追われたこともあった。

駅から歩いて5分のところに、本殿が国の重要文化財に指定されている「錦織（にしこおり）神社」がある。

平成28年

川西駅 国道309号と立体交差するため昭和57年に高架駅になった。

昭和44年

川西―富田林西口間に大阪市電が… 道端に一時保存されていた大阪市電。その向こうに長野線の電車が行く。

撮影：笹目史郎

現　在

錦織神社 創建年代は不明だが、本殿修理の際に地中から平安時代中期の瓦が発見され、その頃かそれ以前に創建されたと推定されている。

古地図探訪

昭和4年

近鉄長野線の駅で、唯一の高架駅になっている川西は、昭和17年に富田林町と合併する川西村（廿山を改称）が前身。この村は、大阪府南河内郡にあった村で、富田林市の北西部、川西駅周辺から北西部一帯の地域。現在、開発されている金剛ニュータウン周辺に当たる。

古市　喜志　富田林　富田林西口　川西　滝谷不動　汐ノ宮　河内長野

021

滝谷不動
たきだにふどう
Takidanifudo

開業年 1902(明治35)年3月25日
所在地 大阪府富田林市錦織東2・15・1
キロ程 古市から8・7km
駅構造 地上駅2面2線
乗降客 4、869人

眼病平癒・厄除けの霊場で知られる「瀧谷不動明王寺」の最寄り駅「大阪大谷大学前」の副名称も付く

滝谷不動駅は、1902(明治35)年3月の開業。この時は終着駅だったが同年12月に長野(現・河内長野)駅まで延伸され、途中駅となった。

この駅は日本三不動の一つ、「瀧谷不動明王寺」の最寄り駅で、そこから駅名が採用された。また「大阪大谷大学前」の副名称が付いており、同大学の最寄り駅でもある。大阪大谷大学前の駅名は、2006(平成18)年3月まで「大谷女子大学前」であった。

駅の構造は、相対式ホーム2面2線の行違い可能な地上駅である。駅舎は上りホーム河内長野寄りにあり、下りホームとは構内踏切で連絡する。

滝谷不動明王寺は、滝谷不動駅から東へ1・1キロメートル先にある。821(弘仁12)年に、弘法大師が国家の安全と国民の幸せを祈るために開いた道場で、日本三大不動のひとつに数えられており、眼病平癒・厄除けの霊場として知られている。

本尊の不動明王及び脇侍の矜羯羅童子・制吒迦童子との御三体は、大師一刀三礼の霊像として敬われ、いずれも重要文化財に指定されている。

行き違い可能な滝谷不動駅

単線路線の中で滝谷不動駅は行き違いが可能な駅。上下ホームは構内踏切で結ばれている。

滝谷不動駅

滝谷不動駅の駅舎と改札口。「大阪大谷大学前」の副名称が付いている。

瀧谷不動明王寺

駅名の由来となった「瀧谷不動明寺」。眼の神様、"滝谷のお不動さん"とも呼ばれ、親しまれている。

古地図探訪

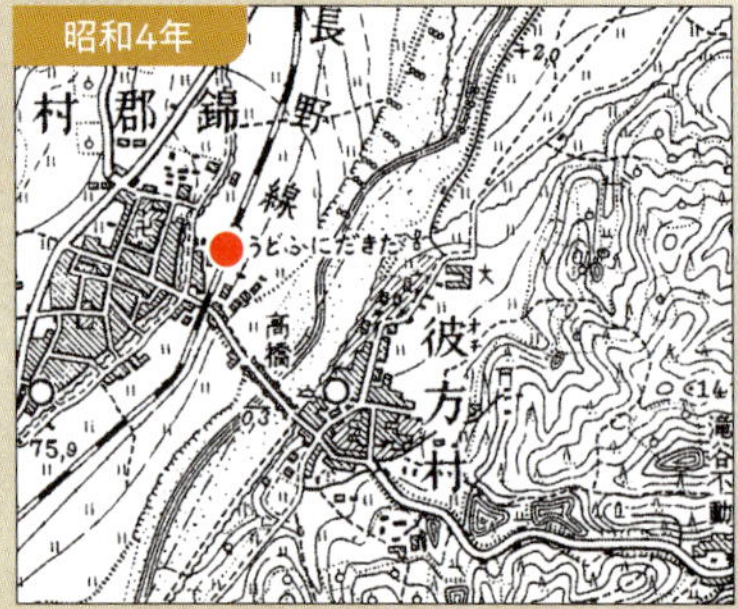

近鉄長野線の滝谷不動駅が置かれている地域は、地図をみると、東側に彼方村、西側に錦郡村が存在している。彼方村は現在の富田林市の南東部で石川の右岸、錦郡村は、富田林市の北西部に位置する。いずれも昭和17年に近隣の村々と合併して富田林町として発足する。

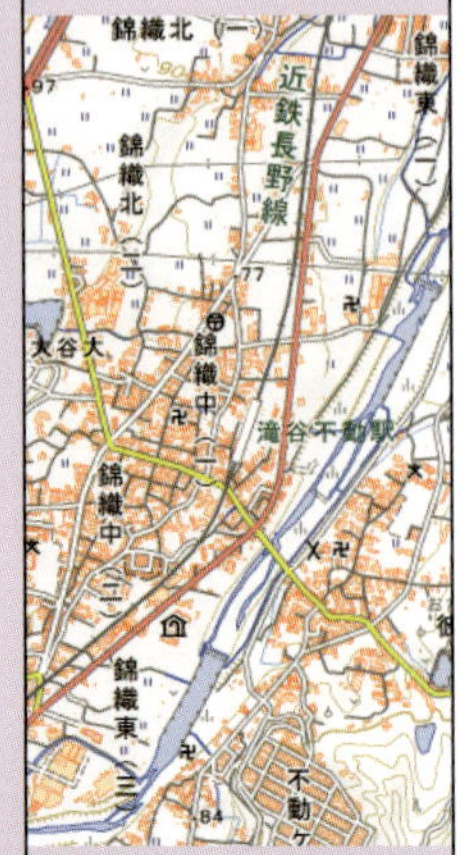

古市 喜志 富田林 富田林西口 川西 滝谷不動 汐ノ宮 河内長野

O22

汐ノ宮《しおのみや》

Shionomiya

開業年 1911(明治44)年8月15日

所在地 大阪府河内長野市汐の宮町1・3

キロ程 古市から10・5km

駅構造 地上駅1面1線

乗降客 1,971人

長野線

汐ノ宮火山岩から鉱泉が湧出し、かつては汐の宮温泉で賑わっていた由緒ある千代田神社も駅近くに存在

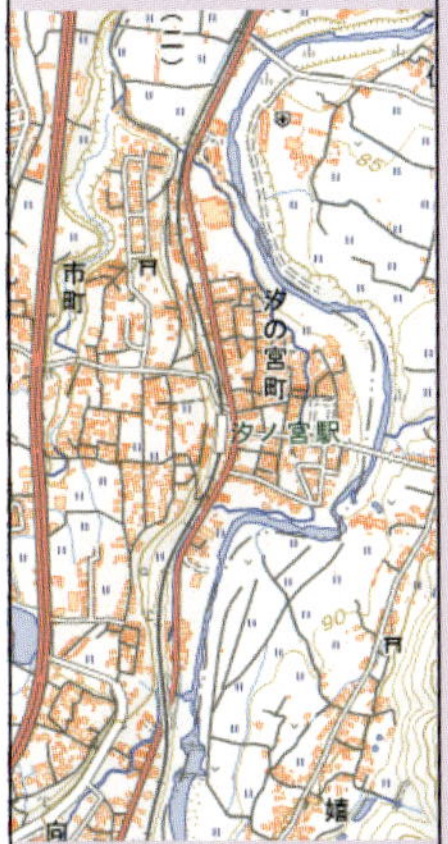

汐ノ宮駅は、川西駅と同じ1911(明治44)年の開業である。1919(大正8)年3月に河南鉄道が大阪鉄道に社名変更、同社の駅となる。そして、1943(昭和18)年2月には関西急行の長野線の駅となる。さらに翌年6月には会社合併により、近鉄長野線の駅となった。駅の構造は単式1面1線の地上駅。1966(昭和41)年までは2面2線の駅だったが1線が撤去されてしまっている。2012(平成24)年12月から終日無人駅になっている。

かつて汐ノ宮駅周辺は温泉郷と呼ばれ、汐ノ宮温泉も存在し、ここを訪れる客がこの駅を利用していた。この地域に温泉が湧出するのは、大和川水系石川の富田林・河内長野市流域に残る火山岩の影響らしく、汐ノ宮火山岩もそのひとつだ。この火山岩の割れ目から湧出する鉱泉は有馬温泉と同じ効き目があるという。現在もこれらを利用する「結のぞみ病院」が残っている。

このほか、汐ノ宮駅から徒歩7分の千代田神社も由緒ある神社で知られる。神体の菅原道真像は平安時代のもので、江戸時代には天神社、天満宮などと呼ばれていたという。

1面1線のホーム かつては2面2線の駅だったが、現在は1面1線。対面にホーム跡が残る。

汐ノ宮駅 汐ノ宮駅のしょう洒な駅舎。昭和41年に行き違い駅ではなくなり、2面2線の1線が撤去された。終日無人駅。

千代田神社 明治40年に近隣の木戸神社と伊予神社が合祀された。正式に現在の神社名となったのは昭和43年。

古地図探訪

富田林から河内長野に入った最初の駅となる。古地図当時は大阪鉄道長野線の駅で、路線に沿って東高野街道が通っている。この辺りは河内長野市の前身・千代田地区に当たり、地理的には北部に位置する。東端を石川、西端を西除川が流れている。汐の宮町には汐ノ宮温泉が存在していた。

O23

河内長野《かわちながの》

Kawachi-Nagano

南海高野線との連絡駅でもある
自然を満喫する〝奥河内〟の玄関口
歴史的価値のある史跡や建造物が多い

開業年 1902(明治35)年12月12日

所在地 大阪府河内長野市本町29・1

キロ程 古市から12・5km

駅構造 地上駅(橋上駅)1面2線

乗降客 10,563人

河内長野駅は長野線の終着駅で、南海高野線との連絡駅。歴史が古く、1898(明治31)年3月、高野鉄道(現・南海高野線)の長野駅として開業し、1902(明治35)年12月、河南鉄道の長野駅に。そして1954(昭和29)年4月、河内長野市の市制施行に合わせ、「河内長野駅」と駅名を改称した。現在、この駅は近鉄と南海が共同で使用しており、互いの改札は分けられている。

河内長野駅は、「奥河内」と呼ばれる観光名所の玄関口である。奥河内は、南部の山麓地域で、滝畑四十八滝や岩湧山などの大自然が満喫できるエリア。トレッキングなどを目的にシーズンを問わず賑わっている。

駅付近にある七差路の〝七つ辻〟は、西高野街道と東高野街道が合流するかつての交通の要衝だ。河内長野駅から三日市町駅にかけての高野街道は、宿場町の名残りがある街並みなどが残っている。市内にも、観心寺や金剛寺など歴史的価値のある史跡や建造物が多い。また河内長野は楠木氏ゆかりの地として知られる。

昭和30年

河内長野駅 昭和30年に撮影された河内長野駅の駅前。舗装なしの広場に懐かしい車両の姿が見える。

提供:河内長野市

昭和44年

ホームにラビットカー

長野線の終点で1面2線ホームに停まっているのは近鉄マルーン一色塗りの6000系のラビットカー。6800系の増備車として登場。

撮影:笹目史郎

現在

リニューアル後の河内長野駅

平成24年にリニューアルされた橋上駅舎の河内長野駅。

近隣散策 岩湧山《いわわきさん》

河内長野市にある標高897・1メートルの山。その名称は、山頂は平原だが随所に岩壁のある険しい地形から名付けられた。新日本百名山のひとつで、山頂から大阪平野や大阪湾が望める。秋は一面にススキの穂が広がる様が美しい。

登山初心者に人気がある岩湧山。晩秋の山頂付近は一面ススキに覆われる。

河内長野空撮

河内長野市は、市街地の北部、丘陵地の中部、山林部の南部と3区分されている。写真の空撮は河内長野駅付近を中心とした昔の市街地の様子。　提供：河内長野市

高野街道

かつて京都・大阪から高野山への参詣道として用いられた街道で、主に河内長野市から和歌山県橋本市の間を指す。

旧河内長野駅

旧駅舎時代の河内長野駅。その後、昭和58年頃から始まった駅周辺の再開発により、現在は大きく様変わりした。

撮影：荻原二郎

古地図探訪

地図上でも分かるように、河内長野駅には、南海鉄道高野線が接続している。これは現在も同じで、この駅は近鉄と南海の共同使用だ。

地図にある長野町は現在の河内長野市の中心部である長野地区、天野地区、千代田地区に相当する。東端と南端に石川が流れている。

この地域は、古くから高野街道が京都から通じており、それぞれの高野参詣道が合流する地として賑わった。

駅近くに〝遊園地〟の文字があるが、これは桜や紅葉の名所、長野公園（府営）に発展。

近隣散策　正成建掛塔《まさしげたてかけのとう》

南河内の英雄・楠木正成ゆかりの寺・観心寺の境内には、正成の墓があり、「正成建掛塔」がある。これは、正成が三重塔を建て始め、まだ1階部分しか出来ないうちに、湊川で討死してしまい、建てかけの塔はそのままになった。これにわら屋根をかぶせて残してあるのが面白い。

観心寺の境内にある「正成建掛塔」。建て掛けの塔にわら屋根が乗っている。

写真は観心寺山門。南朝との関係が深い観心寺は格式の高い雰囲気が残る。

近鉄電車 主な歴代車両

近畿日本鉄道は、１９１０(明治43)年に創業して以来、路線の延伸や他の鉄道との合併を経て、近畿・東海におよぶ営業キロ５０１・１キロメートルのわが国有数の鉄道に発展した。そしてこの日本最大の路線長に負けない、個性豊かな車両を生み出して来た。「近鉄の歴史は、車両の歴史」と言っても過言ではない。

現在も近鉄電車を象徴するビスタカー、近年、さまざまなシーンで話題を集めた「ひのとり」「しまかぜ」などの特急車から、普通列車まで多彩な電車が運行されている。特急車だけでも、名阪ノンストップ・観光特急・汎用特急・団体専用と、技術の進歩や世相に反映した多種多様な車両を保持している。

このページでは、近鉄の電車として活躍した過去の車両から、今も活躍している現役車両まで、「主な歴代車両」を年代順にピックアップしてみた。

大鉄デイ1(明治31年)

提供:近鉄グループホールディングス株式会社

明治31年、柏原～古市間が当時の河陽鉄道によって開業された際に製造された車両。後に鋼体化され、モ5601形・モ5631形・モ5801形にそれぞれ改称。昭和45年養老線(現養老鉄道)へ移籍後、数年で全車廃車。

大軌デボ1(大正2年)

提供:近鉄グループホールディングス株式会社

大阪電気軌道が大阪～奈良開業時に新造した木造電車。大出力で生駒越え難関を担ってきた車両。戦後も鋼体化改造されず木造車両のまま運用され、昭和25年モ200系と改称、昭和39年に廃車。

モ5601形(大正12年)

撮影:荻原二郎

モ5601形は大正12年、大阪鉄道(現南大阪線)でデビューした木造電車。昭和30年に鋼体化改造され、モ5801形となる。昭和45年には養老線(現養老鉄道)に移籍後9年間活躍した後に廃車になった。

撮影：広瀬和彦

特急車両800系（昭和30年）

昭和30年、近鉄初の量産型高性能車800系は奈良線でデビュー。昭和39年以降、奈良線特急として運用、のち生駒線等へ転用。一部は改造され880系として伊賀線（現伊賀鉄道）へ移籍。平成5年までに廃車。

所蔵：フォト・パブリッシング

モニ5161形（大正12年）

大正12年、現在の近鉄吉野線が電化されるに際し製造されたのがテハニ100形。101が後に改番されモニ5161形となる。写真のモニ5161形5162は伊賀線に転属されたあと昭和35年に廃車となった。

6800系ラビットカー（昭和32年）

昭和32年、南大阪線の通勤車として登場したのが6800系、愛称「ラビットカー」。初期車は上部ヘッドライトの間隔が狭かったが、写真の後期車はヘッドライト間隔が広がった。

撮影：亀井一男

モ6601形（昭和3年）

昭和3年に大阪鉄道が吉野鉄道との直通運転用として運用した半鋼製電車。日本の電車としては初めて20メートル級のロング車両。ロングシート化、3扉化など改造され昭和49年まで活躍した。

撮影：笹目史郎

特急車両10000系「ビスタカー」（昭和33年）

高速電車としては世界初の2階建構造である「ビスタカー」は、昭和33年大阪線特急車両としてデビュー。新技術と斬新なデザインで人気を博した。昭和46年に廃車。

撮影：広瀬和彦

大軌デボ1300形（昭和5年）

上本町～名張間の区間普通列車用として建造された大軌デボ1000・1100・1200・1300形。1300形は国初の20m3扉車で主力の輸送車両であったが、昭和48年までに廃車となった。

特急車両12200系「新スナックカー」(昭和43年)

昭和42年、愛称の由来となったスナックコーナー(みやこコーナー)が設置された12000系「スナックカー」が登場。その改良型が12200系の「新スナックカー」。昭和44年からはスナックコーナーは客席化された。

200系(三岐鉄道)(昭和34年)

200系車両は、昭和34年から運用開始された車両。昭和39年に湯の山線から北勢線に転用され、今も運用されているが、平成15年に車両の全てが三岐鉄道へ譲渡された。

特急車両12400系「サニーカー」(昭和52年)

12200系より車内販売準備室、化粧室等が合理的な配置となるように再設計された12400系「サニーカー」。より居住性が高く改良されている。昭和53年「ブルーリボン賞」を受賞している。

撮影:広瀬和彦

団体用車両20100系「あおぞら号」(昭和37年)

昭和37年、主に修学旅行などの団体専用車として登場した「あおぞら号」は、全車両2階建のビスタ・カー。主に大阪、名古屋より伊勢志摩方面に運用されてきたが平成元年より順次廃車となった。

3000系(昭和55年)

昭和54年、京都市営地下鉄との直通運転に対応するため、様々な試作要素を盛り込んで製造された3000系。しかし他車との連結運転はできず直通運転には3200系を使用。その後平成3年改造され連結運転が可能に。

鮮魚列車(昭和38年)

鮮魚列車とは決まった型の列車ではなく、三重県から魚や米などを奈良や大阪へ運ぶ行商人のための貸切車両として昭和38年から運行開始した列車のこと。現在でも鮮魚運搬は継続している。

特急車両21000系「アーバンライナー・プラス」(昭和63年)

昭和63年、名阪ノンストップ特急として21000系「アーバンライナー」が登場。「ブルーリボン賞」「グッドデザイン賞」を受賞。2003年「アーバンライナー・プラス」として室内空間がリニューアルされた。

8810系(昭和56年)

8000系から8400系・8600系・8800系と改良が加えられたのち、昭和56年に投入された最初の界磁チョッパ制御車が8810系。その後8810系をベースに9000系・9200系へとさらに改良されていく。

5200系(昭和63年)

昭和63年に快適性を追求した急行、快速急行および団体用車両として登場したのが5200系。団体車として運用する時に使用する折りたたみシートを設置。昭和63年「グッドデザイン商品」に選定。

3200系(昭和61年)

3200系は、昭和61年に京都市交通局烏丸線との乗り入れ車両として製造された。軽量化と製作コストの低減を図り、制御装置技術など以降の近鉄一般車両の標準となった仕様が多く採用されている。

団体用車両18200系「あおぞらⅡ号」(令和元年)

「あおぞら号」の代替車として平成元年、特急車を改造した18200系「あおぞらⅡ」。平成18年に全車廃車になり、その後代替車として12200系を塗色変更した15200系「あおぞらⅡ」が登場。

7000系(昭和61年)

昭和61年、東大阪線の開業に合わせ、大阪市交通局との相互直通運転用車両として7000系が登場。昭和61年「グッドデザイン商品」に選定、昭和62年には「ローレル賞」を受賞している。

3220系シリーズ21（平成12年）

「人にやさしい・地球にやさしい」と「コストダウン」をモットーに製造され、平成12年に登場した通勤車両「シリーズ21」の第一陣車両。軽量車体化など最新技術が結集された車両だ。

特急車両26000系「さくらライナー」（平成2年）

平成2年、吉野特急運転開始25周年を機に、南大阪線に「さくらライナー」が投入された。平成23年にさくら色を基調としたカラーに一新、運転室後部に展望スペースを設けるなどリニューアルされた。

特急車両21020系「アーバンライナーネクスト」（平成15年）

平成15年に名阪特急として運用開始された「アーバンライナー・ネクスト」。デラックスカーとレギュラーカーがあり、ともに「ゆりかご型シート」を採用。「ブルーリボン賞」「グッドデザイン賞」を受賞。

特急車両23000系「伊勢志摩ライナー」（平成6年）

平成6年、志摩スペイン村が開業するのに合わせて、大阪・名古屋から伊勢志摩間を結ぶ「伊勢志摩ライナー」が登場。平成24年にカラーリングと内装がリニューアルされた。

特急車両22600系「Ace」（平成21年）

平成21年に、次世代の汎用特急車両として開発された「Ace」。4代目「エース」は既存の22000系等の汎用特急と自在に連結可能で編成の組み替えが可能。平成22年の鉄道友の会「ローレル賞」を受賞。

5800系（平成9年）

平成9年に運用を開始された5800系通勤車L／Cカーは、平成10年の鉄道友の会「ローレル賞」受賞。シートの配列を転換可能にした居住性と乗車効率を両立させた通勤車両だ。

団体用車両20000系「楽」（令和2年）

「あおぞら」の後継車両として令和2年にリニューアル登場した「楽」。先頭車両にはパノラマビューを楽しめる「楽 VISTA スポット」ほかフリースペース階下室やサロン席も用意されている。

団体用車両15400系「かぎろひ」（平成23年）

平成23年、「かぎろひ」は12200系をクラブツーリズム専用列車（15400系）に改造し運行開始。催しができるイベントスペースがあり、オーディオ設備も充実。「カルチャートレイン」としても利用できる。

特急車両80000系「ひのとり」（令和2年）

「くつろぎのアップグレード」をコンセプトにした特急「ひのとり」は、居住性を大幅に向上させて令和2年から運行を開始。プレミアム車両とレギュラー車両があり、いずれも全席にバックシェルが設置。

特急車両50000系「しまかぜ」（平成25年）

「しまかぜ」は、平成25年の伊勢神宮式年遷宮にあわせて登場した新型特急車。バリエーション豊かな客室や二階建て構造のカフェ車両が特徴的な車両。平成29年には「ブルーリボン賞」を受賞している。

特急車両19200系「あをによし」（令和4年）

京都―奈良―大阪難波を結ぶ観光特急「あをによし」は12200系を改造し令和4年に運行開始。室内は奈良の歴史・文化を感じるデザインに全面変更されたが、走行機器などは12200系からの変更はない。

特急車両16200系「青の交響曲（シンフォニー）」（平成28年）

平成28年に登場した大阪阿部野橋駅と吉野駅を結ぶ特急「青の交響曲（シンフォニー）」。ゆっくり寛げる全席幅広デラックスシートやホテルのラウンジをイメージしたラウンジ車両が高級感を演出。

【著者プロフィール】

山下ルミコ（やましたるみこ）

郷土史研究家。1967（昭和42）年から西宮に居住。産経新聞社大阪本社、サンケイリビング新聞社などの記事執筆を長年にわたり続ける。『阪急神戸線 街と駅の1世紀』（彩流社）、『東京今昔散歩』（JTBパブリッシング）、『阪神電車ぶらり途中下車』『都電荒川線沿線ぶらり旅』（フォト・パブリッシング）ほか著書多数。

【写真提供】

近畿グループホールディングス株式会社、東大阪市、柏原市、大和高田市、橿原市、名張市、伊賀市、藤井寺市、羽曳野市、富田林市、河内長野市、西村豪、広瀬和彦、笹目史郎、佐野正武、岩堀春夫、荻原二郎、亀井一男、中西進一郎、西尾源太郎、芝野史郎、中林秀夫

【パンフレット・絵葉書提供】

藤田孝久

【古地図】

（戦前の地図）帝国陸軍参謀本部陸地測量部発行の地形図

（戦後の地図）建設省地理調査所、国土地理院発行の地形図

近鉄大阪線《きんてつおおさかせん》・南大阪線《みなみおおさかせん》 街《まち》と駅《えき》の物語《ものがたり》

発行日……………2024年10月5日　第1刷　　※定価はカバーに表示してあります。

著　者……………山下ルミコ

発行者……………春日俊一

発行所……………株式会社アルファベータブックス

〒102-0072　東京都千代田区飯田橋2-14-5定谷ビル

TEL.03-3239-1850 FAX.03-3239-1851

https://alphabetabooks.com/

編集協力…………株式会社フォト・パブリッシング

デザイン・DTP…クロスロード 乙牧和宏

印刷所……………株式会社サンエー印刷

この印刷物は環境に配慮し、地産地消・輸送マイレージに配慮したライスインキを使用しているバイオマス認証製品です。

ISBN 978-4-86598-912-0 C0026